蘇州文化叢書

◎『苏州文化丛书』向世人展示苏州文化的综合实力，用以提高苏州人的文化素养，提高人的素质，用以吸引与沟通五湖四海的朋友。

——陆文夫

◇苏州文化丛书

苏州园林

Suzhou Culture Series

Suzhou Gardens

金学智◇著

苏州大学出版社
Soochow University Press

图书在版编目（CIP）数据

苏州园林 / 金学智著. -- 苏州：苏州大学出版社，2025. 1. -- (苏州文化丛书). -- ISBN 978-7-5672-5129-8

Ⅰ. K928.73

中国国家版本馆CIP数据核字第202504Q840号

书　　名　苏州园林　SUZHOU YUANLIN
著　　者　金学智

责任编辑　欧阳雪芹
装帧设计　唐伟明
篆　　刻　王莉鸥

出版发行　苏州大学出版社（Soochow University Press）
社　　址　苏州市十梓街 1 号　邮编　215006
网　　址　http: //www. sudapress. com
邮　　箱　sdcbs@ suda. edu. cn
印　　装　苏州工业园区美柯乐制版印务有限责任公司
邮购热线　0512-67480030　销售热线　0512-67481020
网店地址　https: //szdxcbs. tmall. com（天猫旗舰店）

开　　本　890 mm × 1240 mm　1/32　印张　9.75
字　　数　234 千
版　　次　2025 年 1 月第 1 版
印　　次　2025 年 1 月第 1 次印刷
书　　号　ISBN 978-7-5672-5129-8
定　　价　88.00 元

总　序

无论是从中国还是从世界来看，苏州都可以称得上是一座杰出的城市。先天的自然禀赋，后天的人文创造，造就了这么一颗美丽耀眼的东方明珠。

得山川之灵秀，收天地之精华，苏州颇获大自然的厚爱与垂青。自然向历史积淀，历史向文化生成。作为一个悠久的文化承载之地，苏州积淀了丰厚的文化底蕴，两千五百多年的历史风烟在这里凝聚成无尽的文化层积。说起苏州，人们不能不想到其园林胜迹、古桥小巷，不能不谈及其诗文画卷、评弹曲艺，不能不提到其丝绸刺绣、工艺珍品，如此等等。从物的层面上去看，园林美景、丝绸工艺、路桥街巷这些文化活化石，映显了苏州人丰硕的文化创造成果，生动地展示了其千年的辉煌。翻开苏州这本大书，首先跃入眼帘的就是这些物化的文化结晶体。外地人触摸苏州，大约更多的是从这一层面上去接受。这是一个当然的视角。再从人的层面上去看，赫赫有名的苏州状元，风流倜傥的苏州才子，儒雅淳厚的苏州宰相，巧夺天工的苏州匠人……在中国文化史上亦称得上是一大文化奇观。特别是在明清时代，其耀眼的光芒照亮了东南大地的星空，总为人们所津津乐道。从人到物，由物及人，这些厚厚实实的文化存在，就是人们在凝视苏州时所注目的两大焦点。当展读苏州这本大书时，那些活泼泼的文化人物与活生生的文化创造物，就流光溢彩般地凸显在眼前。作为在中国文化史上具有重大影响力的苏州地域文化，其文化的丰厚性不仅在于其（自然）文化生态的意义上，也不仅在于其具有诸如苏州园林、苏州刺绣这种物化形态的文化产品上，更在于其文化创造主体的庞大与文化创造精神的活跃，在于其文化性格的早熟与文化心理的厚重。自古以来，苏州就是一个文化重镇，散发与辐射出浓厚的文化气息。这里产生过、活动过、寄寓过数不清的文化名人，从文人学者到书家画士，从能工巧匠到医坛圣手……这里学宫书院林立，藏书楼阁遍布，到处都呈现出生生不息的文化创造与永不停顿的文化传播。这种文化承传与延递，从未湮灭或消沉过。

接近一座城市，就像是打开一本包罗万象的书；感受她是一种享受，而要内在地理解她，则又需要拥有健全的心智。读解一座城市，既是容易的，又是困难的，特别是在读解像苏州这样一座文化古城时，其情形就更是如此了。正是为了帮助读者去充分阅读与深入理解苏州这一文化存在，于是便有了这一套“苏州文化丛书”。

感谢丛书的作者们，他们辛勤的劳动，为我们提供了一套内容丰富的文本。之中，经过他们的爬梳与整理，捧献出大量的阅读资料，并且从其自身的特定视角出发，阐释了其对于苏州文化的认识与理解。作为对苏州文化事实知之不多或知之不深的外地读者来说，这等于提供了一个让其接近苏州文化母本的间接文本；对于熟知苏州文化的读者特别是本地读者来说，则是提供了一个“奇文共欣赏，疑义相与析”而便于展开共同讨论的文本。这对于扩大苏州文化的影响，对于深化关于苏州文化内涵的理解，都是甚有益处的。

有一千个读者，就会有一千个哈姆雷特。对于每一个文本的理解，都是一个独特的视角，都是一种个性化的文化理解方式。就“苏州文化丛书”而言，重要的不在于希望读者都能同意与接受作者们对于苏州文化的这种阐释，而在于希望他们能够从这些读解中受到某种启发，从而生发出对于苏州文化进一层的深入认识。正像有人所说的那样，你从这些资料中读出一二三四五，而他人则可能从中看出六七八九十。重要的不在于从这种读解中所得出来的结论，而在于对这种读解过程的积极参与，体现出对当下苏州文化的热爱。如果能在这种不断往复的文化探询中，达到某种程度上的视界融合，并对苏州现代化的伟大实践产生积极的推动作用，那么，这就正切合编辑出版这套“苏州文化丛书”的初衷与主旨了。

读解苏州，这是一项颇有意义的文化工作，既有其文化学上的意义，又有其重要的现实功能。读解苏州文化，并不仅仅在于发思古之幽情，更在于要在历史文化与现实发展之间寻找到一个连接点。纵观历史，苏州有着丰厚的文化底蕴；审视现实，苏州正率先进行着宏大的中国式现代化建设之实践。在这一历史与现实的衔接中，大力加强文化开发和文化建设，无论怎样评价其对于推动当下中国式现代化建设的重要意义都不会过高。而读解苏州文化，理解本地域文化的自身特点，正是建设文化大市的一项基础性的工程。文化苏州，文化兴市。文化——这是苏州的底蕴、源泉、特色和优势所在。中国早期资本主义的最初萌芽，为什么会萌发于明清时期的苏州一带？享誉中外的乡镇工业的“苏南模式”，为什么会出自苏锡常这一苏南地区？新加坡政府在反复的比较论证后，为什么会选择苏州作为其合作建立工业园区的场址？名闻遐迩的“张家港精神”“昆山之路”，为什么能产生于苏州地域？在这里，人们可以寻找出许多别的什么理由，但有一点是共同的，那就是苏州有着非同寻常的文化沃土。读解苏州，就是读解苏州文化，不仅注目于其物质文化的层面，更是要从读“物”的层面进入读“人”的层面，读解其内在的文化精神，并在这种文化传承中实现文化的大发展，创立体现当代精神文明水平之“苏州文化模式”，从而推进苏州现代化建设之伟大进程。

书有其自身的命运；书比人长寿。“苏州文化丛书”首次出版时，是以二十世纪末的视角对苏州文化的一种读解，在某种程度上代表了我们这一代人对苏州文化的当下理解和集体记忆。她是一群文化研究工作者在世纪之交对苏州文化的整理和总结，当然也带有对二十一世纪苏州文化的展望与畅想。读解苏州，是读解一种文化存在，读解一种文化精神，而其“读解”之自身亦体现为一种文化创新活动。只要人们的文化创造活动没有停止，那么，这种读解工作就不会有止境。我们热切地期待着人们对她的热情关注、充分参与与积极回应。

值此“苏州文化丛书”修订出版之际，我们还要向丛书初版的组织者、主持者高福民先生和高敏女士，向支持与关怀丛书初版的梁保华先生和陆文夫先生，致以我们深深的敬意！他们所做的惠及后人的工作，为这套丛书打下了良好的基础，从而使这次进一步的修订完善成为可能。

陈长荣

（苏州大学出版社编审）

2024 年初夏

目录

contents

◎ 意境风格篇 ◎

前　言

“上有天堂，下有苏杭。”

这一谚语，至少是在宋元时期就已开始形成和流传，它已以文字的形式反映在宋代范成大的《吴郡志》、元代奥敦周卿的《双调·蟾宫曲》等著作和作品之中。这时，苏州已被称为人间天堂了。在明清时期，苏州才子唐寅撰写的《江南四季歌》，首句就是“江南人住神仙地”。这里所说的“神仙地”，也就是“天堂”的同义词。而曹雪芹《红楼梦》第一回也说，姑苏城中的阊门，“最是红尘中一二等富贵风流之地”……这些评价，不能说不高。

称誉苏州是“天堂”也好，“神仙地”也好，究其内涵，必定包括风土清嘉、风物秀丽、气候温润等在内，所谓山温水暖似名姝，名园佳亭如棋布。清人沈朝初《忆江南·春游名胜词》也写道：“苏州好，城里半园亭。几片太湖堆崒嵂，一篙新涨接沙汀，山水自清灵。”这概括了苏州山水风物之美和宅第园林之盛。

园林是自然环境、社会人文环境缔结良缘所诞生的宁馨儿。在苏州，正是得天独厚的清灵的山水，包括“虽闾阎下户，亦饰小山盆岛为玩”（黄省曾《吴风录》）在内的清嘉的风俗，以及醉心于阴柔温和风格的清秀的文人雅士们，共同孕育了清灵嘉秀的“城里半园亭”。

所谓“天堂”“神仙地”，还具有这样的内涵：联系苏州的天时、地利、人和及历史来看，是用以比喻物华天宝、人杰地灵、丰稔康乐、富庶繁荣的人世间，亦即曹雪芹所说的一二等富贵风流的“红尘”。

然而，“天堂”之喻又有与之相反的含义，这就是与红尘隔绝的“心远地自偏”（陶潜《饮酒》）的清幽之境，或者说，是远离繁华喧闹的乐土、园林。

先看西方，自古以来，人们往往把园林和“天堂”联系在一起。英国哲人培根在《说花园》一文中，一开头就说：

> 万能的上帝是头一个经营花园者。园艺之事也的确是人生乐趣之最纯洁者……

他指出上帝创造了最纯洁的天堂乐土，实际上是揭示了园林的人文价值和理想境界。培根之言是有根据的。《旧约全书·创世纪》中确实有天堂乐园——伊甸园。据考证，所谓伊甸园在今叙利亚首都大马士革。英语里的“天堂”这个词，也有“天国”“乐园”“伊甸园”“极乐的地方”诸义。而英语里该词又来自古波斯语，其义为“豪华之园”。公元前5世纪的波斯，确实存在着天堂园，它四面有墙，与外界隔绝，就和荷马所咏的希腊庭园一样，而希腊也有关于天堂园的记载。可见，西方的园林都寄寓着人们关于“天堂”的美好愿望，而“天堂”则又包含着人们关于园林的憧憬和理想。

在中国，园林也常和天堂意识联系在一起。不过，它很少被称为“天堂”，而叫作“仙境”、“蓬莱”或“桃花源”……例如，《红楼梦》第十八回题咏大观园，就有如下诗句：

天上人间诸景备，芳园应锡大观名。（贾元春）

秀水明山抱复回，风流文采胜蓬莱。（李纨）

名园筑何处，仙境别红尘。（林黛玉）

黛玉的匾额还题作“世外仙源”。当然，大观园这一超脱凡俗、“天上人间”的仙境，只存在于文学家的想像空间里。

不妨看历史上存在过的苏州园林，历来也常取名、模拟或比拟于仙境，并强调其超脱人世，隔离凡尘。明代著名文学家、“后七子”首领王世贞，在太仓曾建有弇山园。据《山海经》《穆天子传》说，弇州为神仙栖息之地，穆天子和西王母曾宴觞于瑶池，并驱升于弇山。弇山园中，有关仙境的题名还有“小祇林”（“祇林”为释迦牟尼讲经处）、“西归津”（佛教的西方净土）、作为第一洞天的“隔凡”等。又如苏州阊邱坊曾有息园，姚燮《上巳日过钱氏息园作》赞叹道：“游者讶为神仙宫，啧啧从人夸眼福！”可见历史上的苏州园林，往往能引起人们关于天堂仙境、洞天福地之感。

据此，人们必然会做出如下推论：如果说苏州是“天堂”的话，那么，苏州园林就可说是“天堂里的天堂”。这前一个“天堂”，当然是指红尘中一二等富贵风流之地——苏州；后一个“天堂”，则是指

"隔凡"的"天国"乐园、理想的"仙境"——苏州园林。

正因为如此，人们游览苏州园林，应该具有双重天堂意识，即采取"天堂里的天堂"这一特殊视角，来品赏这种锦上添花的美中之美。具体地说，也就是品赏其繁华风流的大环境包围中"仙境别红尘"的小环境——幽雅的仙境之美。

不妨重点联系现存的苏州园林来品玩其中所蕴含的天堂意识。

北宋诗人苏舜钦"以罪废无所归"，竟在"郛郭填溢，楼阁相望"的富贵红尘中，找到了一个"崇阜广水，不类乎城中"（《沧浪亭记》）的幽境，建构了一个清静的园林——沧浪亭。对于这样一个理想的境界，苏舜钦的挚友欧阳修极为赏识，他在《沧浪亭》一诗中咏道：

> 堪嗟人迹到不远，虽有来路曾无缘。
> 穷奇极怪谁似子，搜索幽隐探神仙。

这位北宋文坛的领袖，也把沧浪亭看成是"神仙地"了。直至清代，查岐昌在《游沧浪亭次用欧阳公集中韵》中还说："小憩宁必非游仙。"可见，仙境感，这种可贵的审美幻觉，常常伴随着自古以来游览沧浪亭乃至苏州其他园林的人们，这是一种历史的积淀。

再说明代建构的、现与拙政园同列世界文化遗产名录的留园，其外环境是阊门外热闹繁华的留园马路，确乎是红尘中一二等富贵风流之地，而其内环境也素以典丽华贵著称。然而，其内、外环境迥然有天壤之别，如园中的"小蓬莱"，是对传说中东海三神山——蓬莱、方丈、瀛洲之一的比拟象征。这里，北面和东南面均有低栏曲桥通往对岸，桥上建花架，缠紫藤，人们闲步池边，或伫立桥头，虽不见“嫣红”，却满眼“姹紫”，品赏那架上的浓荫翳翳，繁英累累，一簇簇，一串串，既如华鬘，又似璎珞。再环顾四周，可见立于水面的石幢，翼然起翘的可亭，古雅别致的濠濮亭，造型优美的曲溪楼……它们和山石、花木互为掩映，相与错综，令人恍如置身仙境。于是，如《红楼梦》中李纨一样，萌生出“风流文采胜蓬莱”之想……

再如也被列入世界文化遗产名录的网师园，其匾额楹联虽无明显的天堂仙境指向，但在人们接受的审美视野里，同样能产生天堂仙境之感。张问陶《游网师园》说：“何止画图开绣轴，真从城市见桃源。”范来宗《三月廿八日网师园看芍药》：“仙源仿佛武陵溪，重到渔郎路未迷。”都把网师园看成是武陵渔郎有幸一窥的世外桃源。

…………

历史进入了全面建设社会主义现代化的今天，著名作家王蒙先生在《苏州赋》中，曾饱蘸着浓浓的诗情赞颂素有天堂之誉的苏州和苏州园林的美：

> 左边是园，右边是园。
>
> 是塔是桥，是寺是河，是诗是画，是石径是帆船是假山。
>
> 左边的园修复了，右边的园开放了。有客自海上来，有客自异乡来。塔更挺拔，桥更洗练，寺更幽凝，河更闹热，石径好吟诗，帆船应入画。而重重叠叠的假山，传至今天还要继续传下去的是你的匠心真情，是你的参差坎坷的魅力。
>
> 这是苏州。人间天上无双不二的苏州。中国的苏州。

这段珠落玉盘、琤琤悦耳的美文，这段热情洋溢、掷地有声的礼赞，是诗，是画，是乐。它把苏州和园林融合在一起来写：园林，就是缩小了的苏州；苏州，就是放大了的园林。

然而，《苏州赋》还有与本书前言的主题不约而同的描写。试看：

> 那迷人的庭园，每一棵树与它身后的墙都使我倾倒，使我怀疑苏州人究竟是生活在亚洲、中国、硬邦邦的地球上，还是生活在自己营造编织的神话里。这神话的世界比真的世界要小也要美得多。

把苏州看成是“神话的世界”，也就是把它看作和地球、亚洲、中国有霄壤之别的天堂乐土，看成是似乎与世隔绝的、缥缈着宁静幻梦的仙境桃源。当然，他写苏州园林，又是把它放在“观前街、太监弄前熙熙攘攘的人群”所构成的大环境里来写的。

对于苏州园林，如联系其所处的大环境来看，那么，它们都可说是城市内的桃源、红尘中的仙境、阛阓里的天堂，它们可以让人们在繁华闹市的包围中进入清静的洞天福地、愉快的绿色梦乡，在这一理想的小天地里畅神、游仙……这用计成《园冶·掇山》的话来说，是“莫言世上无仙，斯住世之瀛壶也”。

本书的目的之一，就是希望人们能带着天堂意识去游园。如是，苏州园林里的亭台楼阁、山水泉石、花木禽鱼……都会予人以最纯洁的享受，最高尚的乐趣，从而处处欣喜地发现“别有洞天”，时时油然而生“仙境别红尘”之感。此外，本书一个更重要的目的，就是具体介绍和重点品赏苏州园林的艺术构成和意境风格，从而使读者能从宏观到微观，更好地游赏、品味这一“天堂里的天堂”。

◎ 艺术构成篇 ◎

任何门类艺术，都离不开其构成的要素。小说离不开人物、情节、环境三要素；音乐离不开旋律、节奏二要素；舞蹈离不开动作姿态、节律、表情三要素；建筑，就其形式来说，也离不开造型、质感、色彩三要素……那么，园林的构成要素是什么？应该说，是建筑、山水（泉石）、花木，这也可称为园林构成三要素。

当然，山和水可以分别列为两种要素，但本书仍合而为一，其种种理由不拟赘述，详见拙著《中国园林美学》（中国建筑工业出版社2005年版）。

以下拟分别介绍、品说三要素在苏州园林群里的艺术构成，而以山水为重点。

苏州园林 >>>

第一章 建筑构成

建筑是园林的第一要素。园林离不开建筑，园林是建筑的延伸和扩大，是建筑和自然景物（山水、花木）的艺术结合。而且作为私家园林，它常常附设于住宅之后，称为后花园。传统戏曲、小说里往往有“私订终身后花园，落难公子中状元，奉旨完姻大团圆”的模式。后花园幽静宜人的环境，成了才子佳人谈情说爱的理想处所，这样不但情投意合，而且情景交融，于是故事情节就有了开端、发展……

苏州私家园林也往往建于宅旁或宅后，作为活动游息的场所，它是宅主人生活的必要补充。于是，不但园林和住宅构成了互补关系，而且园中还有众多的建筑，供宅主（亦即园主）以及游客休憩赏景之用。

苏州园林里的建筑，其构成一般有如下个性特点。

一、布局自由

园林的总体布局，基本上可分为规整式和自由式两类。苏州园林属于后者。

自幼生活在苏州的著名作家叶圣陶先生，对苏州园林的艺术特征非常了解。他在《拙政诸园寄深眷——谈苏州园林》一文中这样写道：

> 我国的建筑，从古代的宫殿到近代的一般住房，绝大部分是对称的，左边怎么样，右边也怎么样。苏州园林可绝不讲究对称，好像故意避免似的。东边有了一个亭子或者一道回廊，西边决不会来一个同样的亭子或者一道同样的回廊。这是为什么？我想，用图画来比方，对称的建筑是图案画，不是美术画，而园林是美术画，美术画要求自然之趣，是不讲究对称的。

概括得多么简洁、易懂而又精辟！

中国古代的宫殿建筑和许多皇家园林，还有西方大部分的园林，确实如同图案画，体现了规整式的布局，其美学特征是中轴正直，左右对称，层次分明，主体突出。

先看西方，无论是法国路易十四建造的凡尔赛宫苑，还是德国路德维希二世建造的林德霍夫城堡，或是俄国彼得大帝建造的彼得霍夫宫苑，都是规整式的典范之作。这种美学追求究竟是为什么？叶圣陶先生解释是为了表现图案画趣味，这当然也是正确的。试看其中的建筑、雕塑、水池、喷泉、瀑布以及树木、植坛，无不讲究规则、整齐、端严、对称。但是，这仅仅是艺术构成上的表现。而究其造园的目的，则应该说是以其作为国家君主的权威象征，作为秩序井然的等级制度的形象显现，从而令人威慑于绝对君权统治的严肃气氛。对于这种严肃规整，西方有些思想家并不喜欢。如 18 世纪启蒙思想家伏尔泰《致普鲁士国王书》就说：

> 园子里花木双双对称，矮树成行……花园呀，我一定要离开您……人工过多使我反感又厌倦……空旷的自然并不规矩整齐，它无拘无束，这才合我心意。

这说得颇有道理。怪不得西方国家热烈欢迎“明轩”等苏州自由式园林出口。

再看中国皇家的建筑和园林。北京城就分明地存在着一条中轴线：永安门—天安门—端门—午门—前三殿—后三宫—御花园—神武门—地安门—钟鼓楼。在这条中轴线上，至今还可感受到显赫的皇家威势。且不说雄踞于中轴线中心而高高在上的金銮宝殿——太和殿，就说中轴线上御花园的布局：坤宁门居中，左边有琼苑西门，右边就再来一个琼苑东门；再往北走进天一门，左边有千秋亭，右边就来一个万岁亭，两亭造型一模一样，可谓严格对称。而主体建筑钦安殿居于正中，异常突出，其左右又分别有澄瑞亭和浮碧亭相拱卫……再看紫禁城中其他园林，不论是慈宁宫花园，还是宁寿宫花园（乾隆花园），也无不取规整的布局形式，这都可看作是皇家权势、独尊意识的物化。即使如北京郊外的颐和园，万寿山前山中心景区也还有一条从排云门经排云殿、佛香阁到智慧海的中轴线。这里的建筑群宏伟壮观，灿烂辉煌，其色彩、造型和规整式图案型布局，无不辉耀着皇权的至高无上，象征着皇权的统摄一切。

苏州园林的布局与之截然不同，它特意避免中轴，不讲究对称，是自由式章法的典范。

先以拙政园为例，其中部布局处理手法极佳。若要品赏其自由式布局之美，就必须自中部腰门而入。与腰门正对的是主体建筑远香堂，这样，中部就很有可能形成一条隐性的中轴线。有人或许会问，远香堂为什么不能造得偏一些，而非要对准那堂堂正正的腰门不可？应该说，这是由历史积淀形成的建筑模式和造园规律所决定的。计成《园冶·屋宇》说："堂者，当也。谓当正向阳之屋，以取堂堂高显之义。"所谓"当正"，也就是位居于中轴线上；"向阳"，就是朝南；"高显"，就是高大开敞，这就决定它非坐北朝南、堂堂高显地对着腰门不可。而拙政园中部的布局之妙，恰恰在于一方面遵循传统建筑规律，使远香堂居于中轴，并以其为布局中心；另一方面又破之以反中轴、反对称的手法。

试看，一进腰门，一座黄石假山挡住去路，要到远香堂，有两条路径：一是踏石磴，缘曲溪，或钻山洞……偏于东侧起伏弯环而前行，这就否定了由门至堂的中轴直径；二是由假山西侧的小路或曲廊越过小溪上的曲桥至远香堂，而这架于远香堂前小溪之上的小桥，又偏于远香堂的西南，这就避免了中轴直径的形成。于是，门—路—堂可能形成的中轴线就给否定了。

再看远香堂两侧，西面可通曲廊以及东西向的倚玉轩，由曲廊折西，为一泓溪流，其上架以廊桥"小飞虹"，再向南则为"小沧浪"水院，这里，一组建筑皆临水、架水、跨水而造，到处荡漾着清远的水趣。至于远香堂东侧，不远处有一黄石假山，拾径而上，为绣绮亭。其南则为由云墙间隔而成的园中之园——枇杷园，它完全由平地、山石、亭馆、花木构成。这样，远香堂两侧就完全打破了均衡对称的布局，它西面是水，东面是山；西面是轩、廊，东面是亭、墙；

西南是水院，东南是旱园……两面竟如此地特意避免对称一律，如此特意地造成对比反差！拙政园中部反中轴、反对称的布局是极其成功的，值得人们细加品赏和深味。

人们或许又会问，苏州园林及其所代表的江南园林，为什么要故意避免规整式布局，而刻意追求自由式呢？叶圣陶先生的回答是："对称的建筑是图案画……而园林是美术画，美术画要求自然之趣，是不讲究对称的。"这一答案，似可作进一步的探讨。

《拙政诸园寄深眷——谈苏州园林》一文，从整体上说是写得异常精彩的。它准确、洗练、精辟、严密、通俗、生动，写得有理有据，深入浅出，富有极大的概括力和说服力，它一针见血地揭示了苏州园林的总体特征，确是一篇典范性的说明文，因而长期被改以《苏州园林》之题而收入中学语文课本，并年复一年地被广大师生研读。可以说，它对苏州园林如画般的艺术特征，进行了全国范围内的、历时久远的、普及而深入的美学宣传。

然而，不必为贤者讳，这一近乎十全十美的范文，又略有美中不足之处。首先，"美术画"这一概念的提出不太合理，"画"的概念小于并从属于"美术"。《辞海》上说，美术亦称"造型艺术"，通常指绘画、雕塑、工艺美术、建筑艺术等。因此，"美术画"概念之不合理，正如"美术雕塑"概念之不合理一样。也许有人会说，美术画是指具有美术性质的绘画，以区别于不具有美术性质的绘画。这解释也不合理，因为凡绘画均属美术的范畴，均具有美术的性质。当然，也有属于科学范畴的所谓"画"，但这种具有科学性质的"画"，一般称为"图"，如地图、解剖图、平面图、示意图、动植物挂图……鲁迅在《藤野先生》中，就写到先生告诉他"解剖图不是美术"。其次，将美术画和图案画并提也不太合理，因为图案画属于工艺美术，而工艺美术又属于美术，可见图案与美术不是同一等级的概念。而且说园林由于不是图案画，故而不讲究对称，这不但不能解释西方图案形、规整式的园林，而且也不能解释中国讲究对称的皇家规整式园林。

那么，如果用图画作比方，以苏州园林为代表的江南园林究竟有似于什么样的画呢？应该说，它绝不是图案画，也不能用含糊不清的“美术画”来作比，它最类似于在中国具有悠久传统和独特风采的山水画，因为山水画才真正“要求自然之趣”，绝不讲究整齐对称。对此，不妨以古代反图案、反对称的山水画论以及为其所制约的造园理论为证：

> 山头不得一样，树头不得一般。（[传] 唐·王维《山水论》）
>
> 山头不得重犯，树头切莫两齐。（五代·荆浩《山水诀》）
>
> 重岩切忌头齐，群峰更宜高下……布两路有明有晦，起双峰陡高陡低。（宋·李成《山水诀》）
>
> 峦，山头高峻也。不可齐，亦不可笔架式；或高或低，随致乱掇，不排比为妙。（明·计成《园冶·掇山》）

古典山水画论和园论的这些具体要求，就是“要求自然之趣”，因为自然界的真山真水，都不可能如图案般地整齐一律、排比对称的。

再进一步看古代山水画论对所画树木的具体要求。清代大画家石涛在《苦瓜和尚画语录》中指出：“三株五株，九株十株，令其反正阴阳，各自面目，参差高下，生动有致。”苏州园林要求自然之趣，必然也要求如大自然或山水画里一样，让树木反正阴阳，参差高下，生动活泼而有致，而决不会把树木种得整整齐齐，或将树头修剪得“一般”“两齐”。叶圣陶先生《拙政诸园寄深眷——谈苏州园林》指出：

> 苏州园林栽种和修剪树木也着眼在画意，高树与低树俯仰生姿……没有修剪得像宝塔松那样的松柏，没有阅兵式似的道旁树：因为依据中国画的审美观点看，这是不足取的。

说得多么简洁中肯！这实际上也是与西方规整式园林作了鲜明的对比，同时又一针见血地指出了苏州园林的标准——中国画的审美观点。但应补充的是，这标准就是上文所引的中国山水画的审美观点。

至此，本书可这样说，以苏州园林为代表的江南园林，是山水画式的园林。这类园林，可称之为写意式山水园林。

那么，苏州园林为什么不采用北京皇家园林那种规整式的布局，而采用山水画般自由生动的章法呢？应该说，这也是由园主人的地位、身份、心态、意趣决定的。从历史上看，苏州园林的主人，大多是因正直办事而遭贬谪的官吏和失意、退隐而洁身养志的文人（关于这一点，详后），“伴君如伴虎”的切身体会使他们厌倦甚至鄙视森严的统治秩序，而险恶的官场风波又使他们心灰意冷，力求明哲保身，而且此时此地，他们已没有必要也没有十分充足的条件特别是心情以显赫的权贵自居。他们所需要的，主要是逃离皇权的束缚，寻找自由的乐土以安度晚岁。这样，他们就必然要建构自由式布局的山水园林了。

至此，可以归纳一下自由式园林布局的艺术特征及其所引起的心理效应了。如果说，北京皇家园林的规整式布局表现了对称齐一、端方整肃之美，那么，苏州私家园林的自由式布局则表现了参差不齐、自由活泼之美。前者令人产生严肃、庄重、敬仰、惊赞乃至拘束、压抑、不自由之感，它本质上是一个“惊叹号”；后者则令人产生轻快、松弛、自在、随便乃至无拘无束之感，再加上苏州园林曲折幽深、含而不露给人的特殊感受，它本质上是一个“省略号”，使人感到亲切怡悦，余味无穷。

作为群体，苏州园林由于时间上的历史性承续和空间上的相互影响，其布局除有些住宅、建筑区外，无不是自由式的。

留园在这方面也颇为典型。先看中部，陈从周先生在《苏州园林概述》中指出，其中“涵碧山房三间，硬山造，为中部的主要建筑”；“其左明瑟楼倚涵碧山房而筑，高二层，屋顶用单面歇山，外观玲珑”。这里且不说涵碧山房本身位置已略偏于园的西部，就说涵碧山房和其旁的明瑟楼就迥然有异：一为一层，一为二层；一为三间，一为两间；一为硬山顶，一为歇山顶；一外观较庄重，一外观较玲珑……二者的组合，畸重畸轻，反差强烈，这就打破了主体建筑居中而又左右对称的格局。何况涵碧山房之东有明瑟楼，西面则没有，这就更显得不对称了。

人们如在涵碧山房之前宽阔的平台上眺望，可见西北为茂树及爬山长廊；北面及东北有碧水一池，对岸，可亭耸立于假山之上，小蓬莱岛与曲桥相接，倒影如画；至于东面，则隔水可见楼馆参差，亭轩错落……这里，三面景观如此地迥然有异，而且通过不同视域空间距离的比较对照，更使人感到处身之“偏”，丝毫没有中轴之感。

再看中部建筑区，其中有两所著名的厅堂——体量最大的五峰仙馆和略小的林泉耆硕之馆。两馆的位置处理，既非惯常地前后相续，从而形成鲜明的中轴，又非简单地左右并列，从而造成呆板的布局，而是一偏东南，一偏西北，中间既隔以令人扑朔迷离的小院，又相与交错，互为呼应，构成了某种“犄角”之势。这种出人意料的布局，也是自由式的艺术范例之一。

在留园东部有一条唯一的中轴线，这就是“东山丝竹”—林泉耆硕之馆—浣云沼—冠云峰—冠云楼。而且浣云沼还特意一反苏州园林池沼的常规——自由式的池岸线，其三面围以直线条的石岸石栏，构成接近长方形的规整式池沼。这些，又是为什么？笔者认为：其一，是由于这里的建筑组群处于建筑庭院区，往往较难回避中轴线布局；其二，是特意让冠云峰处于中轴线最显要的位置上，从而重点突出这一江南名石，正像北京紫禁城中金銮殿处于中轴线最显要的位置上一样；其三，这一建筑组群构成的小区，从平面上看都是直线或“曲尺曲”的直角，这就极有利于反衬出冠云峰正立面的曲线美。再如从林泉耆硕之馆北望，由直线、直角构成的门框、窗框也有助于突出冠云峰极其可贵的曲线美，浣云沼之所以取规整形，其主要作用也是为了以直映曲。这类布局设计的视觉效果极佳。还值得一说的是，这一区域还以局部的反对称手法来干扰中轴线，从而适当缓解严整板律的氛围。如冠云峰西南有体量较大的冠云台（实为方亭），而东北则建有冠云亭，二者一前一后，屋基平面一为较大的四方形，一为较小的六角形；屋顶一为歇山，一为六角攒尖，这就打破了两侧的平衡。如此等等。

留园之所以主要采取这类极不规整的自由式布局，与园主的身份、心态也不无关系。其主人明代太仆寺少卿徐泰时，是由于犯了“错误”才被罢官归里的。当然，还应强调，苏州园林大环境所形成的自由布局模式的影响也是不容忽视的。

又如鹤园，是面积只有两亩多的小园，正面中路的建筑物只有门厅、四面厅、大厅——携鹤草堂。在四面厅和大厅之间，有一极小的山池，因此，从层次上说，全园只有浅浅的三四个层次。然而，为了曲径通幽和布局上的反中轴，它特地让门厅偏东，其后的四面厅略斜，稍带一些东南向，并让其后的水池向厅西作带状延伸，以打破全园的轴线感。至于最后的大厅，则略偏于西，再加上周边布置的不对称，特别是从门厅东侧开始的沿墙游廊，一直蜿蜒曲折到大厅，这样就更打破了全园的对称感和轴线感。

苏州园林的总体布局，都是这样的“反正阴阳”，自由参差，以“不排比为妙”。计成《园冶 · 自序》中说，“构亭台错落池面”“合乔木参差山腰”……参差错落，正是苏州园林总体布局的特点。

二、型式求异

所谓“型式”，这里是指个体建筑物的类型、形式。所谓“求异”，就是同中求异，也就是中国古典小说理论所说的“犯中求避”。这一小说理论观点，非常适用于苏州古典园林，因而这里将其重点引进。

就古典小说长篇名著《三国演义》来说，全书时间漫长，人物众多，事件复杂，头绪纷繁……就事件来说不可能不相犯，不重复，也就是说，它写了数以百十计的事件，重复是不可避免的。然而，作品高明之处在于，要能在重复中巧妙地求不重复，使每次似乎重复的事件表现出不同的情节内涵和个性特色来。犯中求避，同中求异，这就是艺术，就是水平。

毛宗岗的《读三国志法》认为，写小说既要“善犯”，又要“善避”。他指出，“不犯而求避之，无所见其避也；唯犯之而后避之，乃见其能避也”。例如，《三国演义》的特色之一是经常写火攻，这是“以善犯为能”，如吕布有濮阳之火，曹操有乌巢之火，周郎有赤壁之火，陆逊有猇亭之火，徐盛有南徐之火，武侯有博望新野之火，又有盘陀谷、上方谷之火，但前后没有丝毫相犯。再如，六出祁山，七擒孟获，九伐中原，“求其一字之相犯而不可得”。对此，毛宗岗还用生动的博喻来加以概括。他说，这就是“同树异枝、同枝异叶、同叶异花、同花异果之妙”。

苏州园林里的建筑型式，也以善犯为能，又以善避为能。总的来说，苏州园林里的个体建筑类型，颇为繁富，这是其区别于国内外其他地方的园林，特别是西方园林的特色之一。在苏州园林里，除了宫、殿外，还有如亭、台、楼、阁、厅、堂、馆、轩、斋、室、舫、榭、房、塔、门楼、照壁……可谓品类繁富，这首先是西方园林所不可比拟的。当然，它们在内涵、形式、名称上有时不免叠合、交叉。

品类繁多，总免不了要相犯。以拙政园为例，明代文徵明写《王氏拙政园记》，就说其中亭有六，今天则更多，约二十有余。因此，就亭来说，在拙政园就不可能不相犯，但是，“犯之而后避之，乃见其能避也”。这里，拟从不同层面作一典型剖析。

从屋基平面和立柱数量来看，圆形而立五柱的，如笠亭；正方形而立四柱的，如松风亭、绿漪亭；正方形而立十六柱的，如“梧竹幽

拙政园“与谁同坐轩”亭

居”亭；长方形而立四柱的，如放眼亭；长方形而立八柱的，如绣绮亭、雪香云蔚亭；六角形而立六柱的，如宜两亭、待霜亭、荷风四面亭；八角形而立八柱的，如天泉亭、塔影亭；平面呈“凸”字形而立八柱的，如涵青亭；平面呈扇形而立六柱的，如“与谁同坐轩”亭……

从屋顶型式来看，拙政园诸亭一般依其屋基平面而分别建圆攒尖、四角攒尖、六角攒尖、八角攒尖，而同一型式的，其宝顶式样也有所不同，从而又显出“犯中求避”。此外，还有卷棚歇山顶，如绣绮亭、雪香云蔚亭；而涵青亭，则是大小三个卷棚歇山顶的复合型式，在苏州颇为新异。至于“与谁同坐轩”亭，更带有卷棚庑殿顶的新格局。

拙政园的亭，基本上是单檐，但天泉亭独用重檐，这又打破了统一。

屋顶翼角反翘，有水戗发戗和嫩戗发戗两种，前者如绣绮亭、倚虹亭，其风格寓朴实端庄于玲珑飞翘；后者如绿漪亭、松风亭，其反翘体现出夸张性的建筑风格，具有秀逸、轻扬、活泼、飞动的艺术风格。

从屋身构筑来看，拙政园诸亭一般不设墙壁和门窗，符合亭宜虚灵以观景的要求，但又不千篇一律。其中除较多的柱间下部设半墙或平栏，有的上敷坐槛，有的还设富于曲线美的鹅颈椅，还有的一面或数面有墙和门窗，如绣绮亭背面有墙，上开空窗，正面左右柱间设栏杆；天泉亭内外两层，内层设系列长窗或半窗，呈封闭式，外层设半墙坐槛，呈开敞式……如此等等，不一而足。

从结构类型来看，大多数为四面临空的独立亭，但也有倚墙而建的涵青亭，而倚虹亭和“别有洞天”亭既是半亭，又联结着墙廊，而且亭内墙上各开一门，这样，就完全相犯了，但二者又以善避为能，主要是其门的求异：前者形方，后者形圆，就把个性区别开来了……它们遥遥相对，成为拙政园内联系东、中、西三部的必经之路。这种设计，也别具匠心。

拙政园那么多亭子，其体量也互为区别。笠亭是微型的，在山上林间不甚显眼；天泉亭是大型的，八角重檐，内外两层，在平地上庞然突出；宜两亭则上下两层，且耸于山巅，益见其高。

建筑物的存在，离不开周围环境。亭在园林内除了供休憩、观景外，还有其“点景”“引景”的功能。拙政园诸亭所处环境，也各有特色。如松风亭斜架于水上，毗邻于“小沧浪”水院，环境幽静；塔影亭夹于两溪之间，以桥沟通，为西部偏僻的死角“点景”；荷风四面亭处于宽阔水面的岛上，有曲桥、山蹊联结着方方胜景，成为中部的交通枢纽；嘉实亭处于园中之园——枇杷园内，与嘉树丑石为伴，成为此地主景，并起着“引景”作用；“与谁同坐轩”亭位于山隈水际的池岸弯曲处，以扇面半圆的凸面临水，既可供人隔岸多角度品赏，又可供人在其中多面观景；雪香云蔚亭建于土山之上，梅林之中，平台上可观照辽阔的池水及远香堂一带美丽景色；“梧竹幽居”亭处于梧、竹、枫杨等植物间，两面临水，其地可谓水木清华而风物幽美……这些亭所处的环境，大多非常合适，能让建筑物妥帖地置身于自然的怀抱之中，仿佛天然生成的，符合计成《园冶·兴造论》所说“宜亭斯亭，宜榭斯榭”，真可谓“得其所哉”！

个体建筑类型的犯中求避、同中求异，不但表现在一园之中，而且表现在苏州各园之间，它们在造型等各方面也尽量避免雷同，仍以亭为例。

苏州各园中，大多有半亭之构筑，然而它们又力求互不因袭，在相同的形式中表现出不同的艺术个性来。

拙政园的倚虹半亭、“别有洞天”半亭，都是四角方亭之半，但狮子林的文天祥诗碑亭，则为六角亭之半。拙政园的“与谁同坐轩”扇面亭，位于参差池岸的最凸出之处，而狮子林的扇面形半亭，位于整齐的“曲尺曲”——墙、廊凹进的折角之处，两者就形成了鲜明的对照。

还应补充一说的是，从视觉心理学的角度来说，方形给人以静止、稳重之感，圆形则给人以圆转、运动之感。扇形是部分之“圆”，它通过人们的视觉，也会生发转动的态势；而曲尺形则是部分之“方”，它是静态的。狮子林的扇面亭既然凹进在 90 度的折角处，其圆边和直线相接，必然会产生“似动态”。人们漫步由廊至亭，就可能借助于艺术对比和视觉差，感到亭子在转动，从而获得一种动势意味。这种视觉效果和拙政园的扇面亭——“与谁同坐轩”亭大异其趣。

网师园殿春簃庭院涵碧泉旁的冷泉亭，也是倚墙而筑的方形半亭。按理，它只应有两只翼角高高地起翘飞扬，还有两只则因倚墙而被“省略”，这是一般半亭所取的型式。但冷泉亭的设计建造者锐意创新，让亭后之墙拱起，与亭顶等高，从而在墙顶与亭顶相接处筑脊，缓缓向下左右分张，再往上起翘，使两角也翼然飞举，如鸟奋双翅。这样，既是半亭，又有四个翼角，它们成双作对而同中有异地矫翼展翅。这一别具匠心的处理，在苏州园林群里较为罕见。

网师园冷泉亭

苏州的北半园，其中半亭可谓精心结撰，独树一帜。一般来说，半亭总倚于平面的墙上，或者说，其后所倚之墙的“角”为 180 度，而北半园的半亭，则建在一隅，其后两墙的夹角约为 90 度。如果说，一般的半亭为全亭之半，那么，这一半亭就其构筑和所占地盘来看，又是半亭之半。这个“半”，真是小而又小了。然而它也筑有两脊三坡，两只翼角如翚斯飞。这一半亭犹如浮雕，凸立角隅，且由于墙角较幽暗，又倍增了亭内的空间深度。

残粒园这个苏州最小的园林，其中湖石假山顶部，也有园内唯一的建筑——半亭，名曰“栝苍”。屋基平面为长方形，两面倚墙角而建，危檐高耸；而另两面则设有鹅颈椅，古色古香，供人凭栏憩息，观赏园景。这又是一种悉心求异的绝妙的型式。

亭是园林中必不可少的重要的个体建筑类型，古代素称园林为园亭、林亭、池亭……而“亭台楼阁”的排列，亭也置于第一，可见亭是园林个体建筑类型的首席代表。正因为园林中亭多而易雷同相犯，故而造园家们总煞费苦心，力求同中有异的创新。粗而言之，如果说，亭和台、楼、阁等等同为建筑中的一种类型，是同树异枝，那么，攒尖顶的亭和歇山顶的亭，则可说是同枝异叶了；如果说，各种攒尖顶的半亭是同叶异花，那么，网师园攒尖顶的冷泉亭，和半园攒尖顶的半亭一样，则可说是同花异果了；至于拙政园歇山顶的倚虹半亭、“别有洞天”半亭，残粒园的栝苍亭，则是又一类同花异果了。

再说到与半亭迥然有异的独立亭，除拙政园而外，其他各园也不无型式同中求异的佳构。

艺圃的乳鱼亭，为四角方亭，较矮而敦实，古朴雅致，梁架上有明式彩绘，这类明式木构亭，为苏州园林所罕见。

沧浪亭建于山之巅，为石亭，亭大而古拙，与整个沧浪亭园林苍古、质朴的风格十分协调，它以自身的独特个性，与苏州诸园多种多样的亭区别了开来。

西园两端有九曲桥相连的湖心亭，则又自不同，为六角重檐，内外两层，妙相端庄，形象稳重，然而上下两层十二个翼角竞相起翘，又使沉重和轻灵异态而共处。

狮子林的真趣亭，临池而建，富丽堂皇，金碧灿烂，完全是北京皇家园林的建筑风格，这是由于其中悬挂着乾隆御笔“真趣”匾额。然而它又并不敷设彩色琉璃瓦，而且歇山顶翼角高扬，这又完全是苏州园林建筑的固有风格，它集南北风格于一身而又比较协调，此亦属难能可贵。

天平山高义园前的御碑亭，为重檐八角攒尖顶，浑厚端重，其亭柱林立，翼角众多。为了顶部不致过分繁复，上檐用了减脊法，变八脊为四，手法巧妙而独特。该亭既有北方风格的雄健，又有江南风格的秀雅。至于天平山的白云亭，更是一种复合式亭，它是中间一个长方形、左右两个斜正方形屋顶的集萃组合，坡面有斜有正，中间窄，两侧宽，三亭共用八柱，形式活泼，颇为别致，增添了这里的风光之美。

再以厅堂馆轩来看，拙政园中部的远香堂为四面厅，完全是开敞式，以池莲为主景；而同处于中部的玉兰堂，则为封闭式，堂前庭院也属封闭型，以玉兰为主景。留园的五峰仙馆和林泉耆硕之馆，均为鸳鸯厅，但前者宏大，后者略小；前者主厅朝南，后者主厅朝北（面向冠云峰）……至于拙政园的鸳鸯厅，四隅均有耳室，又自不同。再就书斋来说，一般建筑总是居中的明间大，两侧的次间小，构成对称型式，但拙政园的“海棠春坞”面阔两间，一大一小，打破了传统格局；留园揖峰轩面阔两间半，其空间体量更依次递减，有一种节律感，显得极为别致，这都是为了型式求异。

三、构筑集萃

中国古代的文艺创作有一个被人忽视的传统，这就是“集萃”。所谓“集萃”，通俗一点说，就是把不同品类的“零件”集纳起来，荟萃于一体，创造出“非驴非马”的奇特的新的艺术形象。这类例子是极多的，成功的亦复不少。

在远古神话里，用土造人、炼石补天的始祖女娲，据《山海经》郭璞注，就是“人面蛇身”的集萃形象；而《帝王世纪》说，伏羲也是“人面蛇身”。《山海经》里还有很多人和种种动物拼凑起来的角色，如“人首马身”“豕身人面”“鸟身人面”……它们表现了先民们大胆的想像力和丰富的创造力，给人以种种新鲜奇异的感受。

在古代艺术史上，还有许多这一动物与那一动物互为集萃、并为历代人们所喜闻乐见的祥瑞形象。例如麒麟，《说文解字》说：“麒，仁兽也，麋身，牛尾，一角。”还有甪端、天禄……也都是集萃的祥兽；至于天马、神羊、辟邪……则兽而有翼，是禽与兽的集萃。而最为著名的，其一是被人们称为神鸟的凤，《说文解字》说：“凤之象也，鸿前麟后，蛇颈鱼尾，鹳颡鸳思，龙文虎背，燕颔鸡喙，五色备举。”这是集萃了十种禽兽的“零件”而创造出来的艺术典型。其二是龙，历来对此也有种种说法，后来画龙还成为一种特殊的画种。董羽《画龙辑议》说：

> 古今画龙者，角难推其形，貌其状，乃分三停九似而已：自首至项，自项至腹，自腹至尾，三停也。九似者：头似牛，嘴似驴，眼似虾，角似鹿，耳似象，鳞似鱼，须似人，腹似蛇，足似凤，是名为九似也。

龙，这是原始民族的图腾，又积淀为华夏民族的象征。它可以说是我国历史悠久的民族魂。而龙飞凤舞，又标志出我们民族自强不息的生命力和振奋向上的腾飞精神。这一切都离不开民族艺术传统中的集萃创造。

如上文所介绍，苏州园林中的建筑类型颇为丰富，每种类型的形式又不断地求异、变化、生新……而这正适应了人们的审美需要。正如英国美学家、画家威廉·荷加斯在《美的分析》中所说："人的全部感觉都喜欢多样，而且同样讨厌单调。"但是，历来造园家并不满足于此，还深感建筑型式之多多益善，故而又不断采用传统艺术的集萃创造方法，构筑出种种独特的，既似曾相识又迥然有异的新品类，这是值得加以介绍、品评的。

（一）集萃型的舫

舫，原是湖上一种构制精美、装饰华丽的船，又称画舫、游舫。"画""游"两字，点出了舫优美如画的造型和游乐观赏的功能。白居易《寄献北都留守裴令公》写道："春池八九曲，画舫两三艘。"就点出了舫的游赏环境。但它被引进园林之内作为一种建筑类型，却成了静止的构筑，并被习惯地称为"旱船""不系舟"。它又可分为三个不同的品种，这在苏州园林里，均不乏其例。

其一是写实型的舫。它完全以建筑手段来模仿现实中的真船，且建在近岸的水上，以小平桥与岸相连。如狮子林池北的石舫就是如此，其侧立面和正立面与船均极为肖似。这种写实型而非集萃型的舫，虽颇能增人游兴，但其建筑本身的审美品味量是不丰饶的。

其二是象征型的舫，或者说是抽象型的舫。由于它是以抽象的型式来象征船舫的，因而不注意的人就根本看不出是船舫的象征。如怡园东部的石舫，它仅仅是屋基平面呈长方形而面阔三间的平屋，只是由于船的平面形也是长方的，故而它也被称为舫。当然，它的窗也与船有相似之处……这种舫颇能使人联系室内外环境而浮想联翩，如坐舟中，如行水上，但其建筑本身的审美品味量也是不丰饶的。苏州畅园的船厅，也属于这一类型。

其三是必须详加品赏的集萃型的舫。这种舫，既非写实，又非象征，而是既有具象的模仿，又有抽象的集成。它出色地荟萃了多种建筑类型之美，这可以拙政园的“香洲”为杰出的代表。如果说，龙体现为“三停九似”，那么，“香洲”就其结构和集萃性来看，则可说体现为“四停六似”。此外，怡园西部的画舫斋、吴江退思园的“闹红一舸”，也与“香洲”有类似之处，又有其不同特色。这里不妨以“香洲”为主对这三个作品作一比较性的重点品说。

“香洲”的第一停，是舫的船首，它犹如平台。这里，露天而三面开敞，低亚近水。台中设石桌一张，是旧时弈棋、品茗的理想处所。平台三面绕以雅洁的石制矮栏，在此既可坐憩，又可观景。怡园画舫斋的船首平台，石栏、石桌的设置与“香洲”大同小异，但石栏没有“香洲”那种雅洁轻巧之感，而是富于古朴敦厚的特征和装饰性的雕刻趣味，这也是值得品赏的。“闹红一舸”的船首，如贴水平台，

拙政园“香洲”

它和整个船身，均轻灵地架于湖石和池水之上，与水石融为一体。船首三面无石栏环绕，因而比“香洲”更能给人以似舟之感和近水之情，这一处理是成功的。

“香洲”的第二停，是舫的前舱，它较高，酷似亭子。和怡园画舫斋前舱一样，其屋顶均为卷棚歇山。这种卷棚顶，不妨看作是现实中船舱棚顶结构的艺术升华。二者檐下楣间的装修、雕饰，均精致可观，鲜明地体现出画舫的意趣。不过“香洲”的前舱更为精丽秀拔，其屋顶四角，轩然欲飞，被四根不粗的柱子承托着，显得举重若轻，并使内外气息周流，与船首的露天平台构成相通互补的空间关系。“闹红一舸”的前舱，为两坡面平直单一的悬山顶建筑，其屋顶虽无曲线之美，四角虽无飞举之势，倒也质朴自然。其屋宇颇高，但三面均有门窗围绕，故空间略嫌闷塞。

“香洲”的第三停，是舫的中舱，它宛同水榭。由低压的两坡面屋顶所构成的内部空间，两侧遍设和合窗——支摘窗，它既便于采光，以免室内过暗，又是对真船舷窗的艺术模仿。这样，无论是从室内或外观来看，都给人以低亚的船舱之感，特别是从外观的侧立面造型来看，低亚的中舱还可反衬出较高的前舱和特高的后舱，于是，三舱显得高下参差，错落有致。再看中舱平直的屋脊、质朴的窗棂，恰恰与前舱弧曲飞动的屋顶、华饰玲珑的装修形成又一种强烈的对比，给人以视觉上的调节转换。怡园画舫斋则不同，其中舱较高，几乎与前舱平齐，这是其美中之不足，它不但使室内空间太高，似有厅堂之感，而少船舱之意，而且使前、中两舱缺少艺术的对比和起伏的变化。

再从正立面看，和画舫斋以密丽的槅扇相间而成的舱门不同，“香洲”中舱门的巧妙之处，在于它实际是一个八角形的落地罩，其四隅的花草纹样雕刻，给近旁素净的窗棂增饰了华彩的成分，它可看作是华美的前舱和素朴的中舱的一个自然的过渡，一个构思绝妙的过渡。

“香洲”的第四停，是舫的后舱，它和画舫斋后舱相似，均很高，其造型结构取自楼阁，其中楼梯都设在后部，供人们登楼凭窗眺览园景。为此，画舫斋楼上正、侧面均设有系列半窗。不过，“香洲”还注重外观平面的造型之美，立意在北侧立面的大片白粉墙上做文章。如楼下中部只设四扇雕花窗，楼上前部却设七扇雕花窗，上下两层，恰得参错之美；粉墙后部，上下又各有一窗，上为小六角形，下为大八角形，这不但适应了内部楼梯结构的需要，而且使北侧立面的粉墙上窗棂图案的分布，上下、左右、长短、大小、轻重、偏正、虚实……都协调均衡，表现出互补相生、赏心悦目的美。它比起画舫斋后舱侧立面的单纯对称来，艺术构图更为高明。总之，“香洲”后舱的内部结构和外部造型，都体现了实用价值和审美价值的高度统一。

至于“闹红一舸”，它没有中舱，只有后舱，而且前后两舱的建筑类型较为近似，几乎只有屋顶坡面朝向的不同。因而从“闹红一舸”的整体来看，其集萃性并不强，只是平台和两室的集纳，它是一种简单的复杂，一种平直洗练的美。当然，其门窗又不乏雕饰。

“香洲”和画舫斋前、中、后舱的屋顶，还富于鳞羽参差的变化之美。先看“香洲”，其前舱是卷棚歇山四坡顶，飞檐戗角而高扬，是东西向的；中舱是卷棚两坡顶，简朴平直而低矮，是南北向的；后舱又是卷棚歇山四坡顶，飞檐翼然，但位置更高，体量更大，而且也是南北向的，它对于前、中两舱的屋顶，仿佛是一个“否定之否定”。如将三者相比，可谓同中有异，异中有同，后舱屋顶似乎是前、中两舱屋顶的综合和向更高层次的生发。画舫斋三舱屋顶的组合，较“香洲”则略有逊色，这里就不再细述了。

除以上“四似”而外，“香洲”前舱、中舱两旁还有船舷，其狭长的空间，外侧设有坐槛，上置鹅颈椅，这显然又是集萃了另一建筑类型——廊，只是没有柱子系列而已。要论其功能，它不但可供人在坐槛休憩，或凭槛赏水，从而更贴近于水，而且从外面总观“香洲”的侧立面，长长的鹅颈椅既是前、中两舱外缘的“纽带”，又是侧立面一条美丽的“饰带”。它以均齐连续的图案法则，把多样巧妙地导向统一，使前舱和中舱高低、曲直、丽朴各殊的特性能够异态而同处，浑然为一体。

不容忽视的是，“香洲”和画舫斋还均有跳板，它是舫不可或缺的重要组成部分，或者说，它是人们上“船”的必由之路。没有它，就削弱了“似船”之感，船与池岸就缺少了有机联系。“香洲”、画舫斋的跳板，其实都是小型石板式梁桥，而当人们漫步过石梁，就会感受到通过跳板而上船的别趣。

还应指出，集萃型的舫，绝不是台、亭、榭、廊、桥诸种“零件”的生硬杂拼，而是多样的有机统一，而且它还必须与周围环境相协调。

怡园画舫斋的造型较美，无愧于“画舫”之名，但环境有所不足：北面不远处为高墙，没有丰富的景观可赏；南面小溪对岸为单面廊，景观亦较单调；但正面附近的景物较佳，有幽曲的溪潭，对岸亭山高耸，林木蔚然深秀，环境幽静阴曲，这是一种特殊的境界。而这里的匾额，极能为环境传神写照。前舱有额曰：“碧涧之曲，古松之阴。”中舱有额曰：“舫斋赖有小溪山。”它们借司空图、黄庭坚之句，诗化了这里的环境。当年园主顾文彬《怡园杂咏·松籁阁》这样写道：

如舫葺空斋，临池俯高阁。
日夕听松风，置身俨丘壑。

也准确地写出了置身于这一独特环境里的感受。

然而，不论是集萃型的舫还是写实型的舫，其性格更适合于较为开敞的水环境，这才能使人有“似动”“可航”之感，从而供人在船首或舱中品赏“两岸”或“迎面而来”的优美风光。

退思园的“闹红一舸”，其本身的集萃建筑美虽逊于画舫斋，但它与所处环境的关系却十分融洽。其建筑不但贴近于水，而且三面所临空间和水面都较宽阔。“闹红一舸”最佳的审美特征正在于此。不过，其周围景观的意蕴还不甚丰美。

拙政园的“香洲”，周围既有较为宽阔的水环境，又有耐人寻味的对景可供品赏。“香洲”船首平台是极佳的观景点。在这里，仰观，可见池山上方的蓝天白云或长空明月；俯察，开阔的水面上或莲叶摇碧，或浮光跃金，还可使人萌生“近水楼台先得月”之感。如放眼北望，可见荷风四面，柳阴路曲，平桥临水，廊楼交通，是阔远的水上风景空间；看东面，盈盈一水相隔，倚玉轩、远香堂隐现于绿树间，是一幅近景画面；向南观察，又可见溪流蜿蜒，碧波荡漾，“小飞虹”、松风亭一带景物丰富，呈现出含蓄深远的境界。在舱内，这类景观也可以不同的画面诉诸视觉，特别是中舱低亚的支摘窗，更能把人们的视线引向水面，去品赏水景之美、水乡之情。开敞、丰美的环境对于建筑性格之适称，是“香洲”又一重要的审美特征。

全国园林特别是江南的园林中舫颇多，也颇受游人欢迎，如北京颐和园的清晏舫，南京太平天国天王府西花园的石舫，上海南翔古漪园的“不系舟”，广东顺德清晖园取象于珠江紫洞艇的船厅……其类型不同，形式各异。而苏州园林中的“香洲”、画舫斋、“闹红一舸”三者与它们相比，又各有其突出的审美个性。再就三者同属集萃型画舫这一点来比较，“香洲”的美点最多，它可谓苏州园林群里画舫之冠，甚而可把它奉为全国园林的画舫之冠。

（二）复廊

复廊不是单面廊或单一的空廊，正如复调音乐不是单一的旋律一样。复廊是两条空廊和一道花墙——漏明墙的集萃组合，它是单面廊或空廊发展到成熟阶段的硕果。

沧浪亭的复廊最为著名。陈从周先生《苏州沧浪亭》一文写道：

> 园周以复廊，廊间以花墙，两面可行。园外景色，自漏窗中投入，最逗游人。园内园外，似隔非隔，山崖水际，欲断还连。此沧浪亭构思之着眼处……园外一笔，妙手得之，对比之运用，“不着一字，尽得风流”。

事实正是如此。于是，沧浪亭这个缺水的园林，就变成面水的园林了。这一巧于因借、妙手得之的一笔，最主要的就是这条复廊。

沧浪亭这条著名的复廊，两廊夹一墙，两面的柱子等距排列，墙上的漏窗等距出现，形成特定的节奏。然而迎步而来，又颇有发展变化：一是复廊本身的高低起伏，曲折蜿蜒；二是漏窗虽齐整一律，但窗上的图案毫不雷同，给人以新意层出不穷之感；三是随着审美脚步的行进，两面的景物移步换景，引人入胜。

这一复廊，沿河的一面可称外廊；园内靠山林的一面，可称内廊。这个内外既有一定区分，又有互相呼应的廊，可比之于双声部的复调音乐，其横向关系上，双方旋律线的起伏、音色的变化，特别是音画的连续等，有其相对独立性；在纵向关系上，双声部的节奏又相与类同，互为牵制，二者形成了和声与对位关系。无怪乎人们在复廊的起点看到石刻《沧浪亭图》上长长的曲廊，就联想起五线谱的高低起伏，曲折变化。这里，空间似乎融化在时间里流动了。“建筑是凝固的音乐”，沧浪亭的复廊更是如此，廊引人随，迎步不断递呈佳趣，就俨然是流动的复调音乐，而东面的钓台，便是乐曲的终止。

更值得一说的是，复廊南近假山，山巅沧浪亭有联曰：

清风明月本无价；
近水远山皆有情。

这副凝聚了丰富审美经验的楹联，对人们在复廊游赏也颇有启发。廊墙上的花窗，有众多的功能，其一是以框格及图案美化窗外之景，影影绰绰地将其距离推远，使之成为有意味的框景。人们如在外廊游赏，近旁的沧浪之水在叠石岸的映衬下，碧波微澜，縠纹烫皱；若再透过漏窗看园内，则崇阜古木，若隐若现。这样，从距离上说，恰恰应了“近水远山皆有情”的联语。人们如在内廊游赏，则山和水的距离又相互转化，成了“远水近山皆有情”了。复廊的审美功能，岂不妙哉！

怡园的复廊，也较著名，是受了沧浪亭的启发而建构的。它在园内使东部建筑庭院区和西部山池胜景区似隔非隔，欲断还连，也颇多妙趣。

狮子林的复廊则不同，采用三墙夹两廊型式。中间墙上不用空透的漏窗，而用花玻璃镶嵌，它的窗框系列是不透明的。其两面墙上则用空窗，靠立雪堂庭院的一面，用圆形的系列空窗；靠山池景区的一面，则用六角形系列空窗。这样，复廊又完全成了两个非独立性的单面廊的复合，窗上彩色玻璃又隐隐然有些透光，使两面廊内似乎若明若暗，扑朔迷离，其作用留待“审美之窗”一节再加说明。

（三）半亭及半亭门

如果说，复廊用的是加法，那么，半亭用的是减法。半亭是减去全亭之半的构筑，它必须附立于墙或廊，与之结合，这就成了一种集萃的形式。

上文已介绍网师园殿春簃庭院的半亭——冷泉亭，它是亭与墙的集萃，贴墙朝东，中置灵璧石峰，使得大片单调的粉墙顿然生色，多了一道生动的风景线。它既贴墙，近于高浮雕，又占地极小，可谓以少胜多。

狮子林的文天祥诗碑亭，则又是一种风格。它是沿墙单面廊稍稍向外伸出而建的半亭，是亭、廊、墙的集萃。长廊嵌书条石系列，为了突出文天祥所书的诗碑，故而构造此亭。现在看来，这一目的是达到了。试看，半亭对于长廊来说，显得高耸而突出，犹如鹤立鸡群；纵向而大的诗碑，对于横向而小的书条石来说，其效果也是如此。

拙政园的“别有洞天”半亭，是苏州园林里半亭的佼佼者。该亭往北，有廊可通“柳阴路曲”、见山楼；往南，有廊可通玉兰堂、“香洲”；往西，则开有“别有洞天”月洞门，为拙政园中部通往西部的交通要道……由于位置显要，被精心设计为优美的景观。这一亭、廊、墙、门的集萃构筑，稍稍凸出于廊外，架于水石之上，面水而建，表现出“亭台突池沼而参差”（计成《园冶·相地》）的生动形象。其卷棚歇山顶翼然超越于走廊屋面之上，檐下挂落精美，被四根柱子支撑着，下部柱间设“亞”字形栏杆，可供人凭栏观赏中部荷池风光。

值得一说的是其月洞门特别厚，特别进深，异乎寻常，这是造园家神不知、鬼不觉地将亭后附近之墙特意加厚所造成的。这一别出心裁的罕见之举，产生了非凡的效果。洞天，这是道教传说中群仙所居的胜境。杜光庭《洞天福地岳渎名山记》就有“三十六洞天”“十大洞天”之说。唐人章碣《对月》写道：“别有洞天三十六，水晶台殿冷层层。”宋人陈藻《咏桂林》也写道：“桂林多洞府，疑是馆群仙。”半亭的创造者，也着眼于这个“洞”字，使之在半亭内更为形象化，同时，也就使洞门极大地进深化。洞门一厚一深，人们的“洞天”“仙境”之感就似真似幻地被逗引出来。而且，这还能把门外景物的距离推远，增加其景深，使园西部本来不大的空间似乎无限地幻化了，似乎其中“别有天地非人间”……这就显出门上横额“别有洞天”并非虚语，乃是实境。

（四）石屋楼台

这是指沧浪亭南部的看山楼。楼分三层：

第一层，并非木结构建筑，乃是黄石叠成的北向石屋，名“印心石屋”。它基本上属于掇石叠山的范畴。石屋之上建楼台，这在苏州园林群里是一个集萃型的独创。石屋有两进，从面北的门进入。但令人失望的是，第一进两侧的窗，竟用了现代居室的玻璃窗，致使沧浪亭最具优势的盎然古意有所削弱；而且沧浪亭廊间的漏窗系列名闻遐迩，被建筑界奉为典范，而这里的窗却不能不说是小小败笔，犹如美玉之微瑕。石屋第二进的叠掇，也并不见佳，特别是“窗洞”上明显地横以条石，很不自然，远不如扬州个园黄石假山下部石室那样自然，但较之第一进，效果就好得多了。

第二层，由石室之外的石阶上去。其前部，建于石室第二进之上，三面开敞，当年是为了向南看山。这一建构，上有歇山顶，似乎是亭，然而三面均围以低矮半墙，又似乎是台……应该说，是亭、台的综合。第二层后部则建立在石室第一进之上，是一般的室，室内有楼梯。

第三层，平面较小，只建立在第二层室之上，是标准的楼，有窗可以远眺、看山。

看山楼，亭、台、室、石室的集萃设计，是有独创性的，其建构基本上是成功的，而且楼台特佳，但缺憾也是明显的，主要表现为第一层的石室建构比较粗糙。

今天，吴中区东山的启园，也有类似的建构，下部也有石室，但其中似感太空，构筑也不太精致，与拙政园“香洲”、怡园画舫斋差距甚大。

（五）“四宜亭”

启园有四宜亭。这一独创性的、集萃型的建构，也是在苏州园林集萃建筑的传统基础上发展而来的。

刘叔华女士在《启园漫步》中写道：

> 过柳毅井，入门厅后院的一个月洞门，从此则湖山渐入佳境。由此上月洞门外的假山，可登四宜亭。四宜或称四异：它西看似亭，放眼可望远方的莫厘峰；东看似轩，可憩可观；南看似台，可俯视围墙之内山石嵯峨的小院；而北看似楼，临窗可收墙外诸景……此亭构思之妙，能不令人颔首？

这一集萃的构思确实极妙。传统的园林建筑，总称亭、台、楼、阁，它却集四者萃于一体。当然，拙政园的“香洲”，也是萃四者乃至更多类型于一身，但那是以舫的型式来集萃的。四宜亭或四异亭则以亭的型式来集萃，别具匠心。登其上，西面有窗可回眸“柳毅井”“橘园”，仰望可见莫厘峰；东有鹅颈椅，可憩可观；北为墙，凭窗可览墙外景色；南面台上，可见庭院内山石嶙峋，嘉木葱郁……此亭的美中不足，一是建筑本身还不太精致；二是四面“对景”还缺少精心安排，特色不明显，或者说，“对景”尚未体现“四异”；三是缺少匾额对联及题咏，文化意蕴欠丰。

苏州园林的建筑构成，还有“立面丰富”的特点。个体建筑立面的丰富，当数拙政园的“香洲”和波形水廊。至于群体建筑的立面形象的丰富多样，更耐人品味，如网师园中部隔池品赏竹外一枝轩、射鸭廊、小亭及“观音兜”山墙等的群体立面组合形象；留园隔池品赏涵碧山房及其平台、明瑟楼及其平台、“绿荫”轩、“古木交柯”廊的漏明墙、曲溪楼及走廊等建筑组群的立面形象；或隔池品赏濠濮亭、曲溪楼、西楼、清风池馆等建筑组群的立面形象；环秀山庄在东南方品赏边楼的立面组合形象……它们给予人们的品味内涵是极其丰赡的。限于篇幅，本书只能如此一提了。

第二章　山水构成

山水，是人类赖以生存的极其重要的自然环境。不但人们的物质生活离不开山水，如《管子·水地篇》所说，“水者……万物之本原也”，而且人们的精神生活也需要山水。早在先秦时代，孔子就有“知者乐水，仁者乐山”（《论语·雍也》）的警句；自魏晋南北朝以来，陶弘景更有“山川之美，古来共谈”（《答谢中书书》）的名言，于是山水诗、山水画、山水小品、山水园林……接踵而至，争芳斗艳，令人目不暇接，给人以种种美的滋养。

园林里为什么少不了山水？这不妨先从人们对山水画的审美需要说起。宋代著名山水画家郭熙在《林泉高致》中写道：

> 君子之所以爱夫山水者，其旨安在？丘园素养，所常处也；泉石啸傲，所常乐也；渔樵隐逸，所常适也；猿鹤飞鸣，所常观也；尘嚣缰锁，此人情所常厌也；烟霞仙圣，此人情所常愿而不得见也……然则林泉之志、烟霞之侣，梦寐在焉，耳目断绝。今得妙手，郁然出之，不下堂筵，坐穷泉壑，猿声鸟啼，依约在耳；山光水色，滉漾夺目，斯岂不快人意，实获我心哉！此世之

所以贵夫画山水之本意也。

园林里建构了山水，也能使山光水色常在左右，清流奇石时刻相伴，不出园门而畅游泉壑，超脱尘嚣缰锁，甚至如见烟霞仙圣，“此岂不快人意，实获我心哉”？

正因为如此，苏州园林里少不了山水泉石，相反，必须借助于这一要素，来艺术地构成城市山林。苏州园林里的山水构成，主要有如下特点可供品赏。

一、法天贵真

园林构成三要素，就其生成方式来说，有的来自天然，有的来自人工，有的则既离不开人，又离不开天。明人邹迪光在《愚公谷乘》中说得好：

夫山水，成于天者也；屋宇，成于人者也；树，成于人而亦本于天者也。

这是十分准确而精到的。

邹迪光所建构的“愚公谷”（俗称邹园），地处无锡惠山，又有天然的黄公涧可利用，地理条件极其优越，所以他说，山水是“成于天”的。苏州园林则不然，其中绝大多数地处闹市，没有天然山水可利用，然而又偏偏要建构山水园林，于是，只能以写意的方式，用人工的假山假水来替代。正因为如此，苏州园林中的山水，不能说是

“成于天”，相反应该说，它基本上也是“成于人”的。

然而，山水的基本性格如邹迪光所说，确乎应该是自然天成的。因此，苏州园林要以假山假水来模拟真山真水，必须如《老子·二十五章》所说，“道法自然”；或如《庄子·渔父》所说，“法天贵真”。道家的原则，是要求效法于“天”，把“自然”“如真”奉为最高准绳，一切都要求自然而然。具体到园林建构，叠掇假山，开凿水池，不但应杜绝故弄姿态、矫揉造作，而且应泯却人工建构的种种痕迹，以自然天成的美为至境、为极则。

环秀山庄的湖石大假山，为叠山名家戈裕良所作。它不但在苏州园林群里是“法天贵真”的美学范本，而且在全国园林中也是“虽由人作，宛自天开”（计成《园冶·园说》）的艺术杰构。作为世界文化遗产的精品，这是应全力重点加以品说、赏析的。

宋代著名山水画家李成曾说：“凡画山水，先立宾主之位，次定远近之形，然后穿凿景物，摆布高低。”环秀山庄正是这样从宏观上布局的。全园景物以山为主，水为宾；在山石群体中，以池东之山为主，它雄浑而峻拔，池北之山为次，因而退缩于一角，池水则缭绕于两山之间；至于主山的叠掇，则让主峰耸峙西南，次峰二三，回环宾托，左右则辅以峡谷，而山的周围置以散石，使其显现为山之起伏的余脉。这样层层映衬，萦纡交割，就体现出“众山拱伏，主山始尊；群峰盘互，祖峰乃厚”（笪重光《画筌》）的画理。同时，它们又相与呼应，联络有情，表现出形断而气连、体断而势连的神韵。

对于这一大假山的具体结构之妙，刘敦桢先生在《苏州古典园林》一书中指出：

> 主山分前后两部分，其结构于园的东北部以土坡作起势，西南部累叠湖石，其间有两幽谷，一自南向北，一自西北向东南，会于山之中央，将山分为三区。前山全部用石叠成，外观为峰峦峭壁，内部则虚空为洞。后山临池用湖石作石壁，与前山之间形成……涧谷。前后山……浑成一体，由东向西犹如山脉奔注，忽然断为悬岩峭壁，止于池边，如张南垣所谓“似乎处大山之麓，截溪断谷”之法……

戈裕良的这一杰作，不但在于出人意料，入人意中，形态多变，气势雄伟，而且局部处理参照天然石灰岩被雨水冲蚀之状来叠掇造型，全山之体，大面组合恰当，不琐碎，不杂乱，不排牙，不板律。石块的拼联接合，也根据湖石自然的纹理和体势，做到有机构成，并让灰浆隐于石缝之内，尽可能浑然无迹，于是就如《老子·十七章》所说：“功成事遂，百姓皆谓我自然。”这是假山“法天贵真”的最高境界。

还值得一说的是，其山洞采用穹窿顶或拱顶的结构方法，如喀斯特溶洞的自然生成。戈裕良曾说，他“只将大小石钩带联络，如造环桥法，可以千年不坏；要如真山洞壑一般，然后方称能事”（钱泳《履园丛话》卷十二）。事实正是如此，其造洞如造环洞桥，顶壁一气，浑融生成。再如其石壁上挑出的悬崖，也用湖石钩带而出，迹近天然，不像一般假山用花岗石条作悬臂梁挑出，条石上再叠湖石，人工痕迹触目皆是，显得极不自然。正因为如此，刘敦桢先生在《苏州古典园林》一书中指出，环秀山庄的假山，其“形象和真山接近”，“望之如天然浑成”。这里，一个“真”字，一个“天”字，恰恰是对湖石假山“法天贵真”的最高审美评价。

环秀山庄湖石大假山

当然，假山总是假的，然而它贵在“有真为假，做假成真”（计成《园冶·掇山》），从而令人“掇石莫知山假”（计成《园冶·相地》）。所谓“有真为假”，这是说，首先要有天然的真山作为叠山创作的依据，特别是要有从大自然中广泛撷取来并融之于心胸的真山意象，做到“胸有丘壑”，这样，才有条件从事假山叠掇，才能做到“做假成真”——以假拟真，假中见真，亦即如刘敦桢先生论环秀山庄湖石大假山时所说的，“形象和真山接近”“望之如天然浑成”。

环秀山庄的四面厅，悬有俞樾所撰对联，它恰恰道出了湖石大假山的此中诀奥：

丘壑在胸中，看叠石疏泉，有天然画意；
园林甲吴下，愿携琴载酒，作人外清游。

联语可说是“法天贵真”的山水知音！

王朝闻先生在游赏了环秀山庄的假山后，写成《城市与山林》一文，文章风趣生动地说：

笑容可能使人感到高兴，但要看它是真是假。园林可能使人感到仿佛面对自然，这要看它建筑得有没有天趣。环秀山庄那座假山虽是人工堆砌而成，但是堆砌得十分自然……脚下地震形成一般的石缝，使我仿佛置身于天然环境之中。

顾名思义，假山当然是假的，游客心里也很明白。但只有假中见真，越看越觉得它有真实感，它对游人才是富于魅力的……倘若越看越假，就像一些虚伪的人挤出来的笑容，使人越看越觉得可厌以至可怕那样，岂不事与愿违。环秀山庄的假山不是这样……在石材的选择和堆砌的设计里，寄托着假山创作者的巧思。

这番话对读者、游人是颇有启发的。它对于理解环秀山庄假山“法天贵真”的艺术，也很有价值。

陈从周先生在《苏州环秀山庄》一文中，也指出其园中叠石系吴中园林最杰出者，是研究我国古代叠山艺术的重要实例，它“得真山水之妙谛，却以极简洁洗练之笔出之”“造园者不见此山，正如学诗者未见李、杜，诚占我国园林史上重要之一页”。

本书对几位名家的评价之所以一引再引，是为了说明其假山艺术价值之高，冠于全国，有口皆碑。正因为如此，环秀山庄才无愧于列为全国重点文物保护单位，特别是无愧于列入世界文化遗产名录，虽然它只是一个极小的小园。

环秀山庄假山的涧壑艺术之妙，值得品味的还在于它如“地震形成一般的石缝”。这种石缝为什么可贵？这是因为它如同经过地震天然形成的，而人工开掘的缝隙，总不免有斧凿痕，甚至矫揉造作，它们或是太直，或是太曲，或是曲直搭配失当……总之，自然天成的裂缝、线条，看来好像极其简单，但是它几乎是人力难以模仿的。

这里，不妨先讲一点关于书法的知识，这对于提高园林品赏水平是颇有启发和裨益的。

正由于人工难以模仿和制作天然形成的线条，哪怕是看来极其简单的线条，古代书法家为了追求风格自然的线条美，他们在历史积淀的基础上，提出了“坼壁路”“屋漏痕”“虫蚀木”等著名的书学概念。这些概念的名称似乎颇为奇怪，却也体现了“道法自然”的哲理。

试闭着眼睛想一下：

“坼壁路”——破旧的墙面上，由于表层的石灰、泥土坼裂而渐渐出现了极不规则的自然天成的纹路、裂痕；

“屋漏痕”——破败的屋顶漏雨，雨水受墙面不平的阻力而蜿蜒下注，在墙上形成了直中有曲、变化微妙的天然浑成的线条；

“虫蚀木”——蠹虫蚀木时，任意而行，随意而蚀，于是，在木上留下了屈曲痕迹。

上述这类线条，是那么平淡无奇、司空见惯，没有人感到它们有什么观赏价值；然而一旦被作为有心人的书法家所发现，所欣赏，所捕捉，就被悬为美学的至境、艺术追求的目标。他们感到这些线条是那么自然天成，毫无苦心布置之巧，也毫无生硬做作之弊。书法家笔下的线条，能进入这样的化境，那就臻于炉火纯青的地步了。

其实，不只是书法，这类线条还是绘画、园林中线形美的极境。

且不说黄庭坚《题李汉举墨竹》所云：“如虫蚀木，偶尔成文。吾观古人绘事之妙，类多如此。”就说苏州园林之妙，亦类多如此。环秀山庄假山如“地震形成一般的石缝”是如此，网师园的小溪——槃涧也是如此。

槃涧，取意于《诗经·卫风·考槃》：“考槃在涧。”槃，为快乐之意。联系园中砖额“网师（渔父）小筑”“潭西渔隐”等来看，“槃涧”之乐也就是渔隐之乐，山水之乐。

再具体赏析槃涧的线形之美。

槃涧是网师园中部发端于东南隅向北流至中心水池的一条小小溪

涧。其西有小山丛桂轩和假山“云岗”。小山丛桂轩内，有清代著名的书联圣手何绍基所书之联：

山势盘陀真是画；
泉流宛委遂成书。

上下联以“山—泉”“画—书”对举。何绍基不愧为著名书法家，他别具只眼，以书、画美学的角度来品赏园林中的山水，其所书之联不妨看作是对附近景观——云岗、槃涧所作的高度审美评价：

小山丛桂轩之北、槃涧之西的黄石假山“云岗”，山势浑成，岩体峻峭，郁律磈硊，盘陀不平，接近于天然画本，可说是“山势盘陀真是画”。

小山丛桂轩和云岗之东的窄溪小涧——槃涧，虽然几乎与墙边的直径相平行，但从微观上看，可说是没有一处不委宛曲折，忽而这里的叠岸略见内凹，忽而那里的水面微微变宽……正由于岸和水自然天成地互为出入，相与委曲，故而其线形既好似“虫蚀木”，又宛如“屋漏痕”，还颇像何绍基所创回腕涩进、战掣不平的线条，真可谓“曲而有直体，直而有曲致”（刘熙载《艺概·书概》），进入了书法线条美的妙境，“泉流宛委遂成书”一句，可说是对槃涧最好的概括、最美的比拟，而这一境界的实现，当然也是“法天贵真”的结果，因为自然界的溪涧泉流，没有一笔是直的。

再说苏州园林中的黄石大假山，“法天贵真”的最佳建构在耦园。其山体由东西两部分组成，二者之间则为弯环如许、两壁如削的“邃谷”，这显然是师法于自然中真山的断裂景观。山体的东部较大，变化也多，且体近自然。刘敦桢先生在《苏州古典园林》中说：

> 平台之东，山势增高，转为绝壁，直削而下临于水池，绝壁东南角设蹬道，依势降及池边，此处叠石气势雄伟峭拔，是全山最精彩部分……绝壁东临水池，此处水面开阔，假山体量与池面宽度配合适当，空间相称，自山水间或自池东小亭隔岸远眺，山势陡峭挺拔，体形浑厚……几株树木斜出绝壁之外，与壁缝所长悬葛垂萝相配，增添了山林的自然风味。此山不论绝壁、蹬道、峡谷、叠石，手法自然逼真，石块大小相间，有凹有凸，横直斜互相错综，而以横势为主，犹如黄石自然剥裂的纹理，和明嘉靖年间张南阳所叠上海豫园黄石假山几无差别……

这一评价，是非常之高的，它当然也是“法天贵真”的艺术硕果。

常熟燕园的黄石假山——燕谷，也是戈裕良所掇，其曲折幽深虽不及环秀山庄，其雄伟峭拔虽略逊于耦园，但在效法大自然，“山水”刚柔相推而变化方面，却另辟蹊径。此山悬崖峭立，峭壁险生，下有涧水，且流入洞内，与山互为吞吐。就水点以“步石”，引人入洞，洞内结构天成，有“一线天”景观，令人叫绝，并联想起杭州灵隐天然山洞景状。燕谷虽以黄石为料，但掇砌时并不都整齐地横向积叠，相反，使之凹凸异形，有结有散，富于变化。韩拙《山水纯全集》说：“山以林木为衣，以草为毛发。”燕谷山草木苍翠，竹树扶疏，这更使山体宛若天开，有如自然。

拙政园中部池上的土石山，又以另一种类型的“法天贵真”独步姑苏园林，李渔在《闲情偶寄·居室部》论叠土山说：

> 用以土代石之法，既减人工，又省物力，且有天然委曲之妙……累高广之山，全用碎石，则如百衲僧衣，求一无缝处而不得，此其所以不耐观也。以土间之，则可泯然无迹，且便于种树，树根盘固，与石比坚，且树大叶繁，浑然一色，不辨其为谁石谁土，立于真山左右，有能辨为积累而成者乎？此法不论石多石少，亦不必定求土石相半，土多则是土山带石，石多则是石山带土……

这是他造园叠山的经验之谈。他反对“百衲僧衣”之假，而以“天然委曲”，酷似真山为准则，完全符合“法天贵真”的思想。拙政园中部的土石山，可以作为李渔理论的有力实证。

拙政园中部池上两山，都是土山带石——黄石，亦即基本上以土为主。它们坡度都不高，石块随致散点，而以四周与地面界接处为多。黄石块大抵横向叠置，较多的半入土中，石与土泯然无迹，外露的石块皴斫自生，有如倪云林笔下为江南湖山写照的折带皴。联系周围环境来看，自然隆起的山丘，土石相间的坡垅，配以宽阔的池面，参差的杂树，平展的曲桥，轻灵的山亭……呈现出一派江南水乡秀美的风光，又令人联想到倪云林画中平远山水的某种构图。土山上下攒三聚五地散置的石块，既有审美价值，又有功能价值。从审美角度看，石块酷似真山土层覆盖下外露的岩石，这种“石骨”，更增加了山的质感、稳定感，特别是真实感。从功能角度看，尤其是山脚下的石块，还起着固定山形的“藩篱”作用，这样，虽经雨水冲刷，山土也不易流失，山体也不会变形，与平地界接的轮廓线也不会走样。这种土假山，既省人工，又省物力，而且具有天然委曲之妙，与真山无异，令人感到特别自然而耐看。

二、芥纳须弥

芥纳须弥，是苏州园林构成特别是其中山水构成的共同特征。佛教经典《维摩诘经·不思议品》云："以须弥之高广，内（纳）芥子中。"所谓"须弥"，是梵文"苏迷卢"的讹略，意译为"妙高"。须弥为古印度传说中的山名，据说它是人们所居世界的中心，日月环绕此山而回旋出没，三界诸天也依此而层层建构，它的四方有《西游记》中所说的四大洲，而人们所居者为南瞻部洲。佛教正主此说，并认为小小的芥子可容纳高广无垠的须弥于其中。

尽管南北朝时对"置世界于微尘，纳须弥于黍米"的说法就有争议，但是，这一说法对艺术创作特别是江南写意山水园的建构，却有着不容忽视的重要意义。陈所蕴《张山人传》介绍上海叠山名家张南阳，说他叠掇假山，"高下大小，随地赋形""转千钧于千仞，犹之片羽尺步"。陈所蕴在《啸台记》中又写道：

> 予家不过寻丈，所裒石不能万之一。山人一为点缀，遂成奇观。诸峰峦岩洞，岑巘溪谷，陂坂梯磴，具体而微……山人能以芥子纳须弥，可谓个中三昧矣。

这位张山人，初号小溪子，后更号卧石生。其名号中的"山""溪""石"，正是园林构成的要素，而张南阳终日与之为伍，并以为号，必然熟谙其规律。他又自幼从父学画，有出蓝之誉，应懂得"咫

怡园藕香榭平台东南较宽的水池

尺应须论万里”（杜甫《戏题王宰山水图歌》）的画理。通过江南园林山石叠掇的长期实践，继承创造，融会贯通，他必然能出色地达到芥纳须弥的境地。

由山石溪池的创作实践，培育了小溪子、卧石生、张山人这一事实进一步推论，在明清时代，既然江南造园叠山蔚然成风，那么，当时当地决不会只有一个张南阳。

正因为如此，明清时代的苏州园林，就必然颇能移天缩地，纳大千世界于芥子黍米之中。这可举出大量的事实为证。

清末怡园主人顾文彬的同时代人汪燕庭，曾写过《题怡园岁寒草庐呈顾艮庵先生》的长诗，诗中就有“名园妙构参画禅，大千界现一粒粟”之句。这似乎只是泛泛而论，其实，此种意味，却值得细细

怡园藕香榭平台向西的一湾绿水

寻绎。

先从怡园西部山池区的分布来看，其水系，以偏南的藕香榭平台之北的水面为中心，向东南伸展为较宽的水池，曲桥横跨其上，倒影演漾，回波浏如。向西，则仅余一湾绿水经水门流向画舫斋而止。其山系，主要为池北迤逦的假山，主峰偏西，螺髻亭耸于山巅，以增其高，其磴道盘纡，峰峦起伏，延至“屏风三叠”而其势渐平……

对于怡园这一山水的分布，俞樾《怡园记》不但指出其“为池者有四，曲折可通。山多奇峰，极湖岳之胜”，而且从总体上概括道：“兹园东南多水，西北多山。”而著名建筑、园林学家童寯也作过类似的概括，其《江南园林志》指出，怡园“园林西北堆山，东南多水”。

怡园这一山水地形的分布，有其深层的文化内涵，它应被看作是远古神话意识的历史积淀，是神话原型有意识或无意识的某种再现。《淮南子·天文训》写道：

> 昔者共工与颛顼争为帝，怒而触不周之山，天柱折，地维绝。天倾西北，故日月星辰移焉；地不满东南，故水潦尘埃归焉。

这就是远古人们对大地上东南多水现象的文化阐释。怡园的山水地形分布，不仅契合于共工的神话传说，而且还现实地契合于中国地理的形势：西北多山，东南多水。这不正是小小的芥子容纳了莫大的须弥吗？

也许有人不同意本书这一新的立论，认为这纯粹是偶然的巧合，其实不然。

先看北方皇家园林，除一些规整式的中、小园林外，北京颐和园面积广大，昆明湖在万寿山之南，万寿山之北虽也有后湖，但其实只是一条较狭窄的河而已。再说承德避暑山庄，其湖沼区在东南，稍北为平原区，再往北及整个西部均为绵延的山岳区。其东南的湖沼区，不正是水潦尘埃所归吗？

再看江南一些名园，无锡寄畅园的水池——锦汇漪，偏于园的南面并伸向东南一角，而山地则偏北。上海的豫园，分散的水池较多，除南面湖心亭、九曲桥的大水池外，其他中、小型水池大抵散布于中部，而唯一的一座著名的黄石大假山，就叠在园的西北隅，登山南望，则面临仰山堂北的一泓池水……

如把苏州园林放在全国大环境中来审视，其东南多水、西北多山的特征就更为明显。

在苏州，除了以水为中心的园林（如艺圃、网师园）和以山为中心的园林（如环秀山庄）外，凡是山水并重的园林，一般来说，山多分布于西北，水多分布于东南。

苏州山水并重、芥纳须弥的园林，除了怡园这一典型外，还有留园，其“西北两侧是连绵起伏的假山，石峰杰立，间以溪谷，池岸陡峭，构图原则大体受了宋元以来山水画的影响”（刘敦桢主编《中国古代建筑史》）。留园中部确实如此，西北山峦绵延，偏北的山巅上，耸立着六角的可亭，为中部制高点之一。园西部为爬山廊，爬至靠西墙的闻木樨香轩，则为中部另一制高点。由假山分布这一地势来看，整个中部是向东南方水池桥岛倾斜的，这也体现了“地不满东南”的史、地文化意蕴。至于留园西部山林区，其地势更高，然而最东面的“活泼泼地”水阁之前，尚有一湾清流在平地上逶迤而去，与西北面的山林也形成了低与高的地形对比。

即使就拙政园来说，其中部是以水为主的，采用水包山的格局，池中最突出的是两座断而复连的偏北的土石山，至于池西北见山楼侧陡峭的假山以及爬山廊，也给人以深刻的印象。再看拙政园西部，弯弯的池水蜿蜒于园的东南，而主山则踞于西北，其上的浮翠阁，浮于山林浓荫的最高点。

再说耦园东部，是以山为主的，但是，高峻雄奇、中夹“邃谷”的黄石假山，也偏于园的西北，而让池水由东北向南伸展，环山而汇聚于东南，于是，“水潦尘埃归焉”。这也是自觉或不自觉地以全园些小之地的山水分布，契合了中华大地的山水分布。

苏州最小的园林——面积仅140平方米的残粒园，以小中见大著称于江南。它取名于杜甫“香稻啄残鹦鹉粒”（《秋兴八首》其八）句意，是为了突出其面积如芥子之小，黍米之微。此园特色之一是作为主山的湖石假山，昂然卓立于水池西北靠墙角处，山顶上建半亭“栝苍”。于是，在残粒之园、弹丸之地，其西北之山随建亭而益显其高，东南之池则随之而益显其深，虽然东南角也蛰居着小黄石假山呼应着主山。

还有北寺塔园林中的“梅圃”，梅树杂木中，其布局也是前水后山，亦即池在东，山在西……

对于这种山水泉石分布模式，也许有人会说，这都是无意识的。是的，不过，这恰恰属于瑞士著名心理学家荣格所说的由远古神话文化积淀而来的“集体无意识”。这是一个有趣的“理论”问题，本书就不拟展开讨论了。

除了山水分布的芥纳须弥而外，还有假山建构的芥纳须弥。再以环秀山庄为例，其假山仅占地半亩，却能充分利用空间，发展空间，生成空间，创造空间，使之几乎无限地增值。该山的山体品类众多，胜景不一：其磴道危径，盘旋曲折，高下纡回，令人迷其方位；其晦谷幽涧，两侧石壁夹峙，隔离天日，自下仰视，近似“一线天”景观；其横空石梁，飞架绝巅，给人以欲堕而还安的复杂感受；其悬崖峭壁，陡险突兀，颇能令人发“危乎高哉”之叹；其怪峦奇峰，或如云崩，或如霞举，崒屼嶙峋，嵯峨多变；其山麓坡脚，若干矶头负土而出，与主山有大小相呼、宾主相应之态；其山洞石室，中设石桌石凳，周围妙借湖石孔窍，以供通风采光，有的石洞还下通水面，让天光水色映入洞中，变幻生奇……繁复的山景还与水池花木互渗互补，相生相发。这种假山的艺术创造，契合于大自然山川的体势，借用石涛的话说，它“有反有正，有偏有侧，有聚有散，有近有远，有内有外，有虚有实，有断有连，有层次，有剥落，有丰致，有飘缈”；还“有开有合，有体有用，有形有势，有拱有立，有蹲跳，有潜伏，有冲霄，有崩岀，有磅礴，有嵯峨，有巑岏，有奇峭，有险峻，一一尽其灵而足其神”（《苦瓜和尚画语录·笔墨章》），此山诚可谓立体山水画之极品！

然而，造园家并不满足于此，还特意设置了种种不同的观赏点——边楼、问泉亭、补秋舫、“半潭秋水一房山”，还有厅前、廊间、桥上、池畔、崖际、谷底、山巅、洞外……让人们从四面八方、高低上下不同的方位、视角来品赏。这样，既能使山的形质在观者眼里更为变幻莫测，如苏轼所说，“横看成岭侧成峰，远近高低各不同”（《题西林壁》），又可使山的体势在观者眼里多方呈现，或动观，或静观，移步换形，每换每异，如郭熙所说，“如此，是一山而兼数十百山之形状”（《林泉高致》）。而其目的只有一个，就是让芥子般有限的假山，能收纳大自然中数十百山无限之须弥。

从环秀山庄的审美接受史来看，造园家、叠山家的预期目的是出色地实现了！试看如下一组带有定论性的评价：

> 岺而巇，陷而谷，閜而宫，崖绝而梁，缭而岞者岭，隈者隩，裂者涧……其山，皱瘦浑成，自趺至巅，横睨侧睇，不显斤斫。凡余所涉天台、匡庐、衡岳、岱宗、居庸之妙，千殊万诡，咸奏于斯。（金天羽《颐园记》）
>
> 山的尺度虽小，但能把自然山水中的峰峦洞壑的形象，经过概括提炼，集中表现在有限的空间内。（刘敦桢《苏州古典园林》）

> 自亭西南渡三曲桥入崖道，弯入谷中，有洞自西北来，横贯崖谷。经石洞，天窗隐约，钟乳垂垂，踏步石，上磴道，渡石梁，幽谷森严，阴翳蔽日……几疑身在万山中。上层以环道出之，绕以飞梁，越溪渡谷，组成重层游览线，千岩万壑，方位莫测……以有限面积，造无限空间。（陈从周《苏州环秀山庄》）

自近代至现代的三位名家，或历数美点，或理性概括，或动态描述，然而归结到一点，就是这一假山的典范，能以一当十，以小概大，以有限见无限，以芥子纳须弥，使大自然的千岩万壑，千殊万诡，咸奏于斯！

如果说，环秀山庄是以假山纳须弥的典范，那么，网师园则是以水池来纳须弥的典范。

网师园中部水池，占地面积和环秀山庄假山相当，也只有半亩左右，然而从审美效果看，其艺术空间却远远不止半亩。清代诗人沈德潜在《网师园图记》中，说它“碧流渺弥”；清代著名学者钱大昕在《网师园记》中，说它“沧波渺然，一望无际”。半亩之池，可说是芥子之微，为什么能见出“一望无际”的渺弥境界？其中奥秘，值得一一加以品说。

（一）池面略成方形

在西方美学史上，毕达哥拉斯学派认为，一切平面图形中最美的是圆形；斐西洛又通过实验美学再一次证明，两边含“黄金分割”比例的长方形最美……总之，正方形则是不美的。但是，在中国，在苏州，网师园的水池却刻意从四边差不多相等的方形中求美创美。这是因为就原有地基来看，只有采用方形，才能重点保证水池拥有最大的地盘，若采用其他图形，必然有损于水池的面积；而网师园是精品园、寸金地，为池水争地盘，必须斤斤计较，寸土不让，所谓“泰山不让土壤，故能成其大”，这是现实的物质基础；同时，也只有虚实相生地尽一切可能扩大水体空间，才能切合“网师小筑”“潭西渔隐”重水的母题。

（二）水体聚而不分

拙政园中部的水池面积较广，既被大小不一的山岛所坐落，又为几座低栏曲桥所界分，于是，就呈现出方方胜境：柳堤画桥，芳渚清流……使人犹如身临江南水乡平远不尽的境界，这也是一种芥藏须弥。然而，网师园水池面积较小，难于运用这种聚分结合、架设桥梁之法，只在方形水面最长的对角线上，即东南隅、西北隅各自反向延伸的窄溪、水湾之上架设小桥，以此作为水体的远景，并孕育不尽之意，如计成《园冶 · 立基》所说：“疏水若为无尽，断处通桥。”这样，既避免了水面空旷而有水无桥、背景贫乏、境界浅露的缺憾，又促使水面集中完整，水体相对拉长，方形有所改观，同时，还可让东南、西北两桥一拱一平、一直一曲，盈盈隔水，造型互为比照，对角遥相呼应，并各自成为品赏渺然沧波的独特观景点。这种绝妙的艺术处理，不只是一箭双雕，而且是一石数鸟！

（三）池中不植荷蕖

“接天莲叶无穷碧，映日荷花别样红。”吴中区东山启园，濒临太湖，加之荷池空间广延，颇有这种境界，其翠微榭还悬有此联，引人入胜。拙政园的荷池，有聚有分，也颇有这种风致。这也都是芥纳须弥、以有限见无限的表现。然而，网师园水池却为面积所限，决不能如此这般，它所追求的，是清简的风采，是虚灵的艺术，是谢灵运诗中“空水共澄鲜”（《登江中孤屿》）的境界。中国美学认为，只有空诸所有，才能包罗万有。网师园水池正由于水上空明无物，因而不管是天光云影、山色石态，还是花容树貌、廊檐亭翼，凡上下远近，虚实动静，无不可映之于水，受之于池。于是，明月在天，则静影沉璧；晴日高照，则浮光跃金；有时则花木山石亭榭之影变幻不定，化作揉碎了的云霞片片，星散在水面上，又如彩色的梦，形相变幻不定，捉摸不透，可望而不可即。再说，池畔不是还有月到风来亭吗？如果水面上不是空诸所有，哪来月到波心、风来水面的理趣？这一著名景点岂不大为逊色？该池因为不植荷蕖，只是恰到好处地缀以若干片睡莲，才能做到收纳万象于其中，使水面空间无限扩展，使景效不知翻了多少倍！这是极高的美学境界。

（四）周边景物小巧轻灵

水池四周不可能抵边，否则将空泛无景，而只能在周边适当留以隙地，布以景物，这才能面面有景，楚楚动人，供人静赏，逗人流连；然而，池边景物又必须避免高、大、多、实。该水池正是如此，试看，池东为一片大粉墙。笪重光《画筌》说：“一色以分明晦，当知无色处之虚灵。”在这虚灵的粉墙之北，依次为短而矮小的射鸭廊、别无长物的空亭、并不高大的花木山石；池北，为小巧空灵的竹外一枝轩，古老的松柏和玲珑的花坛；池西，虽有较为高大的月到风来亭突出于池畔，但其中不仅空透，而且设大镜一面，映照出池上的风物，往南是低亚起伏的游廊；池南，则是上下透漏的濯缨水阁，其栏杆、挂落等均镂空剔透，唯有水阁之东的“云岗”假山，高峻坚实，然而黄棕色的云岗倒影于碧波一角，又化作一抹彩霞……总观水池四周，可见亭廊轩阁无不小巧低亚、轻灵空透，这不但能通过控制尺度、掌握比例，以反衬出水面的阔大渺弥，而且还能让这些建筑以各自的方式，敞开自己的内部空间，使之向池面空间融通。这样，它们对作为主体中心的水池来说，不但不是去占据空间，争夺空间，而且是主动地让出空间，赠与空间。小巧轻灵的建筑既然居于临池第一线，那么，体量较高、较阔大和不甚开敞的建筑，如小山丛桂轩、看松读画轩、集虚斋、读画楼等，必然退居于二线、三线。这样处理，既增加了建筑组群景观的层次与深度，又不会使池面空间显得逼仄、塞实、局促而不空灵。这又是一种两全其美。

（五）池岸线灵活虚涵

该水池虽近方形，但池岸线决不规整板律，而是屈曲自如，参差错落，胜似自然天成，特别是在岸际还灵活随机地散置一些石矶，使之与池岸有断有连，若即若离，从而进一步丰富了池岸线随体诘诎的艺术形象，这在苏州园林群里，也可谓首屈一指。但其池岸线之妙，更在于虚涵而不固定，具体地说，就是池水绝不止于岸边，而是进一步向亭阁之下延伸。换一个视角来说，也就是让池西的月到风来亭高凌于水，池南的濯缨水阁挑临于水，池东的射鸭廊、亭空架于水，这样，不但富于水趣，而且扩大、延展了水面。此外，池南一带石岸之下，还有一些大小不一、参差不齐的水口洞穴，池水也通入其中，不知浅深，幽窈莫测，似乎水源不断。这类并不很费力的假象建构，却能生发出极大的审美景效，它不但增添了有限池岸的虚涵性、意象性，而且生成了有限池水的广延性、含蓄性，孕育出池有尽而水无穷的意境。在微风鼓波、水石含漱之夜，熟悉苏轼名篇《石钟山记》的人，也许会由此浮想联翩，想起涵澹澎湃，入于山石穴罅，清越与函胡齐响，镗鞳与噌吰共鸣，如乐作焉……在人们的审美参与下，池岸线竟能如此之虚涵不定，虚幻空间竟能如此之无限！

（六）“槃涧—引静桥”意象组合的独特景效

引静桥，是苏州园林乃至全国园林中最小的袖珍式石拱桥，它的美，留待以后细加品说。其桥下，就是上文所介绍的槃涧。这一狭溪窄涧，不但以其委宛的线形“法天贵真”，而且还富于苍然古意之美，且不说涧壁上风雨剥泐、苔藓模糊的古石刻“槃涧”二字，就说溪涧两壁，寿木斜逸杂出，古藤垂阴水面，令人如见深山荒涧、高峡幽谷。计成《园冶·相地》说：“引蔓通津，缘飞梁而可度。”引静桥的外侧面，也巧妙地用了“引蔓通津”的艺术手法，让密叶繁枝的萝蔓藤葛，由此岸沿桥跨津，通向彼岸，把小桥点缀得苍古浑莽，气势不凡。它和槃涧均尺度恰当，二者可谓珠联璧合。在这蔚然苍古、有若自然的袖珍天地里，人们在审美幻觉的作用下，迁想妙得，会感到小溪变得阔远，小桥变得高大，似可通航行舟。更妙的是，槃涧南端还置有一个微型水闸——“待潮”闸，似为防止上游水位高涨之用，这是画龙点睛的一笔。于是，一隅死角，一泓止水，更像源远流长的江河了。这种小中见大，浅中见深，近中见远，假中见真，也就是芥纳须弥的具体显现。“槃涧—引静桥”既然有如此意象、如此景效，那么，略成方形、聚而不分的中心水池，不但由洞穴水口之水汇聚，而且受檠涧之水流入，必然会使人联想起朱熹著名的诗篇《观书有感》：

> 半亩方塘一鉴开，天光云影共徘徊。
> 问渠那得清如许，为有源头活水来。

是的，在审美空间里，由于不尽源泉滚滚来，且水池广延至四周的水位又较高，水质又较清，它在造园家多种手法的聚焦下，在人们审美感知、情感、想像的共同参与下，有限的池水确乎会显现出“沧波渺然，一望无际”的无限来。

陈从周先生在《续说园》中指出：

> 我国古代园林多封闭，以有限面积，造无限空间，故“空灵”二字，为造园之要谛……以少胜多，须概括、提炼。曾记一戏台联：“三五步，行遍天下；六七人，雄会万师。”演剧如此，造园亦然。

苏州园林的芥纳须弥，正是如此。当然，其手法、境界各有侧重。如果说，环秀山庄的假山侧重于概括、提炼，同时也离不开空灵，那么，网师园的水池则侧重于空灵，然而也离不开概括、提炼，如池岸线的灵活虚涵就是如此。

在苏州园林群里，拙政园、留园、怡园、艺圃等等以及常熟燕园的某些山水构成，都具有芥纳须弥、以少胜多的特色。

著名的寺庙园林虎丘，其实寺中的山并不大，然而，却能给人以小中见大、空间不尽之感，这主要在于“善藏”，善于采用“寺包山”的艺术处理手法。

虎丘的寺里藏山的特点，历代诗人在其作品中早就予以撷出，例如：

海当亭两面，山在寺中心。（白居易《题东武丘寺六韵》）

寺墙围着碧孱颜，曾是当年海涌山。尽把好峰藏院里，不教幽景落人间。（王禹偁《游虎丘山寺》）

出城先见塔，入寺始登山。（方仲荀《虎丘山》）

本来是一座较小的山，但是，由于把它包藏在寺院之内，以寺墙与外部空间界隔，这样，就可能产生种种效应：

其一，增加了“好峰”“幽景”的魅惑力。因为一般来说，人们的心理是，越是露，人们越不要看；而越是藏，人们越要看，越感到它“好”，越感到它“幽”，或者说，越要入内探幽寻胜。

其二，山被围入了寺内，它就脱离了人间凡尘，归属于佛门境界。王禹偁诗说，“不教幽景落人间”，正说明其已非人间。于是，它就带上了灵异色彩，更易和种种传说融合在一起，从而更能令人近中见远，浅处见深。

其三，使其与外部广阔无垠的空间有所隔离，这样，人们往往不想把虎丘山和外部空间进行比较，而主要是孤立绝缘地在内部进行比较、欣赏，这样，也就易于由小见大，由一见万，因为大小总是相对的，总是比较而言的。

宋代方惟深《剑池》诗云：

云崖倚天开，苍渊下澄澈。
世传灵剑飞，山石千丈裂。
神踪去不返，今作蛟龙穴。
是非莽难诘，岁久多异说。
……

由于这里和外部空间隔离，由于人们“入寺始登山”，进入了山门，就进入了非人间的灵异之境，又由于历史的层累，“岁久多异说”，因而诗人感到，剑池的渊崖竟是纵深千丈。这虽融合着浪漫主义的文学夸饰，但也同时表达了深切的现实感受。至于白居易，他还写出了对虎丘园林的这种总的感受，其《题东武丘寺六韵》一开头就说：“香刹看非远，祇园入始深。”从外部来看，虎丘园林并不大，其中似乎并不深远，然而进入了园门——寺门，就更见其幽深莫测了，这就是芥纳须弥的效果。

陈从周先生的《说园（四）》，引录了王西野先生信中一段颇有见地的话：

盖虎丘一小阜耳，能与天下名山争胜，以其寺里藏山，小中见大，剑池石壁，浅中见深，历代名流题咏殆遍，为之增色。

这一概括是准确的。其中历代名流题咏，以及名家题额、题刻，也起着左右人们品赏心理的作用，例如，剑池圆洞门上“别有洞天”之额；剑池石壁上传为米芾所书的“风壑云泉”摩崖刻石；可中亭石柱上“顽石听经禅心默契，名山埋剑胜迹长留”的对联；冷香阁“榛莽一丸泥，赖名士题碑，英雄葬剑……”之联，等等。总之，除了“寺墙围着碧孱颜”而外，历代难以数计的题咏，脍炙人口的对额，引人入胜的刻石，也是虎丘园林之所以能寺藏须弥，名闻天下的因由之一。

当然，芥纳须弥不一定只体现于山水构成，其他花木、建筑等构成同样可以具有这种特色和魅力，现附于这里一并予以简说。先看古诗中对花木的有关吟咏：

谁知一点红，解寄无边春。（苏轼《书鄢陵王主簿所画折枝》）

春色满园关不住，一枝红杏出墙来。（叶绍翁《游园不值》）

这种由一见万、以少总多的景色，在苏州园林群中也屡见不鲜。如网师园竹外一枝轩前的一株松或一枝梅，令人“解寄无边春”；又如怡园画舫斋前之松，顾文彬《怡园杂咏·松籁阁》就说：“日夕听松风，置身俨丘壑。”在特定环境里，几树松籁，也能令人如闻万壑松风……

再从花木、建筑等和泉石相配合的综艺效果来看。苏州有两个半园，一在仓米巷，俗称南半园，一在白塔东路，俗称北半园。二者均因其地之小，取“守其半而不求全”之意以命园。今北半园保存较完好，故以此略加品说。

北半园以南北狭长的水池居于园中。入门为卷棚歇山顶的四方亭，又称水榭，翼角旁逸而高扬，以其不占地，故而尽量多占空间以争胜；亭又伸入池中，这又充分利用了水面的空间，并可于此更好地观鱼赏莲。园内有东半廊和西半廊，因小廊沿墙而筑，其屋仅一落水，故称半廊。园南端有半船、书斋。书斋取“至乐莫如读书”之意命名为“至乐斋”。半船以其北窗临池，又名“半波舫”。半船东门与

北半园卷棚歇山顶的四方亭

东半廊相连，廊尽处为半桥，架于水池向东北延伸而来的水上，桥偏斜，易生发动势，桥上过去仅半边有石栏，故称“半桥”。桥西北为四面厅，在西半廊尽头，取“知足不求全”之意命名为“知足轩”。半桥东南墙角，湖石围拥中有半亭。该亭特色，上文“犯中求避”一节已做介绍。假山有磴道可上，上有怀云亭，五角攒尖，造型别致。园北尽处有读书楼，是外观两层半的重檐高阁，装修精美，为苏州其他园林所未见。这也是由于园的面积小而向高空发展，这样，建筑群就充分发挥了以小见大、以少见多、以半见全的艺术功能。

再说花木的以少总多。北半园半桥之北，有一株百年紫藤，扭曲盘绕，攀缘于架上而成绿廊。此外还有古木黄杨、梧桐、桂花、枇杷……点缀出关不住的满园春色。亭北还有两百余年树龄的广玉兰，亭有“双荫”之额，因绿荫既覆于水，又覆于陆，二者各得其半，这在命意上就是以一为双，以芥子为须弥。一个“半”字，表面用的是减法、除法，实际景效却是加法乃至乘法……

清代初年的徐崧在《秋日过怀云亭访周雪客调得踏莎行》中写道：

> 径点苍苔，墙遮翠柳，闲亭面面开疏牖。不知城市有山林，谢公丘壑应无负。为叩名园，欢寻良友，十年梦寐今携手。麈谈相对欲披襟，庭花细落茶香后。

怀云亭为“止园”之主景，止园即今半园。从词中可见，小园也能成为名园，也能给人以城市山林、谢公丘壑之感，其中些小之景为闲亭开牖，翠柳隔墙，乃至苍苔点径，庭花细落，都能蕴含不尽之意，无限之情，亦其芥子可纳须弥也。当然，园林、景点的命名以及文人的题咏，其生发园景的作用也是无可置疑的。

怡园的石舫，其室内有一言简意赅、发人深思的名联：“室雅何须大，花香不在多。”这不但可借以概括苏州园林一般均不大，有些还极小的特点，而且还给人以启示：苏州园林的美学，是小中见大的美学，是芥纳须弥的美学，是“以少少许胜多多许”的美学，是“略成小筑，足征大观”（计成《园冶·相地》）的美学。不过，比起“室”和“花”来，山水更易显现芥纳须弥、以少胜多的美学，因为在现实自然中，山水本身就是体量“高广”或“妙高”的庞然大物。在园林里，“聚拳石为山，环斗水为池”（白居易《草堂记》），最易令人萌生“一峰则太华千寻，一勺则江湖万里”（文震亨《长物志》）的美感，最易令人萌生视通万里，目极山川，“笼天地于形内”（陆机《文赋》）的审美想像。

三、峰石情趣（上）

——苏州诸园读石录

在苏州园林里，太湖石除了用来叠山外，另一重要的用途，就是所谓“单点”，用作立峰。这正如计成《园冶·选石》所说：“取巧不但玲珑，只宜单点。”

立峰的特点是什么？应该怎样品赏？其中大有文章。陈从周先生在《说园》中指出，“立峰是一种抽象雕刻品，美人峰细看才像美人”“不说不明白，一说才恍然大悟”。这一见解，是极为精辟的，值得据此进行生发。

品赏立峰，最好要把它作为雕塑来看待。然而，它又不是真正表现人或动物的具象雕塑，而是一种抽象艺术品，只有细看细读细想，才越读越信越像，使人在想像、发现之中得到审美的满足。因此，要读好峰石，还应先借鉴一下西方现代派抽象艺术的经验。下面先介绍两个抽象主义作品，这也许是很有兴味的。

亨利·摩尔是英国著名的现代主义雕塑家，其创作特色之一，是破西方传统团块而别开生面的“孔穴”。据说，其艺术思想的形成，曾受中国太湖石的启发；他那著名的“摩尔之孔”，与太湖石的“透”“漏”之美也有明离暗合之处。他有一个抽象雕塑品，题为“核能”，且不说其内涵意蕴有多义性，就观其外在形象，有人说像人头，有人说像头盔，有人说像骷髅，有人说像蘑菇云，有人说其下部背面像教堂的拱门……

再如澳大利亚著名的悉尼歌剧院，这一建筑又可看作是贝尼朗岛上巨型的抽象雕塑，有人说它像启程远航的风帆；有人说它像开放在海边的白莲；有人说它像散落在海滨的一堆巨型的奇珍异贝……

由此可见，抽象艺术品的一个重要特点，就是其内涵、形象的多义性、多向性、朦胧性、不确定性……

太湖石同样如此。孔传在为杜绾《云林石谱》所作的序中说，“天地至精之气，结而为石”“状为奇怪，或岩窦透漏，峰岭层棱……物象宛然，得于仿佛”。这也就是说，它怪怪奇奇，或像人，或像物，非常逼真，然而它又得之于惝恍仿佛之间，似是而非，似非而是，能引起人们丰富的联想。

本书之所以不说“观石”“赏石”而说“读石”，原因有二：一是诗是需要读的，但古代有些诗也颇有多义性甚至朦胧性，所以有

“诗无达诂”之说。这样，不同的读者可以有不同的感受、理解，而不必拘于一说，定于一尊，这就是王夫之所说的“各以其情而自得”（《诗绎》）。石而曰“读”，说明品石也和赏诗一样，可以而且应该见仁见智，“各以其情而自得”，而在这一点上又与西方的抽象雕塑品同构共通；二是峰石如画，应该把它像画一样来“读”。这里要说的是，根据传统审美观，画应该“读”，如黄真民就有《草心楼读画集》，等等；诗则应该“看”或“观”，如司空图《二十四诗品》就有“脱帽看诗”之语，等等。看诗读画，似乎是动宾错位，搭配有误，其实不然（详见拙文《从“观诗”“读画”谈起》，《艺术世界》1980 年第 1 期），简言其理，是由于画中有诗，故应“读”；诗中有画，故应“看”或“观”。据此，如说“观画”“看画”，即近乎门外语了。

这里，应补说一下，狮子林燕誉堂两侧，有常为有些人大惑不解而实为苏州园林之冠的门额——“读画”“听香”。为什么其他园林不额此语，而唯独见于狮子林？偶然中有必然，一是狮子林与元代大画家倪云林有纠葛；二是由于园内山多石众，而如画的山石必须“读”，特别是湖石的“瘦、透、漏、皱”四字之“皱”，其实就是作为山水画程式、技法之“皴”，画家、鉴赏家们大概因其与其他三字不“叶韵”，故而改用与“皴”字形近义更近的“皱”字，这样读来就朗朗上口了。这也说明品赏湖石应该用一个“读”字。至于“听香”之妙，这里就从略了。

苏州诸园，太湖名石、奇峰极多，只能择而读之。这里，拟先重点读留园冠云峰。在林泉耆硕之馆北厅，透过门窗北望，可见计成《园冶・门窗》中的理想设计：“伟石迎人，别有一壶天地。”在庭院的别有一壶天地中，植立着迎人的冠云，它一峰独秀，峭拔绝伦，“挺然不倚，玉立长身”（逸叟《真趣园中峰赞》），给人以难忘的印象，何况两侧还有瑞云、岫云二峰为其宾衬呢？

这里，试结合着“瘦”“透”“漏”三字，来读冠云峰的皴皱美。从正立面看，在西天斜晖的映照下，该峰的上、中、下三停均颇有可读性：

冠云峰之上停，秀瘦宛转地往东扭，偏于东部有一罕见的特大孔穴，前后畅通，穿过孔穴，可窥见其后椭圆形的天空。它可说是全石最可贵、最紧要的“精神之户牖”（《淮南子·精神训》）。有此一生命之孔，就使金石玲珑空透，生气贯注，通体皆灵。孔穴之西，棱角峭硬，在斜日映射下，有层次，有剥落，如鹦嘴，如虎牙；孔穴上下及东西，则较平板，为画法之大忌，然而其上遍布斜向折襞，其线纹密排而略见错综，均匀而不乏相交，一条条如同以古篆笔法所画“披

留园冠云峰

麻—解索皴”，令人想起范宽、李公麟、黄公望诸家山水中的皴法……

其峰之中停，秀瘦地往西扭，偏离全石轴线与重心，显现了它那窈窕的身段美。比起上停的明朗空灵之美来，中停表现出一种险怪诡幻之美。其西面，大片的层棱嵌空，然而又不能透漏，只有一二处穿眼宛转，通达背面。微观地看，幽晦的洞中曲折尖峭，险象丛生。其他孔穴，则似通而非通，深窈幽邃，又可说是“牙然剑门深”了。总之，其岩窦坳坎之间，诡怪万状，变幻多端，给人以神秘莫测之感。中停东面，较为平易，当然也有起伏，其下部在西射的阳光下，显现出老辣笔致所作乱柴皴，这种纹理纵横之美，线条虽不多，却为顽石开生面。

其下停，又大幅度地往东扭，使全石复归于重心的保持与体态的平衡，从而又倍增了全石的姿态美。石正面有大孔穴一，嵌空而虚中，窈然而深幽，洞内层次丰富，透漏掩映，其上又有几个小小的弹窝与之相呼应。下停石面较平展，而可贵之处在于笼络隐起，其上有芝麻皴破其寂，斧劈皴助其涩，乱柴皴显其峭……其点线以少少许胜多多许。特别是其中几条乱柴般的坚硬裂纹，如金钻刻钢，似鹤嘴划沙，极富画意。下停西部，则是中停险怪诡幻之美的延续，众窍为虚，其皴窝见洼凸之形，嵯峨之势。整个下停，呈现出一种峭硬深邃之美。

冠云峰的上、中、下三停和瘦、透、漏、皱四美，还存在着相生相发、多样而统一的关系，给人以多方面的美感。

如果不是从中国画的角度，而是从抽象雕刻品的角度来读，那么，它那“暗示的力量”必然会使人们首先联想起人来。当年，王国维来到苏州，其《九日游留园》诗就说："奇峰颇欲作人立。"这就把冠云峰看成是似人之立了。而有人想到那三停扭曲成的 S 形体态，或许又会联想起米洛斯岛出土的断臂女神维纳斯雕像的曲线美来。而且这两尊雕像均立于基座之上，不过前者为不规则的湖石，后者为规整式的石座。是的，未尝不可作如是读。冠云峰，亭亭玉立，窈窕多姿，堪称自然天成的抽象雕刻——东方的维纳斯。

冠云峰下有浣云沼，基本上为规整形，这固然是为了以动衬静，以深衬高，以直映曲……然而除了水石的种种相得益彰外，还能发人联想，使人想到：东方的美人照镜，西方的女神出浴。

然而，正如杜绾《云林石谱》写灵璧石之美所说，其美"大抵只一两面，或三面，若四面全者，百无一二"。湖石冠云峰同样如此，除了从正立面观照外，也可从冠云台或其偏南的方位观照，或可从伫云庵或其偏南的方位观照，这样，虽然景效稍差，形象大变，但不失其美，因此可谓三面均有美可赏，但如果从其背面来看，那么，只见大片平板的石面，而且满是斧凿痕，这一遗憾，可谓美中不足，故而只能以树丛遮蔽之。但从总体上看，冠云峰的不足仅仅是微瑕，不会掩其白璧之瑜。

关于太湖石，计成《园冶·选石》说，"此石以高大为贵，惟宜植立轩堂前……罗列园林广榭中，颇多伟观也。"冠云峰正是如此，高大而秀伟，它以此冠于苏州，冠于江南，甚至冠于今日全国园林的湖石立峰。

对于这一"秀逾灵璧，巧夺平泉"的奇石至宝，俞樾《冠云峰赞》写道：

太湖一勺，灵岩一拳。
冠云之峰，永镇林泉。

奇峰千百年来既已经磨历劫，饱受风霜，那么，在国泰民安的今天，留园以其为主的姐妹三峰——冠云峰及其左右的瑞云峰、岫云峰，定能青春常在，永镇林泉！

再读与明代留园主人徐泰时有关的江南三大名石之一的瑞云峰。该峰为宋代宣和年间“花石纲”的遗物。其辗转经历，传说颇多。明袁宏道《园亭纪略》说：“（留园）堂侧有垄甚高，多古木，垄上太湖石一座，名瑞云峰，高三丈余，妍巧甲于江南……今遂为徐氏有，范长白又为余言，此石每夜有光烛空，然则亦神物矣哉！”其“有光烛空”云云，固属夸饰之辞，然“妍巧甲于江南”，却为不刊之评。张岱《陶庵梦忆·花石纲遗石》则称之为“石祖”，同时也记有石沉水底而复起等等的传说，还评其为“变幻百出，无可名状”。该峰后置于清代苏州织造署花园，现为苏州第十中学。峰立于小池中央，四周缭以错落的湖石岸及叠石，如群星之拱月，倒也颇为得体。

瑞云峰“瘦、透、漏、皱”四者占其三，唯体不甚“瘦”，其峰腰较宽而上下端略窄。三字之中，则以透、漏带皱，它最大的特点是嵌空虚中，周体密布涡洞。李渔《闲情偶寄·居室部》说：“此通于彼，彼通于此，若有道路可行，所谓透也；石上有眼，四面玲珑，所谓漏也。”瑞云峰的透漏，不只是“若有道路可行”，而且是空透有“大道”可行；不只是四面孔穴极多，而且中部两个大孔横向占石之半。总的来看，全石之眼，有洞洞毗连、孔孔环钏、屈曲相交、大小相形之妙。不过，和冠云峰不同，其涡洞极不规则，由风浪冲激而呈斜向宛转走势，显得峰峦峭拔，石脉奔注，既有千岩万壑之状，又有夏云奔涌之态，余下无孔处的石面，则隐隐起皱，更增添了瑞云峰的整体动势。

以中国画的审美观点来衡量，《黄宾虹画语录》说："作画如下棋，需善于做活眼，活眼多棋即取胜。所谓活眼，即画中之虚也。"又说："中国画讲究大空小空。"瑞云峰可谓遍体活眼，虚多于实，在中部两个相邻的大孔周围，散布着不少玲珑有致的中孔小孔，唯峰的下部略实，而这实足以增加峰石的稳定性。瑞云峰可谓臻于透漏之极致，它比起上海豫园三大名石之一的"玉玲珑"来，可说是有过之而无不及。

上文曾引杜绾之语说，园石立峰一般只有一两面可赏，至多三面可赏，"若四面全者，百无一二"。然而瑞云峰是个罕见的例外，它四面可赏，八方皆美，这又是其优于冠云峰的美点之一。

瑞云峰透漏之极致，还可以弥补其不瘦之缺憾。笪重光《画筌》说："透则形脞而似长，漏则体肥而若瘦。"正因为瑞云峰中空而极虚，因而虽繁而似长，略肥而若瘦，约略带有女性窈窕玲珑之美。它不是还被称为"小谢姑"吗？和留园冠云姐妹三峰有所相似，还和常熟燕园曾有的"三婵娟"立峰有所相似，瑞云峰或多或少联结着女性美的范畴。

怡园过去曾有"五多"之说——湖石多，楹联多，书条石（法帖）多，白皮松多，小动物（松鼠、猴子、仙鹤、孔雀、鹿等）多，至今湖石仍较多。这里先读西部二石。

出锁绿轩至西部，可见一峰倚墙而立，上刻篆书"承露茎"，此三字撷自杜甫《秋兴八首（其五）》："蓬莱宫阙对南山，承露金茎霄汉间。”《三辅黄图》引《庙记》说，汉武帝造神明台，“上有承露盘，有铜仙人，舒掌捧铜盘玉杯，以承云表之露，以露和玉屑服之。”怡园此石，无透漏之美，浑仑未凿，略长而秃，既令人联想起伸出拇指而舒掌的大手，又令人联想起双手作承露之状而直立的金铜仙人……显然，命名者是把湖石作为抽象雕刻品来“读”了。在人们想像空间里，它像掌，像人，又什么都不像；要像的话，也如经磨历劫的出土文物，棱角全无，只是得于仿佛惝恍而已。再看园主顾文彬《眉绿楼词联·藕香榭》集吴梦窗词，就有如下联语：“紫霄承露掌，倚瑶台十二……”显然，“承露掌”是顾文彬或他的前人所命名的，顾文彬对此峰还颇为欣赏。

在北面山上“小沧浪”亭附近，有石如屏，亦无透漏，皱亦依稀，且三块相并，均呈扁平形横向展列，而上端却又参差不齐，这是一种既统一又多样的美。其上刻篆书“屏风三叠”四字，取自“山谷老人题石语”。这种屏风石，为苏州园林乃至江南园林所仅见，弥足珍贵。而这种形式，除宋以来石文化的积淀外，在吴地自然山水中亦有所本，这就是吴中区东山附近的三山板壁峰，它也如壁似屏地相并着，矗立着……顾文彬很欣赏这三联相并的屏风石，其《怡园杂咏·小沧浪》写道：

> 濯足沧浪水，空亭发浩歌。
> 屏风三叠翠，纤月挂藤萝。

他被这里的景色陶醉了。

网师园殿春簃庭院的冷泉亭，有一特大灵璧石。杜绾《云林石谱·灵璧石》说：其中有一种“石理嶙峻，若胡桃壳纹，其色稍黑，大者高二三尺，小者尺余，或如拳大，坡陀拽脚，如大山势，鲜有高峰岩窦”。冷泉亭内的灵璧石则不然，竟是高峰丛岩，如此之大，还通体黑色，其上又隐隐地、稀疏不匀地织以纵横白线。该石无穿眼相通，性坚润，多棱角。从山水画法来看，其皴皱斜向下拖，颇似拖泥带水皴，其下端还如雨水之下注。从整体的色、姿、形象来看，颇似雄鹰之养精而将舞，蓄势而未翔，故被称为“鹰石”。然而其上大下小的造型及其斜势动态，又令人想起乾隆《藻园五咏·石》中的两句诗：“飞来舞鸾凤，卷去拥波涛。”

网师园五峰书屋前庭及后庭，均有叠石及叠壁山。前院格局大，可谓斋面一壁，楼前五峰，甚至还有虚设的山洞，但前后庭相较，以后者为优。试看后庭三处所叠湖石，均用计成所说“依皴合掇”（《园冶·选石》）之法，在精心选石的基础上，层叠时均按石形、石纹横向展开，极似山水画中的卷云皴，堪称范例，其中特别是叠壁山，基本上泯却了人工痕迹，做假成真，宛自天开。而且三处叠石均上大下小，可作为计成理论的实证。《园冶·掇山》说：“理宜上大下小，立之可观。或峰石两块三块拼掇，亦宜上大下小，似有飞舞势。”五峰书屋后庭的湖石叠掇，有似于此，其卷云皴如同朵朵祥云，冉冉升起……该书屋面阔五间，其后全部用简朴通明的玻璃支摘窗以代墙壁，而决不用装饰精美的花窗，为的是不阻挡视线，能更好地“读”后庭的立体绘画杰作。在书屋内，当人们放开视野，透过一列横向展开的透明的玻璃空间，眼前就呈现出一幅嘉木垂荫、峰石起舞的山水长卷，令人心为之旷，神为之怡！

说到湖石叠峰，狮子林的九狮峰更堪称特构。它也不像一般叠石那样下大上小，或上下均等，以求“四平八稳”，而是大面积地呈扁平形地悬峭直上，拔地而起，壁立当空，孤峙无依。其可贵之处还在于叠峰立面遍多坳坎，巉岩透空，其状“瘦漏生奇，玲珑安巧”（《园冶·掇山》），且顶部还旁逸斜出，升腾奔涌，使叠峰整体上大而下小，确乎具有飞舞之势。叠峰者的艺能是高的。清帝乾隆十分欣赏苏州狮子林，在北国曾一再予以模仿。其《狮子林八景·假山》诗序说，“兹令吴下高手，堆塑小景，曲折尽肖”；诗中还有“妙手吴中堆塑能”之语。这可用来赠予九狮峰的设计叠掇者。

应指出的是，“堆塑”二字绝妙，言简意赅，可见堆叠的石峰确实是抽象雕塑。题名为“九狮峰”，于是，就越看越像群狮戏舞，而且在想像空间里，凹凸参差的众多石块，可以有种种不同组合，于是一会儿这里出现雄狮怒视，一会儿那里出现幼狮嬉耍……拼合不尽，生发无穷，这比起立雪堂庭院中首尾口眼皆具的“叠狮”定型来，要高妙多了。这里用得上德国古典美学家康德《判断力批判》中的话：“在审美的企图里想像力的活动是自由的”，“一切感觉的变化的自由的游戏使人快乐。”九狮峰景效正是如此。九者，数之多也，或曰，无尽之谓也。九狮峰为人们提供了视觉形象自由变化的艺术空间，为人们提供了想像力自由游戏的广阔天地，为人们提供了在审美企图里自由享乐的生动题材。怪不得在狮子林，人们走进小方厅，看到迎面而来的“对景”——耸拔于粉墙之前、花坛之上的九狮峰，没有一个是眉心紧锁、愁容不展的，而是一个个笑容满面，指指点点，嘻嘻哈哈，或者留个倩影，以为纪念。

狮子林号称“假山王国”，历来毁誉不一。笔者在《中国园林美学》一书里，曾引一些名家言论，从美学视角历数其美中不足，当然也指出“颇有其成功之作”。一分为二来看，指柏轩前一带，假山杂多有余，统一不足，且较局促闷塞，而卧云室一带虽簇拥，却有藏室于山之致。至于西部山池周围，成功之处较多，而且由于池上空间开敞，使假山群得以气息周流，空灵生动，可谓其实处之妙，皆以虚处而生。

这一带的嶙峋假山，嵯峨湖石，还可做多视角的品赏。

先从佛陀艺术的视角来看。道家崇尚虚无，以无以少为美。《老子》不但说“万物生于有，有生于无”，而且说“少则得，多则惑”。以此来衡量园林，景物必然以少为贵。然而佛家却不一定以少为贵。西园寺和其他佛寺，无不有千手千眼观音，可谓多得不能再多了，然而是美的形象，是崇拜的对象。而千眼的阿顾斯，在西方神话里却是怪物，这就表现出视角的不同。又如寺院又称丛林，以其中僧多，再从字面上看，“丛”是多，“林”也是多，狮子林的“林”同样是多。欧阳玄《狮子林菩提正宗寺记》说：“姑苏城中，有林曰狮子……林有竹万个，竹下多怪石……林之名，亦以其多也……出纳之所，悉如丛林规则。”讲来讲去，离不开一个“多”字。

从佛陀艺术的视角来看，假山石峰之多就带上了宗教的神异色彩，令人想入非非。例如以下一组古诗：

风生百兽低，欲吼空山夜。疑是天目岩，飞来此林下。（高启《狮子峰》）

势雄欺百兽，危坐学僧趺……（张适《狮子峰》）

佛伸手化五狮子，偶然游戏到吴市。五百年来僵不起，至今崭然成石矣。我来摄衣登其巅，奇奇怪怪言难传……（俞樾《游狮子林作歌》）

诗人们把天目之岩和狮子之林联系起来，展开浮想双飞翼，心有灵犀一点通，把众多的磊块顽石读作是佛国之兽……

至于从世俗的视角来看，也会把攒罗的万石看作是太狮、少狮、睡狮、醒狮、舞狮、吼狮……还可能进一步看到它们或昂首，或偃背，或露牙，或帖耳，或搏击，或腾骧……真是狰狞不一，俯仰万变；但是如把它们看作是百兽，那么，池岸边，曲径旁，水中心，假山上，似虎，似狼，似奔马，似卧羊，似肥猪之蹲，似飞鸟之翔，或如白居易所说，"如虬如凤，若跧若动，将翔将踊；如鬼如兽，若行若骤，将攫将斗"（《太湖石记》）。

如果和孩子们一样，表现出一种可贵的童心，那么，白兔、熊猫、袋鼠、大象……眼前又成了凝冻了的动物园，成了抽象化了的卡通城，而山上那块张牙舞爪、面目狞厉的怪石，又竟是《西游记》里菩萨坐骑所变的金角大王！

苏州园林里的峰石，读来极富情趣，它是那样地具有诱人的魅力。

四、峰石情趣（下）

——石文化系列景观

中国的石文化由来已久，自女娲炼石补天时代开始孕育，古老的《山海经》对石的记载及郭璞注，可看作是石谱的滥觞，直至唐宋时代，石文化形成高潮。明清时代，苏州园林中峰石除了单点外，还出现了石文化系列景观。下面着重介绍怡园。

怡园的景观，集锦于西部，其地面积既大，其中景物又多，有假山、洞室、水池、亭榭、曲桥、花树……颇能引人入胜。相形之下，东部面积较狭小，又系建筑庭院，因而常被人们所忽视，以为平淡无奇，使其往往起一种“过道”作用，这应该说是一种遗憾。

其实，如果从石文化与其他文化交叉互补的视角来看，那么，东部也极有细加鉴赏品味的价值。具体地说，如果西部品赏的重点在其物质性建构之美，那么，东部品赏的重点则在其精神性建构之美，亦即应品赏其文化内涵的情趣意味，这就不能单凭审美的感知，而必须辅之以艺术史知识以及审美想像、联想、理解、移情……

怡园东部的建筑庭院，从园林文化学和接受美学的视角来看，应看作是一个文化系列。这个系列的景观，是以石文化作为贯穿线索的。它可划分为三个单元：南区、中区、北区。

先说南区。

该区以拜石轩为中心，前后均有庭院。这里，是石文化系列的起点，也是审美品赏的重点。拜石轩是面阔三间而并不大的轩室，前后有廊，由于前后多奇石，故画龙点睛地题为“拜石”，从而很自然地和画家米芾联系了起来。

“米芾拜石”，这是中国古老的石文化史上著名的佳话轶事，它和中国园林的艺术构成以及峰石的文化意蕴密切相关，故必须予以介绍。

米芾，是北宋著名书画家、鉴藏家。他风神萧散，言吐清畅，行为谲异，游戏翰墨。在绘画史上，他的山水画首创用淡水墨侧笔横点的“落茄点”来代替传统的勾皴擦染，并自称“墨戏”，而后人则称他与其子（米友仁）之作为“米氏云山”或“米家山水”。他又特别爱好游赏山川胜景，其《诉衷情》词有云：“奇胜处，每凭栏，定忘

怡园拜石轩内景

还。好山如画，水连云萦，无计成闲。”正如山水画法至米芾而一变那样，中国的石文化传统到米芾而至于高峰，也一变而为充溢着主观情致，其突出的表现就是“拜石”。

米芾这样一位恃才傲世，大胆创新，目空无人，从不拜倒在前辈大师脚下的大画家，却出乎意料地常常拜倒在顽石之前。正因为如此，古代史书笔记中对其此类事迹记载颇多颇详，例如：

无为州治有巨石，状奇丑，芾见大喜，曰：“此足以当吾拜！”具衣冠拜之，呼之为兄。（《宋史·米芾传》）

米芾诙谲好奇……知无为军，初入州廨，见立石颇奇……遂命左右取袍笏拜之。每呼曰“石丈”。（《石林燕语》）

怡园拜石轩前庭院内，十五株石笋疏密错落于竹树之间

米元章守濡须，闻有怪石在河壖，莫知其所自来，人以为异而不敢取。公命移至州治，为燕游之玩。石至而惊，遽命设席，拜于庭下，曰："吾欲见石兄二十年矣！"（《梁溪漫志》）

此类记述较多，由此可见流传之广，影响之久远。它极大地推动了石文化向纵深发展，也极大地促进和丰富了古典园林的艺术构成。

怡园"拜石轩"的命名，不仅在于突出了爱石成癖至颠的典型，巧妙地运用了米芾拜石的典故，从而联结着古老的民族文化传统，而且在于它有名有实，名副其实。

先看轩前庭院内，东、南、西三面均以湖石叠成形态不规整的花坛，坛上杂植的紫薇、凤尾竹、南天竹等，衬托着、掩映着林立的石

峰和石笋形象，使其更为突出，更有情趣。南面的花坛以石笋胜，十五株石笋疏密地错落于竹树之间，宛同一幅雨后春笋图。对此，园主顾文彬曾有“石笋埋云，风篁啸晚”的集宋词联。这些石笋，长短粗细各各不一而株株修长挺拔，楚楚动人，其灰中带绿的石表上，遍布着天然的斑痕美，又令人想起“斑竹一枝千滴泪”的诗句来。有的石笋，表面几被藤萝所掩，又显出苍古之美。东侧的花坛上，则立湖石三四，无不圆巧玲珑，穿眼剔透，是较为难得的珍品。综观轩前庭院的小小石林，其整体风格以瘦秀灵巧见长。

轩后庭院同样置有石群。如果说，轩前石群之美可用一个“文”字来概括，那么，轩后石群之美则可用一个“野”字来形容，或者说，其整体风格以魁伟粗豪取胜，它们在银杏、桧柏等高大树种的烘托下，益发显得雄浑壮观，怪奇百出，丑陋峥嵘，气势不凡。对于轩前轩后庭院情氛的有意味的对比，汪燕庭《题怡园岁寒草庐呈顾艮庵先生》写道：

庭前萝荔衣缭垣，石笋崭崭露头角。
屋后五峰位置宜，偃蹇奇丑互起伏。

这是概括得比较准确的，他不愧为怡园的知音。

在轩后庭院里，银杏树之东离墙不远处，有两石。一石苍重顽涩，上锐下丰，在形象思维的天地里，人们如从东南方视角看，也许会把它读作“鹰石”——雄鹰尖喙，据石而立；但如从西北方视角看，其灰色石体在粉墙背景映衬下，形状更为相似，也许会联想起“不飞则已，一飞冲天”的古语来。

另一石，从西南方视角看，如同半爿断裂而中空的枯树，霜皮皴剥，枝叶全无，秃头秃脑，古拙苍劲，显示出经历劫火之余的残缺美，石上纵横交加的皱纹，又有似于刘松年山水画中的皴法。北周文学家庾信曾写有著名的《枯树赋》，此石似亦可读作“枯树赋”。然而，从西北方视角看，它又如夏云多奇峰，其上停、中停均似云冉冉升空，而下停却又极细，似在袅袅上腾，又似可读作“云起时”。王维《终南别业》就有脍炙人口的名句：“行到水穷处，坐看云起时。”

当然，不论是“枯树赋”，还是“云起时”，都只能说是得之于似与不似的惝恍之间。然而，这二者形象的天差地别，却是确定不移的。欣赏一石而能获得如此迥然有异的审美印象，这就值得思索了，作为抽象雕塑的峰石，应该怎样才能更好地欣赏呢？

郭熙在《林泉高致》中说过一系列极为精辟的话，如：“山正面看如此，侧面又如此，背面又如此，每看每异，所谓山形面面看也……”笔者据此结合罗丹“移动视线”的欣赏观，提出了“塑形步步移，塑形面面看”的艺诀（见拙作《雕塑美欣赏》，《艺术世界》1981 年第 1 期），并以苏州西园寺罗汉堂的济颠像为例，说明济颠的一张脸上，至少有三副相：从右面看，是“笑容满面”；从左面看，是“一脸愁气”；而从正面看则是更妙，叫做“啼笑皆非”。如果留心整体的话，还可见三种情趣盎然的不同姿态，在移步转换方位时，还能看到由笑至愁或由愁至笑的脸部表情的转变过程。这尊雕像的独特造型，可说是凝聚了千百年来雕塑品赏的审美经验，即既要“步步移”，又要“面面看”。因为不同于绘画平面的只有一面之美，雕塑是立体的，它有多面之美。“枯树赋”和“云起时”，就是多面中的两面之美，但它至少比所得一面为丰了。

在拜石轩后庭院中，还有题为“东安中峰”的湖石立峰。它嵌空而不玲珑，粗重而颇飞动，丑怪异常，奇特非凡，在人们的想像空间里，它也似乎腾空而起，令人神思飞越。其石势也是左低右昂，锋棱英锐，而石上斜向顺势的一道道皴裂，更能助成其不平衡、不稳定的势态。全石自上停、中停至于下停之半，活像草书的“笑”字。该石怪奇而笑，堪称“怪笑石”。刘熙载《艺概·书概》云：“大凡沈着屈郁，阴也；奇拔豪达，阳也。”怪笑石具有一种奇拔豪达的阳刚之美。庭院西南还有一石蹲伏于地。全庭的峰石布局畸轻畸重，颇不平衡，这也能助成“偃蹇奇丑互起伏”的动势美。可以想见，画家米颠如果面对这些若有性灵的“石兄”“石丈”，也一定会取袍笏而下拜的。拜石轩之名，可谓题之不虚。

怡园拜石轩后庭院中的“东安中锋”湖石立峰

再说中区。

主要是坡仙琴馆—石听琴室，这是内部空间分隔为二的略为高大的建筑。据吴云“坡仙琴馆”额跋说，顾文彬为了陶冶其子顾承，使其学琴，不数月而指法精进。一日，有客持古琴求售，试之，其声清越，审其款识，乃“宋元祐四年东坡居士监制”。一时吴中知音，诧为奇遇。顾乃名其斋为“坡仙琴馆”。据云，这一稀世珍品背面刻有隶书“玉泉流涧”，款识系楷书，刻于龙池之内。现此处仍陈列着七弦琴的复制品。由于园史上有了这一奇缘，因而馆内更荡漾着音乐的情氛。

然而更妙的是，造园家还把回荡着历史意趣的琴音和石文化联结起来。在馆室西北窗外，有二石俯首听琴，因名为“石听琴室”。据云，二石题名为“停云”“殊秀”，但其状却均为块然大物，并不灵秀。然而，比拟之辞贵在肝胆胡越，重神不重形，以似而更不似为妙。人们在审美移情的参与下，两块顽夯的大石竟如人伫立，背略弯，似在侧耳聆听室内传出的如玉似泉的琤琤琴声，入神地沉浸于优美的音流之中……此情此景，令人神往！

在室内，还有园主顾文彬所书额跋。当时，他得到覃溪学士翁方纲“石听琴室”书额，亲自作跋，榜于此室。其文妙语如珠，不可多得。奇文共欣赏，特抄录于下：

生公说法，顽石点头。少文抚琴，众山响应。琴固灵物，石亦非顽。儿子承于坡仙琴馆操缦学弄，庭中石丈，有如伛偻老人，作俯首听琴状，殆不能言而能听者耶？覃溪学士此额，情景宛合，先得我心者，急付手民以榜我庐。光绪二年岁次丙子季冬之月，怡园主人识。

这篇文字，通过“石丈”二字，和拜石轩巧妙地联系了起来，又把虎丘点头石以及南朝画家、音乐家宗炳对众山弹琴等著名故事集纳于一体，特别是通过联想和移情，突出了古琴、山石的魅力以及人情和灵性，把历史和现实、主观和客观糅而为一。这一拟人化的艺术组合，为中国石文化史添写了饶有趣味的一页。

最后说北区。

由坡仙琴馆东门折北向西，循廊就到了石舫。石舫，又曾称“白石精舍”。这一建筑，如第一章的“构筑集萃”中所介绍，是船舫的象征；而其命意，又不在于“舫”而在于“石”。据记载，此室内家具均为白石精制而成，现西有白石长桌一张，壁间挂大理石屏一块，中有石桌一张，石凳四只……其质料和造型使室内风格古朴端庄，敦厚沉着，它不但迥异于苏州各园及怡园室内木器家具陈设，而且它置于东部石头文化景观系列中，又可谓别具匠心。因为无论就南区的石笋怪石来看，还是就中区听琴的“石丈”来看，都是自然天然的石头，其可贵之处在于不假任何人力的雕斫；若略有一点加工，就破坏了它的美。但是，石舫中的几、桌、挂屏，则不见天然，唯见人工。它不是一种天然美，而是一种工艺美、劳作美，然而它们又没有离开和改变自身的石头本质，因而它往往是石文化中被忽视的另一品类。

更妙的是石舫北面小天井里，还置有灰白色太湖石一块，它既不玲珑，又不瘦秀，而是横阔平卧，憨厚顽拙。湖石的周边轮廓，略有变化，单调的石面上，只略见起伏，并无皴皱之美，但又有几个特大的孔窍破除了表面的单一。这一自然天成的造型，也是入品合谱的。

明代著名园林鉴赏家张岱在《陶庵梦忆》中品评汪园一石曰："余见其弃地下一白石，高一丈，阔二丈而痴。痴妙！"这同样是将顽石加以人化了。怡园此石，也以横阔而痴为其特征，也可列于痴品。

园林品赏是高级的文化品赏。离开了文化视角，游园就必然兴味大减，甚至感到索然乏味。怡园东部的建筑庭院内，其设计是成功的，内涵是深永的，它不但以石文化为中心线索一以贯之，而且还注意在景区序列中与不同的文化相交叉，相渗透。如南区——拜石轩，体现了石文化与绘画文化的交叉渗透；中区——坡仙琴馆、石听琴馆，体现了石文化与音乐文化的交叉渗透；北区——石舫，则主要体现了石文化与工艺文化的交叉渗透，因为石几、石桌、大理石挂屏等石制家具陈设，均属于工艺美术的范畴。这一景观系列深永的文化、历史内涵，平添和加浓了人们的几许游兴。

苏州园林中石文化系列景观也不仅怡园一处。留园有冠云、瑞云、岫云三峰，三者为众，已成系列，此外，还有留园十二峰。五峰园的五峰，也构成了系列景观。狮子林则自元代以来，就有著名的含晖峰、吐月峰、立玉峰、昂霄峰、狮子峰，历来为诗人们咏赞，不过饱经沧桑之变，要辨认还得进一步研究、考证。

在山区园林、寺庙园林，石文化系列景观则基本上不是与雅文化相渗透，而是以与俗文化、宗教文化相渗透的形式表现出来。如灵岩山有"痴汉石""望佛来"等，虎丘则更为突出，进山门后，有石桃、枕头石、试剑石、千人石、点头石等，其上附有不少动人的故事、美丽的传说，助长着人们的游兴。于敏先生《姑苏两日游》写道：

一块极普通的石头，中间裂一道缝，人们指着说，这是吴王当年的试剑石。又一块极普通的石头，倾斜着卧在路旁，人们指着说，这是当年唐伯虎等秋香的枕头石。还说什么在这枕头石上，摆三块小石片儿，看看它们掉不掉下来，如果不掉下来，就会生儿子的！再有一块半截圆柱形的青石，上边放着一个半圆形的石块，人们又指着说，这是当年生公（神僧竺道生）讲道、顽石点头的地方。真的也罢，假的也罢，要是离开这些极有风趣的故事，谁会去注意这些毫无特色的顽石？

这不但是一位作家的看法，而且也代表了广大游人的心理。不过，还应补充一句：如果没有这些包括千人石、剑池等的故事、传说、逸闻，必然会感到兴会大减，毫无情趣可言。这就是民间文学的力量。虎丘最具魅力的石文化系列景观，离不开众口相传的俗文学。

五、水泉清韵

山与水，泉与石，紧密相连，互为依存。在传统山水画里，山固然离不开水，但水也离不开山。绘画理论家郑绩总结了山水互补的历史经验，在《梦幻居画学简明》中说："石为山之骨，泉为山之血。无骨则柔不能立，无血则枯不得生。"这段山水画论，同样适于作为立体山水画的山水园林。因此，也可以这样说，石是园之骨，而以泉为代表的水是园之血。园林固然不能没有山石，然而也不能没有水泉。"山本静，水流则动；石本顽，树活则灵。"（笪重光《画筌》）。一个园林里如果没有水泉，就没有活气，没有生机，植物就易于枯萎，空气就不易湿润，景观就会大大减少，园林游赏就会令人感到枯索……

就以山区园林来说，也贵在有水。例如灵岩山寺，春秋吴越时代是吴王夫差和西施的离宫——馆娃宫，为一处著名苑囿，后屡有兴废改易。今天，在灵岩山西山顶上，这个苏州历史上最早园林之一的遗址上，还有方形“玩花池”，又名“金莲池”。据传，为当年吴王、西施以舟赏荷采莲之处，被称为“山顶行舟”，而其可贵之处还在于池内之水，旱不枯，涝不盈。池北还有两口大型的井，一作圆形，一作八角形，前者为“日池”，后者为“月池”，前者相传当年西施以井水为镜，吴王为其理妆簪花。再往北是假山环绕的圆形水池——玩月池，环境幽静美丽，相传为吴王、西施赏月之处，西施常以纤纤素手捞水中之月，称为“水中捞吴月”……这些浸润着历史传说的胜迹，使人们登山观赏饶有兴味。相反，如果山上没有水，那么，也就没有这系列的水体景观，人们也就可能有兴而来，罢兴而归。

既是山区园林同样也是寺观园林的虎丘，山上的水体景观更能吸引游人。王禹偁《剑池铭并序》写道：

> 虎丘剑池，泉石之奇者也……岩岩虎丘，沈沈剑池。峻不可以仰视，深不可以下窥……非自人力，盖由天设。谁谓一拳，登之维艰；谁谓一勺，挹之不竭……

剑池之水以其巨大的魅力使这位文学家发出了由衷的惊赞！而范成大《吴郡志》也说，剑池“两岸划开，中涵石泉，深不可测……亦它山所无”。此外，虎丘还有置“点头石”于其中的白莲池，传为高僧憨憨以慧眼发现并掘地而得的“憨憨泉”，特别是“天下第三泉”，相传为著有《茶经》的唐代名家陆羽所品定，其空间景效极佳，一进入月洞门，就可见斜长方形的水泉一潭，嵌于四面石壁之下，泉北陡崖壁立，赭色斑斓，取苏轼《虎丘寺》“铁花秀岩壁”诗意，崖上镌以“铁华岩”擘窠大字；泉西高处跨涧筑三泉亭，其后为花墙，亭居高临下，既有“点景”“引景”作用，又可在其上观景，俯视亭下名泉；泉南为石栏、崖道……这是一个以泉为主体、崖为范围、亭为点缀的峻峭幽邃的水体空间，亦为一般山区园林所无。

在城区文人写意小园里，泉的空间体量就小得多了。但正因为园内空间小，水体小，就更需要这类作为“活眼”的小泉，如网师园、环秀山庄就是如此，陈从周先生对其有很高的评价：

> 园之西部殿春簃……西南隅有水一泓，名“涵碧”，清澈醒人，与中部大池有脉可通，存“水贵有源”之意。泉上构亭，名“冷泉”……（《苏州网师园》）
>
> 掘地得泉，名曰“飞雪”……浮水一亭在池之西北隅，对飞雪泉，名问泉……水有源，山有脉，息息相通……（《苏州环秀山庄》）

在这两个经典性的小园里，泉虽仅一泓，其作用却不小，它不但能“造景”——“涵碧”“飞雪”，清静幽僻，涤人尘襟，而且能“扩景”——附近建冷泉亭、问泉亭，扩增了景点，此外，还特别能成为园林的点睛之笔，使其与园内的水池、溪涧构成脉通关系，于是，全园水系形断而脉连，实断而虚连，令人品味不尽，可谓曲有余韵绕梁之致。

苏州园林的水池，其池岸线绝大多数是自由式的，而不同于浙江园林那种规整式的。刘敦桢先生在《苏州古典园林》中这样指出：

“沿池布石是为了防止池岸崩塌和便于人们临池游赏，但处理时还必须与艺术效果统一。苏州各园中的叠石岸无论用湖石或黄石，凡是比较成功的，一般都掌握了石材纹理和形状的特点，使之大小错落，纹理一致，凸凹相间，呈出入起伏的形状，并适当间以泥土，便于种植花木藤萝……”这一概括，简洁准确而精致，不妨联系实例来看。

网师园水池的叠石岸，石块出入起伏，池岸线有虚涵不定之美，在苏州园林中可谓首屈一指，这在前文中已详加品说。拙政园中部的水池形象创造也非常成功，它主要是由黄石池岸的迤逦延伸、周围曲折促成的。其岸近似天然自成的池岸，石块凹凸相间，大小错落，毫无矫揉造作之感。而滉漾渺弥的水面，又被池上二山一岛和曲折平桥所分隔，更显得广狭不齐，变化有致，断续回环，水趣无限。而石岸间，曲径旁，弱枝拂水，野藤蔓生……用司空图《二十四诗品》中的“柳阴路曲”“风日水滨”来形容，是再恰当不过了。

比起拙政园来，艺圃更是以水为中心来构景的。园中水池方广弥漫，空间开朗，池北延光水阁，面阔五间，两侧还有厢房，均挑出或濒临水面，建筑物如此大面积地临水，在苏州园林里实属罕见。园中景点还有乳鱼亭、乳鱼桥、渡香桥、浴鸥池等，均与水有关。刘敦桢先生在《苏州古典园林》一书中评价这个水园说：“布局简练开朗，池岸低平，水面集中，无壅塞局促之感”，但“北岸水榭过于平直，显得呆板。池东西两岸层次也较少”。艺圃能突出水之情韵，而平直呆板又是其美中不足，但西南一隅的芹庐小院，其中小溪却绝无此弊。关于溪水的形象，历代画论曾一再指出：

树参差，水曲折。（五代・荆浩《画说》）

惟溪水者……宜画盘曲掩映，断续伏而后见，以远至近。（宋·韩拙《山水纯全集》）

溪涧宜幽曲。（清·钱杜《松壶画忆》）

芦庐小院正是如此，从院外大池引进一泓溪水，流入月洞门内，两旁湖石岸则大幅度地伸缩诘诎，凹凸起伏相间，大小高低错落，从而使溪水蜿蜒曲折，广狭不齐。溪上还架以石梁、步石桥用来分隔水面，使小小空间内短短的一条曲溪，虚虚实实地隔为五六段，真所谓“盘曲掩映，断续伏而后见”。水面上还静静地飘着片片睡莲，更点缀得小小水院清静幽曲，韵趣无穷。

狮子林的水系分布和水体景观是出色的。人们来到狮子林，往往

艺圃芹庐小院内的一泓溪水

把注意力全部投放于山石洞壑，却很少去欣赏其水体的美，这无疑是一种损失。明末绍兴有“寓园”，祁彪佳《寓山注·水明廊》说：“园以藏山，所贵者反在于水。”此言极为精辟，可借用于狮子林。狮子林以假山名闻遐迩，萧昙《游狮林寺》咏道，“狮林之山山势陡”“崖危径狭峰回环”“狮林狮林天下奇，灵异不到何能知”……这确实可说是“园以藏山”了。然而，萧昙又发现了水体的美：“池中闻贮五湖水，怪底波流清如此。”小池小溪，怎么会给人以水贮五湖之感呢？这主要由于理水艺术的高明。

就今天狮子林西部来看，修竹阁之南有水一潭，这是应重点品赏的。元代与倪云林齐名的四大家之首的黄公望，在《写山水诀》中说：“山下有潭，谓之濑，画此甚有生意。四边用树簇之。”修竹阁前之“濑”正是如此，它在周围黄石叠岸的围合下，在四旁杂树的簇拥下，既深静渟泓，又生意盎然。特别应欣赏的是，其石岸也寓有虚涵不定、源流不尽之意，如南面，有较大的水洞水口，让水大幅度地伸入曲廊之下，窈然幽深，令人不辨涯涘。其东面，为水门——小赤壁。在这微观的山水环境里，巉岩雄峙，石色苍黄，杂树蒙丛，藤萝倒悬，半圆形水门的造型屈曲自如，随体参差，如天然岩壁溶洞，其倒影摇曳如画……令人联想起苏轼《后赤壁赋》中的名句：“江流有声，断岸千尺，山高月小，水落石出。”水门的建构，巧拙互用，其下通水，其上通人，两侧以石为栏，又俨然如山崖间天然飞梁。“小赤壁”这一依水型的景观，极富诗情画意，令人流连。至于小濑之水，不但由水门通而向西，而且还向北穿过水阁而为溪涧，让修竹阁飞跨其上，阁内两侧有额曰“飞阁”“通波”。其语撷自陆机《吴趋行》：“阊门何峨峨，飞阁跨通波。”联语既渊源有自，体现出地域文化的积淀，又极其贴切，宛如即景新作，为水为阁传神写照。再看阁下涧水，颇有远韵，向北曲折掩映，通向群山深处，使人们心头的水趣，也随波逐流，漂向远方……因此，这一境域的可贵之处还在于理水能渗透着书卷的韵味。

此外，“小赤壁”又是一个分界线，其东为黄石叠岸垒崖，其西则过渡为南面一带的湖石叠岸掇山，水到了这里，境域就较为开阔，并略作带状展伸。其北为岸上的紫藤架绿廊，其南则为湖石池岸及其上重垒层叠的湖石假山，山上山下，岸边水际，建为立体交通，其曲径有两至三层，交错盘互，最下层曲蹊洞径，几与水平，让人亲水近水，还可一掬清流；而每当水位略高，池水漫入蹊洞，则又让人浸鞋湿足，只能涉水而行，且洞内水气湮湿，幽暗不明，这种游山玩水，更具别趣。而且，它又不同于常熟燕园的踏着步石入水洞，浅尝辄止，而苏州惠荫园八景之一的“林屋探奇”，这一“水假山”又早已毁于一旦，以此，狮子林这一水景弥足珍贵。

再说南面这带状水体，流经石拱桥而至北面大池，池中建湖心亭，两面有九曲桥可通，这里附近水体与山体景观相媚，最逗游人，其构思则以水为主体，章法则有结有散，有正有奇，其主要表现，就是飞瀑之水亦流注于湖心亭池内。瀑布，是水体景观中颇能吸引人的特殊类型，其特点就是飞流直下。由于瀑布景观需要落差水源，因而中国园林里天然瀑布极少，人工的也少见。狮子林从近代开始，增添了人工瀑布景观，后又长期废置，而今已恢复旧观。在问梅阁旁，瀑布于壁间下垂如练，层层有五六叠之多，冲注奔泻，水与石激，如溅珠玉，如飞银花，人们未至其地，已渐闻水声潺潺，它强有力地引人们簇聚其下，围观仰视，精神为之一振！今瀑布旁建有听涛亭，亭内刻有当年汪远翥的《飞瀑亭记》：

> 西面新筑一亭，额曰："飞瀑"。旁有瀑布，其声昼夜不息，游斯园者，如登海舶而怒涛。今主人又题一榜曰："如闻涛声。"噫！其殆有深意存其间欤？

这是发人深思的。不过，不论是"观"瀑，还是"听"涛，人们也只能"各以其情而自得"。再看瀑布倾泻所经的两崖间，还凌空架有石梁、石桥，二者高下相望，人们行经其上，心神惊悚，水雾侵衣。经过数叠之后，瀑流奔注于水池，而后仍归于汪然渟然。相比而言，苏州市区园林的水，都是静态的，狮子林水瀑的动势活趣，可谓独一无二。

还需补述的是，狮子林瀑布的出水口，是在问梅阁旁的高墙之下，其墙后为过道，墙面也别无长物，不免单调。但设计之妙在于，粉墙的下部砌以琉璃质的一排栏杆，它实为平面，而仰观则似凸起，而且栏杆低矮而小，但观者依据近大远小的透视规律，似会感到栏杆既高且远，而且瀑布也显得高而且远；又由于栏杆特小，因而它还能生发出以小反衬大的艺术效果，于是，瀑布也就显得大而有气势了。沈复《浮生六记·闲情记趣》说，小园应该小中见大，实中见虚，例如，"开门于不通之院，映以竹石，如有实无也；设矮栏于墙头，如上有月台，而实虚也"。苏州园林颇多虚设的假窗，如网师园的高墙上，就开系列漏"窗"于不通之院，这样，既能打破大片墙面的单一和平板乏味，并以图案优美、略有凹凸感的系列假漏窗装饰墙面，又能使人产生视觉幻象，以虚虚实实、若有若无的"疑境"，"扩大"园林空间。但是，设假栏于墙上，却是绝无仅有，狮子林似为孤例。而且其高处墙下的假栏，又不同于沈复所说的墙头假栏，它除了上述两个作用外，也能使人似感其后有月台或其他建筑空间，然而其最大的功能，是烘托、映衬水的主题，加强瀑布的气势和纵深感，就这一点来说，也可谓巧思独运。

再说怡园画舫斋、面壁亭之间，也有一水门。它也做假成真，有若自然，可与狮子林“小赤壁”媲美。而且由于其上不通行人，因而草树藤萝更为茂密，酷似深山绝壑。其下及附近有一泓碧涧，浓荫丛覆，曲岸绵延，特别具有绿意寒情、幽境静趣，这比起“小赤壁”来，可谓有过之而无不及。它，曾被园主命名为“抱绿湾”，这一题名，至为贴切。园主顾文彬还曾为其集过宋词联：

一泓澄绿，两峡崭岩，浸云壑水边春水；
石磴飞梁，寒泉幽谷，似钴鉧潭西小潭。

这副对联，写出了“抱绿湾”的深邃境界。它是那么清，那么韵，那么幽，那么绿，人们如按对联之意去欣赏这一曲水湾，就能更好地去拥抱其绿，亲近其美。

鱼也是依附于水体构成的微观成分，观鱼，也是园林生活的组成部分之一。从历史上看，庄子与惠子在濠梁之上关于“子非鱼，安知鱼之乐”（《庄子·秋水》）的富于哲理性的讨论；简文帝入华林园，顿生濠濮间想，“觉鸟兽禽鱼，自来亲人”（《世说新语·言语》）的移情心理；苏舜钦时榜小舟，至“崇阜广水”的沧浪亭，与“鱼鸟共乐”（《沧浪亭记》）的真趣追求……对苏州园林的养鱼观鱼深有影响，于是，沧浪亭有观鱼处，留园有濠濮亭，冠云台还有“安知我不知鱼之乐”之额，艺圃有乳鱼亭，天平山高义园有鱼乐国，西园有放生池和湖心亭……都是观鱼的好去处，此外苏州诸园还有更多不标明观鱼处的观鱼处。苏州园林植物极丰，但动物极少，留园的鹤所，艺圃的鹤砦、浴鸥池，均只留下了空名，原来怡园小动物多，也已成历史。因此，除鸟（拙政园有鸳鸯）、蝉外，鱼是最活泼的依水体动物题材，它几乎成为园林必不可少的构成元素。欣赏游鱼，既可观鱼之态，又可知鱼之乐，还可借沧浪之水洗涤尘襟，澡雪精神。王式丹《沧浪杂诗·观鱼处》写道：

行到观鱼处，澄澄洗我心。
浮沉无定影，瀺灂有微音。
风飐藕花落，烟笼溪水深。
濠梁何必远，此乐一为寻。

濠间濮上，华林沧浪，王式丹把从庄子到苏舜钦的清兴雅韵集于一身了。

第三章　花木构成

园林的艺术构成，除了建筑、山水（泉石）以外，还离不开花木（植物）。传为王维所写的《山水论》就说：“山借树而为衣，树借山而为骨。”韩拙《山水纯全集》也说：“山以林木为衣，以草木为毛发。”苏州园林，作为文人山水写意园林，同样需要花草林木为“衣衫”、为“毛发”……就“园林”二字来说，也离不开“林”字的组合。否则，山岭峰石就会变成童山秃岭，池面岸际就会空无一物，建筑物就无以掩映，园内就会缺少最重要的绿色调子……何况，林木不但有利于人的生理健康，而且能满足人包括审美欣赏在内的心理需要。

在园林里，作为美的象征的花也必不可少。秦牧先生在为《花》一书所写的序中说：

鲜花美丽而有魅力，它使人感受到蓬勃的生机和昂扬的朝气。我想，世界上对花卉丝毫没有美感的人，恐怕是很少很少的吧……如果人们不是普遍有这样的喜爱……江南民俗中就不会有什么“花朝节”，苏州姑娘们在这一天也不会剪五色彩缯去粘在花枝上，给花祝寿了……如果世界上完全没有花，生活就要单调得多了。

是的，世界人民是爱花的，不爱花的人几乎是罕见的。而中国人特别爱花，中华民族的“华”字，也就是“花”字。秦牧先生在《花》序中曾引古诗：“只恐夜深花睡去，故烧高烛照红妆”“羁客有家归未得，对花无语两含情”。人与花互通情愫，诗句把花写活了。还需突出的是，苏州人尤其爱花，在古代，以农历二月中旬为“花朝”，并以二月十二日为“百花生日”或“花神生日”。在这节日里，或给花树扎上红绸，或给花树贴上红纸……叫做“赏红”。虎丘一带花农还要到花神庙去庆寿致祭，吃寿酒，晚上则要提花灯，排仪仗，抬着花神像去游行，叫做“花神灯会”，会后还演戏……这种隆重的节日庆典，成为吴地民俗特色文化的组成部分之一。此外，还有荷花生日——六月二十四日，葑门外的黄天荡赏荷，市民倾城而出……

苏州园林是美的荟萃，花的世界。文人园主们也爱花赏花，他们的行为与“花朝”文化既有联系，又有区别，可说是在民俗文化的基础上进一步诗化了，高雅化了。这可从下列一组诗中浅尝一脔。

拙政园东部原为“归田园居”，园主王心一《放眼亭观杏花》写道：

浓枝高下绕亭台，初染胭脂渐次开。
遮映落霞迷涧壑，漫和疏雨点莓苔。
低藏双燕人前舞，密引群蜂花底回。

如锦似霞，招蜂引蝶，杏花的色相是迷人的。诗中所写，大概是个人独赏。今天，拙政园东部山上，仍建有放眼亭，但不知是否恢复了杏花渐欲迷人眼的景色？

吴伟业《咏拙政园山茶花并引》写道：

> 拙政园内山茶花，一株两株枝交加。
> 艳如天孙织云锦，赪如姹女烧丹砂。
> 吐如珊瑚缀火齐，映如蝃蝀凌朝霞。

拙政园的宝珠山茶，当时是很出名的，合枝交柯，得势增高，花时巨丽鲜妍，纷披照眼明，为江南所仅见。吴伟业的诗也很出名，至今仍制为刻屏陈列于“香洲”之内，这是名花之史的景观积淀。

范来宗《三月廿八日网师园看芍药》则写道：

> 杨花扑面已成团，取次风光转药栏。
> 网师折柬招诸老，肩舆络绎报当关。
> 回廊迤逦花光起，泼浪殷红并姹紫。
> 绕径千层露带珠，翻阶五色霞成绮。

这首与以上两首个人独赏不同，是多人群赏了。在花时，园主发请柬，邀名流前来赏花赴宴，咏诗品酒。这也是园林生活中的盛事，它与园外的民俗文化，一雅一俗，互为呼应，相映成趣。

苏州园林里，花木不但是必要的构景题材，而且可以用来建构主题，其过程可以表现为对花木及其色、香、形、姿、质的栽植、培育、修剪、集中、概括、提炼乃至咏诗、拟对、题构……也就是从物质上到精神上进行一系列的加工、美化。对这类花木景观构成，需择要予以详述。

至于园林里季相、时景这类联结着时间的因素，也主要是通过花木显现出来的，因此也一并放在“花木构成”中予以介绍、品说。

一、色香形质

园林里的花木，不但要求其以色彩、形状（包括姿态）诉诸人的视觉，而且要求其以芳香诉诸人的嗅觉，等等。

张潮《幽梦影》说：

> 花之宜于目而复宜于鼻者，梅也，菊也，兰也，水仙也，珠兰也，莲也；止宜于鼻者，橼也，桂也，瑞香也，栀子也，茉莉也，木香也，玫瑰也，腊梅也。余则皆宜于目者也。花与叶俱可观者，秋海棠为最，荷次之，海棠、酴醿、虞美人、水仙又次之；叶胜于花者，止雁来红、美人蕉而已；花与叶俱不足观者，紫薇也，辛夷也。

这一概括，对于园林花木的品赏，有一定价值。以下拟对苏州园林花木的色、香、形（姿）、质四个方面逐一举例予以品说。

（一）色

园林有了花，色彩就丰富了，姹紫嫣红，粉白鹅黄，真是五光十色，美不胜收，何况它们还点缀在苍翠欲滴的绿叶丛间，晶莹的露珠正在闪光……

入夏，人们如在吴中区东山启园的翠微榭，可见榭前满池荷花，蜿蜒展开，伸向远方，其黄石叠岸，也垒块浑成，还能反衬出荷叶的绿色风采。再看池中，其叶似伞，由茎擎起，有的田田浮在水面，有的亭亭立于碧波，互相簇拥，不枝不蔓。再望远方，微风过处，翻滚起层层绿浪……在绿叶的烘托、掩映下，一朵朵粉红的花分外鲜艳。翠微榭内，还悬挂着杨万里诗句的对联："接天莲叶无穷碧；映日荷花别样红。"对仗多么工整，状物多么准确，对比又多么鲜明！这里的色彩正是如此：绿得无穷无尽，红得非同一般。确实，荷是"花与叶俱可观者"。

在启园的"柳毅小园"，柳毅亭内刻有吴梅村的《柳毅井》诗："仙井辘轳音，原泉泻橘林。寒添玉女恨，清见柳郎心……"且不说柳毅的动人故事，就说诗中的橘林，也物化在小园之内，其赭中泛红的枝干、青绿而有光泽的树叶固然很美，但作为观果类植物，其嘉实之美更值得观赏。这里茂密的橘林，结果时，使人想起屈原《橘颂》的咏赞："绿叶素荣，纷其可喜兮。曾枝剡棘，圆果抟兮。青黄杂糅，文章烂兮……"

苏州听枫园，其花木以色彩斑斓为特征。丘壑间紫藤盘绕，其花如璎珞；壁间的枸杞，秋来也金珠粒粒；特别是观叶植物——红枫与翠竹相映，更增人游兴……

（二）香

马克思曾说过，"色彩的感觉是一般美感中最大众化的形式"。而人们对于香的感觉，则远不如色彩的感觉。其实，闻香也是一种享受。英国哲人培根在《说花园》中，就强调“闻香底至乐”，认为“在空气中花香底来去是类似音乐底鸣奏的”。是的，苏州拙政园的历史，也是与花香氤氲相伴随的。明代文徵明的《拙政园图咏·繁香坞》，就有“淑气薰蒸百和香”之句；清代查元偁的《复园十咏·远香堂》，也有“静参花气通禅”之句……今天，拙政园还有远香堂、“香洲”、荷风四面亭、秫香馆、雪香云蔚亭诸胜，引导人们去领略荷花清馥的远香，梅花浮动的暗香……去享受音乐奏鸣般的“闻香底至乐”。

沧浪亭假山上，古木参天，苍然葱郁，其间有百年以上的香橼树，结果硕大，累累枝头，清香扑鼻，沁人心脾。下山继续前行，有清香馆，因庭内有老桂十余株而得名，其北筑以高墙，回合封闭，以求尽量保持桂子飘香时节清香凝聚不散。馆内有联曰：

月中有客曾分种；
世上无花敢斗香。

借助于嫦娥奔月、吴刚伐桂神话，意谓花是月中之桂分植人世的，人间没有任何花可与之比香，题对可谓异想天开，而又切合闻香的题旨。

狮子林除了问梅阁外，还有暗香疏影楼、双香仙馆，题名都和梅有关，其附近也植梅。这些景点，均蕴含着浓郁的诗情，不但引导人们去观照“疏影横斜水清浅”的画面，而且引导人们去品赏“暗香浮动月黄昏”的梅香，这正如张潮所说：“花之宜于目而复宜于鼻者，梅也……”

（三）形（姿）与质

所谓“形”，就是花木的形状、姿态之美，它既可指单株，又可指群体；既可指同一花木的孤植、群植，又可指不同花木的混植。这里拟重点品赏单株花木的姿态美。

所谓“质”，就是花木的内在品性，主要就是它的比德之美。例如梅兰竹菊、岁寒三友……此外，还有古树名木之美，因为古木千百年来顶风傲霜、经磨历劫，但自身品性不改，老而弥坚，不畏凋残，风骨凛然，其德性远胜于一般的岁寒三友（当然古木也包括古松、古梅），然而人们讲园林花木的寓意象征——德性的善，品格的美，往往把古木撇除在外，这是不公正的。

这里先说花木的德性品质。留园五峰仙馆有清代状元陆润庠所撰著名对联：

> 读《书》取正，读《易》取变，读《骚》取幽，读《庄》取达，读汉文取坚，最有味卷中岁月；
>
> 与菊同野，与梅同疏，与莲同洁，与兰同芳，与海棠同韵，定自称花里神仙。

此联之妙至少有三：首先，上联撷出五部古典名著，以一字概括其质，令人品赏不尽；下联撷出五种传统名花，以一字概括其品，令人回味无穷！其对仗之工整，用语之凝练，令人拍案叫绝！其次，读书与品花，正是古代文人具有代表性的两项活动，窥一斑可见全貌，它们正可以作为一个横断面来概括文人雅士的园林生活。再次，纵向地看，这副名联的下联，不妨看作是花卉比德的一个历史总结。它上自孔子、荀子、屈原，经采菊东篱的陶渊明、梅妻鹤子的林和靖、爱莲自洁的周敦颐……直至明清，均予以概括。从历史上看，至少是在宋、明时代，甚至可推到晋、唐，就开始了系列品花之作，直至明清而极盛，并大开人与花同感共友之风。如陈继儒《小窗幽记 · 集韵》就说："与梅同瘦，与竹同清……居然花里神仙。"其《集绮》又说："昔人有花中十友：桂为仙友，莲为净友，梅为清友，菊为逸友……芝兰芳友。"以后，张潮《幽梦影》、朱锡绶《幽梦续影》等幽香四溢的美文，又进一步提出，梅令人高，兰令人幽，菊令人野，莲令人淡，蕉与竹令人韵……不愧为学富五车的状元，陆润庠继承了这一雅人深致的文化传统，采撷其内容和形式，铸成了高度凝练、词约意丰的名联。它可说具有某种经典性，其影响已远远超出了苏州的范围和园林本身。

关于一系列名花的比德内涵及其历史形成、审美特点，详见拙著《中国园林美学（增订版）》"园林品赏与审美文化心理"编中的"花木的第三性质系列"一节，本书限于篇幅，不拟赘述。这里只拟略举苏州诸园的实例，如拙政园"雪香云蔚"亭有暗香疏影的梅，兰雪堂有高洁幽芳的兰，倚玉轩有节节向上的竹，环秀山庄补秋舫有野逸傲霜的菊，网师园"看松读画"轩有四季常青的松，拙政园远香堂有香远益清的荷，"海棠春坞"有丰韵娇艳的海棠……它们除了色香形姿而外，无不具有德操品性之美。

以上数例还说明，"质""德"与"形""姿"常常是交叉叠合的，它们既表现为内在的美，又表现为外在的美，正如最早写美人香草的屈原在《离骚》中所说："纷吾既有此内美兮，又重之以修能。"

在“内美”的基础上，再加以外在的修饰、加工、美化……就变得更美了。这里的“修能”，既是其内在美质的必然外露，又是园丁们栽种、培养、保护和修剪的结果，总之，是得之于天而受之于人。

再说古木。在苏州园林里，一些古木往往也是“质”“德”与“形”“姿”合而为一的。下文拟结合花木特别是古木的“质”来品赏其形式、姿态之美。

苏州园林中花木的形姿之美是什么？叶圣陶先生在《拙政诸园寄深眷——谈苏州园林》中说得极其简明扼要，他指出，“苏州园林栽种和修剪树木也着眼在画意。高树与低树俯仰生姿……没有修剪得像宝塔那样的松柏，没有阅兵式似的道旁树。”他拈出“画意”二字，可谓一针见血。联系苏州园林的花木实际，具体地说，就是要注意树冠的参差不齐，树枝的分敷多姿，树群的俯仰各态……也就是一切均富于画意，这就是苏州园林花木重姿态的要求。以下不妨品赏数例。

网师园水池之南，玉树临风。这是一株古老而较高大的二乔玉兰，斜向逸生，虬曲临空，其大枝小枝，俯仰交叉，参差不一，走笔如画。花时，枝头疏疏密密，生意更浓。其花朵上呈素白，下现粉紫，一瓣瓣，一朵朵，似水彩渗化，犹美玉琢成。花开时由于枝头还没有生叶，因而其深色的丛枝在空中更为突出，宛同名家笔下的枯树，屈曲而多“涩”，积点成线，笔笔顿挫而出；枝头则无不仰如鹿角，转折多姿。明代大画家董其昌在《画禅室随笔》中说：“画树之窍，只在多曲，虽一枝一节，无有可直者，其向背俯仰，全于曲中取之。”这株二乔玉兰，从画面上看，正是如此，千屈万曲，无复直笔，且枝条密处，多而不乱，既不重叠，又不相犯，画家所谓“枝交‘女’字，密处留眼”。这一不可多得的古木，完全可以作为画家写生、临摹的天然范本。

网师园的“看松读画”轩前，有一古柏，据说树龄有八百余年，自南宋至今。从远处看，只见它龙钟地超拔于黑松、罗汉松、白皮松等群树之上，犹如鹤立鸡群。其主干已枯，秃顶凋残，却仍然槎牙凌空，风骨犹健。在近处看，其霜皮剥蚀，筋骨毕露，桢干虽裂开为二，仍不屈不挠，抗争于高空，如英雄起舞，一高一低，俯仰多姿，而枝头干梢所透露的浓情绿意，还显现着生机发越……古柏苍然耸峭之气，凛然难犯之概，令人生敬。如果再从绘画的视角来看，其扭裂多端之身，倔强古拙之体，犹如用焦墨枯笔画就，力透纸背，老辣中

网师园“看松读画”轩前的古柏

现出飞白破碎之相。在苏州市区园林里，数它树龄最长，纵观古今兴亡，阅尽人间春色，可谓与园同寿，寿胜于园。

在怡园水池边、山石间，古老的白皮松横空而出，树身呈淡灰色，斑痕点点，古气蔚然。它干低枝偃，稀疏的松针，一丛丛，一簇簇，根根挺秀。尤可宝贵的是，其主干主枝旁逸斜出，虬曲得势，如怒龙，似惊虺，奋舞池空，俯探水面，也极有画意。

吴中区东山以盛产杨梅等嘉果著名，而启园则有一株古杨梅树，粗壮硕大，分三枝伸出，虬曲多姿，柯叶相蟠，可几面入画。它虽龙钟老态，槎牙摧折，而仍浓荫如幄，气象未衰，其可贵之处还在于表征地方特色，从而成为该园一处重要景观。

陈从周先生在《说园》中指出：

> 中国园林的树木栽植，不仅为了绿化，且要具有画意。窗外花树一角，即折枝尺幅；山间古树三五，幽篁一丛，乃模拟枯木竹石图。重姿态，不讲品种，和盆栽一样，能“入画”。拙政园的枫杨、网师园的古柏，都是一园之胜，左右大局，如果这些饶有画意的古木去了，一园景色顿减。

这说明，花木的大与小、新与老，还比较次要；更紧要的是重姿态、饶画意。不妨回顾一下：昔日，狮子林问梅阁曾有梅曰“卧龙”，指柏轩曾有柏曰“腾蛟”，其命名至今令人神往于其姿态之美；留园“古木交柯”处由于连理树死去，古老生动的花木景观也烟消云散，令几许游人遗憾；网师园“竹外一枝”轩前池岸曾有一株黑松横斜临池，树虽小，却应了苏轼“竹外一枝斜更好”诗意，今日补种松、梅，但无论如何难以传这个“斜”字之神……由此可见，园林中具有独特姿态而能入画的花木多么难得，多么可贵，又可见保护作为一园之胜的古木更是多么重要！

还需补充的是，园林是一种历史文化存在，因而与名人有关而又饶有形姿画意的古木更为宝贵。如拙政园文徵明手植古藤，不仅是古木，而且是名木。金天翮《拙政园文衡山手植古藤歌》写道：

入门左顾压屋藤阴重，筋张骨屈古藤苍皮干。
虬枝上天根络地，五龙拘绞腾掷缘橦竿。
鲜英紫萼密缀千万缕，妍华香胜披拂成妙鬘。
衡山高节古风调，隔世相望齐凤鸾。

由古藤惊虬拗怒、蛟龙腾挪的姿态美，联想起文徵明古风高节的人格美，隔世相望，不禁肃然起敬。这古藤，不仅有审美价值，而且有文物价值，应该说它是活的文物。如果它一旦失去了自然生命，其文物价值也就不复存在了。

再如吴中区光福司徒庙庭园的四株古柏，相传为汉代功臣大司徒邓禹手植，清帝乾隆曾分别赐名为“清、奇、古、怪”。四株古柏，姿态各异，它们作为稀世奇观，成了这庭园的主景主题。试看孙原湘的《司徒古柏》：

司徒庙中柏四株，但有骨干无皮肤。
一株参天鹤立孤，倔强不用旁枝扶。
一株卧地龙垂胡，翠叶却在苍苔铺。

拙政园文徵明手植紫藤

一空其腹如剖瓠，生气欲尽神不枯。
其一横裂纹萦纡，瘦蛟势欲腾天衢。

把四株古柏的各异姿态相互区别开来，用诗的语言将其一一生动地描绘出来，是饶有兴味的。古柏除了清奇古怪的形态外，还有神质的一面。黄裳先生在《游邓尉》一文中赞道："它的生命力的坚强到了这样的地步，即使遭到的是毁灭性的打击，却依旧不能摧折它的成长。"于是引了金石家吴云的一副对联："清奇古怪画难状，风火雷霆劫不磨。"上联赞其形状姿态，用"画难状"三字概括无遗；下联颂其精神品格：风火雷霆毁灭性的打击，也摧折不了它那顽强的生命力，令人联想起它那内蕴的漫长、悠远的时间含量，还似乎已触摸到了它那不朽的铜柯石根，从而敬仰其崇高的精神，浩然的正气……数十年前曾悬挂于此的这副名联，今天不知挂起来了没有？

二、主题建构

作为园林构成三要素之一的花木，除了作为景观构成的广泛题材外，还往往用来构成丰富的景观主题。这一特色，在苏州园林里更为明显，这可以拙政园为例。

先作一简略的历史回眸。明代吴门画派的主盟、著名书画家文徵明，不但为王献臣写了《王氏拙政园记》，而且画了组画《拙政园图》，并写了组诗《拙政园图咏》。从《拙政园图咏》来看，其中景观题构三十有一，而以花木为题名的，竟有二十处之多，占三分之二，如繁香坞，"杂植牡丹、芍药、丹桂、海棠、紫璚诸花"；倚玉轩，“傍多美竹”；芙蓉隈，则“雨浥红蕖淡玉标”；柳隩，其景色是“春深高柳翠烟迷，风约柔条拂水齐”；水花池，“中有红、白莲”；待霜亭，“傍植柑橘数本”；听松风处，“地多长松”；来禽囿，“杂植林檎数百本”；玫瑰柴，“植玫瑰花”；珍李坂，“自燕移好李植其上”；得真亭，“植四桧结亭”；蔷薇径，则“野人缘径撷群芳”；桃花沜，“夹岸植桃，花时望若红霞”；湘筠坞，“修竹连亘，境特幽迥”；槐幄，有“古槐一株”，“阴覆数弓”；槐雨亭，“榆槐竹柏，所植非一”；芭蕉槛，“新蕉十尺强，得雨净如沐”；竹涧，“夹涧美竹千挺”；瑶圃，“中植江梅百本，花时灿若瑶华”；嘉实亭，“取山谷《古风》‘江梅有嘉实’之句”……由此可见其中花木的繁茂多样，引人流连。拙政园这一花木景观构成的形式、方法，对苏州园林史影响甚大，对尔后拙政园的建构，影响尤其大。今天，拙政园有关花木的题构仍然特别多，有二十余处，有些在文徵明的《王氏拙政园记》《拙政园图咏》中，可找到源头或影子。

这里再解释一下所谓“题构”。它是以某一主题作为题名的景观建构，其中可包括建筑物，而以花木来建构主题并以其为题名的景观，称为花木题构。

在苏州园林中，花木题构特别多，其方式方法多种多样，有时还表现出互为交叉的情况。为了更好地品赏其艺术构成，以下作一简略的归纳。

从花木品种以及与花木相结合的其他品种的数量多寡来看，可分为单题、双题、多题和泛题四类。

（一）单 题

这是以单一的花木品种孤植或群植，并以之为题。而其题名、方式也有多种：或用花木的俗名，或用花木的异名，或用有关花木的诗文典故。

以俗名单题的，如拙政园的玉兰堂、枇杷园、“海棠春坞”。它们通俗易懂，一看即知，为人们所喜闻乐见。当然，对于枇杷园，人们还可能联想起南宋诗人戴复古的名句：“东园载酒西园醉，摘尽枇杷一树金”（《初夏游张园》），从而又把枇杷园看作是典故单题，并引起诗意的想像，而这正是一种交叉现象。再看苏州其他园林，如虎丘的玉兰山房，听枫园的听枫山馆，耦园的藤花舫，狮子林的修竹阁、古五松园，怡园的藕香榭……不过，在《红楼梦》的大观园里，也有藕香榭的题构，这又可看作是典故单题了。至于常熟的曾园——虚廓园，其中湖心亭名“莲花世界”，也是俗名单题。

以异名单题的，如拙政园的芙蓉榭，芙蓉就是荷花。《尔雅》说：“荷，芙蕖。”注云：“别名芙蓉，江东呼为荷。”又如拙政园的“十八曼陀罗花”馆，如《群芳谱》所说，“山茶一名曼陀罗树”……以花木的异名、别名来题构，其优点是能产生新鲜感，给人以新知，并使人兴味倍增；同时，这还能避免题名的重复相犯。例如，同样以桂花为主题，怡园题为金粟亭，留园则题为闻木樨香轩。金粟为桂花的别名，木樨则为桂花的学名，而“闻木樨香”又是以典故单题了。此外，沧浪亭也有以桂为主题的，它原名木樨亭，可能由于“以善避为能”，现则以“清香馆”之名取而代之了。这样，也就和怡园、留园各不相同，而在古诗中，“清香”与桂就曾被联结在一起，这又是以典故单题了。由于传统的花木美学观的历史影响，各园可以用来作景观题构的花木品种不是很多，因此，重复相犯是不可避免的，但是，通过种种不同方式的题名来使之相异相避，又有着极大的可能性，这样，题构也就各有其艺术个性了。

（二）双 题

这是以两种的花木为题，或以一种花木为主配以另一种非花木品类构成主题二重奏，它也可以俗名、异名或典故来题名。

网师园也有以桂为主题的，但其题名与怡园、留园、沧浪亭、退思园等不同，名为小山丛桂轩，这就是一种双题的方式，同时，它又是典故双题，庾信《枯树赋》有云："小山则丛桂留人。"在网师园，该轩的景观，应该说桂为实，山略虚；桂为主，山为副；桂是主奏，山是协奏。网师园还有看松读画轩，也是松主"画"副，松实"画"虚，不过，这较虚的"画"，其中也大有文章，这留待以后再作介绍。

狮子林有双香仙馆，这是梅、莲两种花木并重的俗名双题。狮子林还有揖峰指柏轩，这是作为花木的古柏和非花木的峰石的主题二重奏。当然，"揖峰"和"指柏"，又有诗文的出典，也是以典故双题。

留园有"古木交柯"，一个"交"字，突出了古柏与耐贞紧密结合的主题，这也是典型的双题，但现今已名存实亡。

拙政园有松籁阁、听松风处、荷风四面亭，这是把作为花木的松或荷，与作为天时气象的风结合起来，组成动态的双主题，并使二者水乳交融地糅而为一，给人以多方面的审美感受。再如"柳阴路曲"，这又是把柳的浓荫和作为建筑的路——曲廊结合起来，构成了优美的奏鸣曲，不过，其标题又撷自古籍。

（三）多 题

这是以两种以上的花木，或两种以上的花木和非花木相结合而成的多主题建构。

明代拙政园的繁香坞，杂植牡丹、芍药、丹桂、海棠诸花，是典型的多题。现今拙政园听松风处有额曰“松风水阁”，这也是突出了三者结合的自然美。苏州园林中的花木多题并不多见，因为三者颇难凝铸在几个字的标题之中。

（四）泛 题

这种题构，并不确指何种花木，而是一种泛指，它几乎可指各种花木，特别是绿色树木。

拙政园有浮翠阁，是说高阁浮于满目苍翠的树丛之上。这个“翠”字，包括园内、山上一切绿色树木，或者可说是树木构成的“绿色空间”的总称。留园有绿荫轩，潘奕隽《绿荫轩》一诗写道：“春风一以吹，众绿森成阴。”众绿，正是一种泛指，一种概括。此外，怡园有锁绿轩，虎丘有拥翠山庄，常熟燕园有绿转廊，吴中区光福东崦草堂有迎翠轩……它们也都是把人们审美的目光引向绿色树木，引导人们尽量去享受绿色空间的种种赐予。

最后还应重点归纳、生发的，是与花木有关的诗文典故的题名。这种题名，以一种或几种花木为本体，从某一诗文中取典，从而建构起景观的主题。从中国园林史上看，这是一种运用极为广泛的方式。《红楼梦》第十七回中贾宝玉在题对额时说：“编新不如述旧，刻古终胜雕今。”这是对园林题构艺术经验的一种概括。在园林题构特别是花木题构中，“述旧”“刻古”，从古诗文中取典，这比起全新的创作来，有很大的优越性，因为所撷取的古代诗文往往是人们比较熟悉的，或是一提就较了解的，这样就可能产生由此及彼的种种审美心理活动——借助于古诗文，或引发艺术情思，或规范联想方向，或拓展诗意想像……

狮子林有暗香疏影楼，用宋代以咏梅而著名的林和靖的《山园小梅》诗意，其“疏影横斜水清浅，暗香浮动月黄昏”一联，不只是妙写梅在朦胧月色中的幽香，而且还传神地刻画了梅的姿态——“横”“斜”特别是“疏”。试想，疏影横斜，暗香浮动，清溪浅水，淡月笼枝，这是何等的绝俗风韵。它因而被司马光评为“曲尽梅之体态”（《温公续诗话》）。从历史上看，唐人极少咏梅诗，更无名句；宋初自林和靖始，才大开咏梅之风，其中“疏影”“暗香”不愧为“千古绝调”（顾嗣立《寒厅诗话》），而姜夔也把它谱为词牌名。据此可见，狮子林的暗香疏影楼，可说是独领了苏州园林梅花题构的风骚。

又如网师园的竹外一枝轩，其构思虽然也是题构梅花，但却不落俗套，力求避熟求新。其题意出自苏轼的《和秦太虚梅花》：“江头千树春欲暗，竹外一枝斜更好。”苏轼的命意是写梅，但其高明之处在于删削繁冗，独留清瘦——仅仅写一枝，少到不能再少。而“斜更好”三字，又上承林和靖诗意，高度评价了“疏影横斜”的姿态之美。

至于网师园水池东北之轩，命名为“竹外一枝”，而特意隐去后面三字，手法也极妙。其一是题名意象之含蓄，使梅及其姿态成为象外之象、意外之意，让人通过题名，联系诗作思而得之。其二是点出了实景之配置、姿态，试看轩后月洞门的小庭内，有两丛摇曳生姿的幽篁，洞门两侧还辟有特大方形空窗，使窗内竹影如画。而轩外池畔，以往确实有一株黑松横斜而出，亚枝低拂池上，这就是“斜更好”的形象。而今，则又补以松、梅各一，姿态虽不如前，但更切合诗意，而且让轩内轩外的松竹梅互为呼应。人们如临轩俯视，凭栏欣赏那“斜更好”的形象，那么又会联想起林和靖另一咏梅名句“池水倒窥疏影动”来，这一艺术效果，可谓“以少少许胜多多许”了。其三，虽与花木无关，但也不妨一说，竹外一枝轩建筑本身之妙，还在于它特意微呈斜势，显得横斜有致，别饶风韵。钱大昕《网师园记》就特地指出：“有斜轩曰‘竹外一枝’。”这样，就不但巧妙地评价了轩外作为花木的松、梅一枝的姿态，而且还暗暗地评价了作为建筑的轩的姿态：“斜更好”。岂不绝妙！

沧浪亭有闻妙香室，附近也植梅，题名采自杜甫《大云寺赞公房》：“灯影照无睡，心清闻妙香。”妙香指僧房所燃之香。闻妙香室吸取了杜诗中静谧孤寂、远离尘俗，清香幽妙、透人心窍的意境，并借“妙香”以喻梅花的暗香，既赋之以新意，又使诗意与实境相浃。这种移花接木、避熟求生的题构手法，也应予以较高评价，它在苏州诸园中较早地另辟了一条蹊径。

怡园有南雪亭，其题构手法与闻妙香室又同又不同。相同的是移花接木，而且都取自杜诗。杜甫《又雪》诗云：“南雪不到地，青崖沾未消。微微向日薄，脉脉去人遥。”这是实写南方之雪，怡园却借以题额，并用以比喻如雪之梅。但这种借喻，又渊源有自，故怡园南雪亭匾额有跋云：

周草窗云，昔潘庭坚约社友，剧饮于南雪亭梅花下，传为美谈。今艮庐主人新辟怡园建一亭于中，种梅多处，亦颜此二字，意盖续南宋之佳会。而泉石竹树之胜，恐前或未逮也。

早在南宋，文人们就移花接木，以南雪喻梅了。当时，亭边亦多梅花。且良辰美景，赏心乐事，社友们聚饮其下，传为美谈佳话。怡园主人取意于杜诗，又脉承于南宋之佳会，这就使花木题构多了一层耐人寻味的意蕴。

再说留园的闻木樨香轩，它采自《罗湖野录》中的一段轶闻：

黄鲁直从晦堂和尚游时，暑退凉生，秋香满院。晦堂曰："吾无隐，闻木樨香乎？"公曰："闻。"晦堂曰："香乎？"公欣然领解。

这是宋代晦堂大师与诗人黄庭坚的一番对话。晦堂以《论语》中"吾无隐乎尔"一句令黄庭坚参悟禅机，终于以一株桂花启发了他，使其欣然解悟。以此为典来题名，不但有新意，有雅趣，而且内涵较深，寓有禅机，又具体显现为桂花，可谓发人深思。

三、季相时景

花木的生长是有季节性的。在中国古代农业社会里，人们对于季节早就有了成熟的认识；至于山水画家，对主要反映在花木上的具体季相，也有理论上的概括。宋代韩拙《山水纯全集·论林木》说：

> 梁元帝云：木有四时，春英，夏荫，秋毛，冬骨。春英者，谓叶细而花繁也；夏荫者，谓叶密而茂盛也；秋毛者，谓叶疏而飘零也；冬骨者，谓枝枯而叶槁也。

这一概括，可说是十分准确而精练的。正因为春夏秋冬季节不同，花木的季相也就各异，故而欣赏山水风景，应把握其不同的时令特征，从而在一年四季，朝暮阴晴都能欣赏到各具魅力的良辰美景。在这方面，宋代大文豪欧阳修的体验是颇深的。其《醉翁亭记》写道：

> 若夫日出而林霏开，云归而岩穴暝，晦明变化者，山间之朝暮也。野芳发而幽香，佳木秀而繁阴，风霜高洁，水落而石出者，山间之四时也。朝而往，暮而归，四时之景不同，而乐亦无穷也。

他通过一幅幅形相不同的景物画面，展示了四时、朝暮之景的特殊个性，从而写出了自己欣赏的“乐亦无穷”。他善于捕捉变动不居的自然美，从而赢得了无穷的审美享受。欧阳修在《谢判官幽谷种花》诗中还写道：

> 浅深红白宜相间，先后仍须次第栽。
> 我欲四时携酒去，莫教一日不花开。

他主张栽种四时花，花时和花色都要不同，这样，就可以一年四季享受赏花之乐了。

欧阳修的美学思想对后世文人深有影响。至于在文人、民间爱花成风的苏州，特别是在花木繁茂的苏州园林，重视四时赏花、朝暮赏景，更是必然的了。这从园林的题额、对联中就反映了出来。

怡园有题额为“四时潇洒”之亭，意思可理解为不只是在一个季节，而且是在春夏秋冬，游园赏景也无不自在潇洒。再看下列对联：

小径四时花，随分逍遥，真闲却香车风马；一池千古月，称情欢笑，好商量酒政茶经。（拙政园十八曼陀罗花馆旧联）

春秋多佳日；山水有清音。（拙政园嘉实亭联）

曲径每过三益友；小庭长对四时花。（留园石林小院联）

水转桐溪约秋禊；路寻花步赋春游。（留园“活泼泼地”联）

小庭曲径，名茶美酒，风花雪月，山水泉石……宜四时长对常赏，随分逍遥，这样，真可谓“花里神仙”了。至于春秋两季，则佳日更多，清兴更浓，更宜相约而游……

再从苏州园林中的景点和花木配置来看，也极能体现出“小径四时花”的特色。姑以网师园的中部为例。

春天，一丛丛迎春花率先开放，翠条黄花，“金梅”点点，散布池畔，倒垂崖隙，迎接着春之来临。而池南的二乔玉兰，一树银花泛红晕，素质摇光，以其清香含羞报春。再如东墙上作为垂直绿化的爬墙木香，高高地倒挂着，犹如“一编香丝云撒地”，至春夏之交，其绿云间满缀白花，宛同香雪，幽香则清扬远播……

入夏，池东巧妙地以黄石叠岩为架的紫藤，其盘曲嶙峋、夭矫拿空的枝干上，紫英累累，满眼珠光宝气，令人感到自然的繁华和生命的充实。而十几片睡莲，平静地躺在深碧似镜的池面上，一个个圆圆的绿，浅浅的绿，其上缀以红红的花，迎着朝阳尽情开放……

夏秋季节，看松读画轩东隅的凌霄花，攀缘着拔地直上的石笋，把金黄色的花送至隔院，葱倩如画，真正堪称“凌霄峰”……

秋天，小山丛桂轩一带又丛桂溢香，馥郁清远，人们不仅品赏其色与香，而且联想其味，获得沁人心脾的美感，而山间轩旁的枫、槭，作为观叶类花木，又开始由绿变红……

冬天，万花纷谢，池北看松读画轩前的苍松翠柏，高大凌空，老而弥健，依然不改青葱之色，令人想起孔子的名言：“岁寒然后知松柏之后凋也。”而竹外一枝轩前后，则又是另一个岁寒三友——松竹梅的微型王国，竹韵萧萧，幽香暗度……

网师园水池四周，四季有花可赏，时时有景可观。计成在《园冶·园说》中写道：“轩楹高爽，窗户虚邻，纳千顷之汪洋，收四时之烂漫。”不谋而合，此话恰恰可以用来为这里的四时之美写照。

再如拙政园，在春天，玉兰堂庭院里的玉兰，繁花点缀在疏枝上，如羊脂白玉雕刻而成，它们亭亭玉立，素容生辉；海棠春坞庭院里的海棠，在娇瘦的树梢上，红艳点点枝头，婀娜娇媚，色韵俱佳，给这里带来了融融春光；在绣绮亭附近，硕大的牡丹花有红的，有白的，有粉红的，真是“浅深红白宜相间”，它们在绿叶的扶持下，容光焕发，分外鲜艳，不愧“国色天香”的美誉、“花中之王”的称号。夏天，拙政园的几处荷池里，红裳翠盖，娇艳欲滴，色夺歌人脸，香乱舞衣风。园内赏荷景点颇多，除远香堂外，还有画舫“香洲”、“荷风四面”亭、芙蓉榭、留听阁……就说“荷风四面”亭吧，这里，清气扑鼻，幽香袭人，柳浪接双桥，荷风来四面，真可说是“四壁荷花三面柳”了。在此可令人心醉，怪不得在此成功地举办了一次次盛大的荷花节。在秋天，北面山上有待霜亭，旁有橘、枫若干，须待霜重而色愈浓，美愈甚。寒冬来临，这里雪香云蔚亭又可踏雪赏梅……在拙政园，一年四季，时空交感，人们会想起董仲舒《春秋繁露》中的一句话：“天地之行，美也。”

在网师、拙政诸园，天地之行不但以不同的色、香、形、姿诉诸人的视觉、嗅觉，而且还以不同的“声”诉诸人的听觉，如张潮《幽梦影》所说：“春听鸟声，夏听蝉声，秋听虫声，冬听雪声……”

苏州有些园林，有些景点，还特别侧重于某一季节，这从题构上可反映出来。如曲园有春在堂、认春轩，吴中区东山启园有融春堂，等等；环秀山庄有补秋舫、“半潭秋水一房山”，鹤园有听秋山馆，常熟燕园有贮秋簃，等等。有些景区还特别适合于某一季节欣赏，如天平山高义园前与怪石、清泉并称三绝的红枫，留园西部土山上的枫林，必须在秋天才能领略其“霜叶红于二月花”的美；虎丘的冷香阁，有梅数百株，每到初春，清香四溢，来此欣赏，也要掌握季节；狮子林的问梅阁、暗香疏影楼，怡园的南雪亭，沧浪亭的“瑶华境界”……梅虽不多，但也应把握最佳时间。吴江退思园的厅曰“天香秋满”，这只有在桂子飘香时节，才能真正感受到那盈室绕阶的馥郁芬芳……

本书把春夏秋冬在花木等景观上所显现的美，称为“季相”之美；把昼夜晨昏、阴晴雨雪与景物复杂交叉、相互生成之美，统称为“时景”之美。对于后者，下文也适当举例，予以品说。

在晴日，昼夜的时景之美，常常要联系日光月华来品赏。不过，朝阳红日和明月素辉相比，文人们似乎对后者更是情有所钟。

以苏州郊远园林的某些题构为例，可见它们常爱在其中嵌一个“月”字：吴江退思园有坐春望月楼，这是融季相、时景二者于一体；常熟虚廓园有邀月轩，令人想起李白的名句：“举杯邀明月，对影成三人”，而院内有古木香樟，假山“妙有”，也宜相邀明月、交友成三；吴中区光福东崦草堂有月满廊，令人想起苏轼“香雾空蒙月转廊”（《海棠》）诗意，惜乎此景尚未修葺，恢复原观；灵岩山馆娃宫遗址则有西施玩月池，环境清幽，可见那时的人们就已注意赏月、玩月了，当然他们还不是文人；虎丘后山，绿树簇拥间，有揽月亭，建在一潭碧水之上，发人遐思；石湖渔庄则有先月楼、得月轩，惜乎已被“雨打风吹去”……

在主城区园林，怡园有锄月轩，“自锄明月种梅花”，是富于诗意的双题，而附近的旧时月色轩，更令人想起姜白石的词意；网师园也有“锁云”“鉏（锄）月”之额，而作为双题的月到风来亭，更是著名的景点；耦园则有受月池、望月亭……

值得高度评价的是明代的文人园林艺圃，它却与众不同，是日、月并重，而且构思妙绝。其中有旸谷书堂，旸谷为古代传说中的日出之处。《书·尧典》：“分命羲仲，宅嵎夷，曰旸谷。”正像武人应闻鸡起舞一样，文人则应迎日攻读。假山上，则有朝爽亭，朝阳初升，爽气清佳，包括人在内的一切生命活动都蓬勃地开始了……亭内有两联：

山黛层峦登朝爽；水流泻月品荷香。

漫步沐朝阳，满园春光堪入画；登临迎爽气，一池秋水总宜诗。

联语足以表征这里清晨、夜晚、春光、秋色之美，足以表达不同季相、时景中园林生活的舒心惬意，而其中突出的是朝爽之美。园内还有凌架于方广弥漫水池之上的阔大水阁——延光阁。这一主体建筑的题名，提醒人们品赏往往不被注意的现象美：阳光照射在阁南广阔的粼粼水面上，经反射而穿窗入阁，变灭不定地嬉戏在室内顶部的梁椽、望砖之间，成为室内十分活跃而又讨人喜爱的角色，它正是主人遥远地从旸谷延请来的嘉宾……这一景象，又令人想起苏州畅园廊南的小亭——“延辉成趣”，真是其趣无穷！

艺圃不仅别出心裁地迎朝爽，延日晖，享受阳光之美，而且还特善于品赏月色之美。这里，以前曾建有斜月廊、游月楼，而今，则更是妙有“响月廊”。这一题名，比《金瓶梅》内相花园中的“听月楼”更妙，也胜于七襄公所时的“听幽室”之名，而可以和狮子林门额“听香”比美。月而曰“响”，诉诸听觉，这种作为通感的审美感觉、艺术联想，是建立在月亮的光波和音响的声波都是一种“波”，月光的明亮和声音的响亮都是一种“亮”的基础之上的。这种视觉通向听觉，是一种朦胧的波动意象，是一种心移神随的诗意感觉，它能使诗人在月夜甚至白昼所观赏的景色，都似乎蒙上了一层薄雾般的羽纱，弥漫着一种朦胧的美……

对此谓予不信，试看艺圃廊、亭、堂、轩诸联之咏写——

响月廊有联语曰：“踏月寻诗临碧沼。”诗意仿佛朦胧在曲径里，池沼上……

博雅堂有联语曰：“满院春光，盈亭皓月……”诗韵仿佛响起在深院内，小亭中……

乳鱼亭有联语曰：“池中香暗度，亭外风徐来。”诗境仿佛弥漫为

“暗香浮动月黄昏”之句……

朝爽亭有联语曰：“水流泻月品荷香。”诗情仿佛流泻为《荷塘月色》之篇，它令人联想起朱自清先生的妙喻：“塘中的月色并不均匀；但光与影有着和谐的旋律，如梵婀玲上奏着的名曲……”

更精彩的是，思嗜轩曾有联云：

朦胧池畔讶堆雪；
淡泊风前有异香。

映入诗人眼帘的是池畔的“雪”。但它究竟是严冬的瑞雪，还是寒梅的香雪？不知道。它是那样地虚无缥缈，而且又是惊讶地陡然发现的。再说吹进诗人鼻管的，是风前之“香”。但它究竟是浮动的暗香，还是池水的幽香？不知道。它是那样淡淡的，似有若无，又不知从何方微微吹来。这一切的朦胧，究竟是薄薄的霜，还是淡淡的烟？是蒙蒙的雾，还是昏昏的夜？抑或是难以捕捉的银色之梦……真是“幽渺以为理，想像以为事，惝恍以为情”（叶燮《原诗》）了。艺圃池畔，还有渡香桥，也同样地那么朦胧……艺圃的情氛与影调，是朦胧的，诗意的。全园的诗眼，正在这响月廊的一个“响”字上。

艺圃日光、月辉并重，孕育出了浓浓的诗情画意。

苏州郊远园林以“日”为题的，如灵岩山馆娃宫遗址，有日池、月池，双双并举，就像北京有日坛、月坛一样。常熟破山寺有日照亭，取意于常建《题破山寺后禅院》：“清晨入古寺，初日照高林。”旭日初照，山林破晓，这也是一种美。这里正好品赏虞山十八景之一的“破山清晓”……

留园恰杭轩外雾景

晴天有日、月，非晴天则有阴、雨、雾、雪……对于懂得游园的人来说，下雨，不是天公不作美，而是天公作美。苏轼游赏西湖，就写下了“水光潋滟晴方好，山色空蒙雨亦奇”的不朽名句，而嘉兴、承德，还都有烟雨楼……这里，只讲聆听雨声。

古人喜爱听雨。唐代李商隐的“留得枯荷听雨声”的名句，早已众口相传，拙政园还有留听阁。明人陈继儒《小窗幽记》，也集有“空山听雨，是人生如意事”之语，书中又把“芭蕉雨声”等列为“声之韵者”，并评为“天地之清籁”……拙政园的听雨轩，轩外庭院恰恰植有芭蕉翠竹，荫翳如盖，其清池的黄石假山叠岸，参差磊块，凹凸自如，院内氤氲着一派水阴绿气，每当雨声疏滴，蕉叶竹叶皆响，大珠小珠俱走，清脆圆润，使人如闻轻音乐《雨打芭蕉》，动人诗情，兴人乐感，真乃人生一大如意事！

雾也是组景的极好题材。南朝萧梁沈趍《赋得雾》诗写道：“窈郁蔽园林，依霏被轩牖。睇有始疑空，瞻空复如有。”人们如在留园明瑟楼下的“恰杭（航）”轩，而又适遇晨雾迷蒙，可借助于华轩上部的卐川挂落，下部半墙坐槛上的美人靠和两侧的柱子，构成图案优美的深色画框。这样，外景就呈现为一幅淡雅优美的画面。试看，对面山上耸立的可亭和花树，作为远景，它隐隐约约，朦朦胧胧，虽有而似疑无，虽无而复如有，其水中倒影借着水面反光，倒反不那么虚无缥缈；而作为中景的“小蓬莱”岛，以及曲桥栏杆、紫藤花架，则更美了，影影绰绰地蜿蜒于水面上，在游雾中似乎伸展不尽，原来蔓

留园明瑟楼一带的雪景

延的紫花、繁密的绿叶、棕色的栏杆、黄色的叠石……无不消溶在一派迷蒙之中，化作淡淡的浅灰色调。再看整个画面上，“乍若飞烟散，时如佳气新”（萧绎《咏雾》），它把一切都淡化了，也诗化了，空蒙，蒸腾，飘浮，升华……把空间距离也大大地推远了，于是，“小蓬莱”不甚可望而更不可即，好似梦境而复似仙境，这是朦胧美的极境！

雪，当它结束了一夜飘飘洒洒、纷纷扬扬的舞势之后，就由动态凝定为静态。这时，人们如来到留园踏雪寻美，那么，首先发现的，是岑参笔下的奇景：“忽如一夜春风来，千树万树梨花开”（《白雪歌送武判官归京》）。如再细细体会，慢慢寻觅，可感到这里空中鸟飞绝，曲径人踪灭，寒意料峭，情氛孤寂，一切都化为凝冻、静谧……然而，这正是一种美，一种非同寻常、难得相遇的美，一种柳宗元《江雪》诗中所描写的清峭冷寂之美。如果人们站在濠濮亭附近，观赏水池对面明瑟楼、绿荫轩一带，就可见对岸近处的平台、石栏，洁白一片，毫无纤尘。建筑物上的皑皑积雪，更令人悦目赏心：绿荫轩的屋面，是大大的，低低的；恰杭轩的屋面，是窄窄的，翘翘的；明瑟楼半边的歇山顶，是高高的，曲曲的……无不被白色随体诘诎，随物赋形。其后多面高墙的檐瓦，则似条条银带，而远处的马头墙——前后高低叠落为三级的屏风墙，也呈现出白色的层递节奏……于是，人们也许会得出一条游园赏雪的经验：建筑物的立面愈丰富，愈复杂，屋顶的形式愈多样，愈错综，雪景就愈美，愈耐看。试看画面上，屋面纵横相形，大小相杂，曲直相交，高低相叠……然而无不凸显出它们那粉妆玉琢的倩影。何况一切色相，均已改观，原来黑黑的屋顶，却被铺成了白；原来白白的墙壁，却被映成了灰；原来中性的室内空间，却变得那么黑，那么暗。画面的影调，是反常的，又是清丽的。再看远处的树木，仿佛与寒云冻结在一起；近处的树枝，则是天公裁冰剪霜，把它装点成琪花银树，与玉轩琼楼相映成趣，犹如广寒宫里的瑶华境界。而自己身边的峰石叠岸，也由于昨夜飞英委积而银装素裹，令人感到特别清亮，分外妖娆！

积雪，是美的，是组景的好题材。怪不得承德避暑山庄有康熙题三十六景之一的“南山积雪”；北京香山静宜园有燕京八景之一的“西山晴雪”；杭州有西湖十景之一的“断桥残雪”……在常熟，人们也爱在雪后去昭明太子读书台寻美，并把“书台积雪”列为虞山十八景之一。

晴雨雾雪，在园林里都能构成特殊的美，因而其备受人们青睐。留园有“佳晴喜雨快雪之亭”，它将晴、雨、雪三种时景因素组合在一起，几乎把四时天气都概括在内了，并与人们的审美感情交融为一，而且还联结着耐人寻味的典故。书圣王羲之曾有著名法书《快雪时晴帖》：“羲之顿首快雪时晴佳想安善……”真是字字千金，价值连城！苏轼有著名的散文《喜雨亭记》：“亭以雨名，志喜也。”庄稼、树木、休息、游乐，都离不开及时雨，“使吾与二三子得相与优游而乐于此亭者，皆雨之赐也。”留园集纳众美以名亭，其题构之妙，不但时时处处充溢着审美的喜悦，而且在于写天气而不黏附于天气，写心情而不滞着于心情，至于花木景物之美，则更于虚处取之，可谓“不着一字，尽得风流”（司空图《二十四诗品·含蓄》）。它可看作是苏州园林关于时景的审美经验的一个历史总结。

◎ 意境风格篇 ◎

意境，这是中国抒情写意类艺术的特构，以其特殊性与西方同类艺术明显地区别开来。在中国古典艺术中，无论是诗词，还是抒情写景散文；无论是音乐，还是某些戏曲、舞蹈；无论是山水画，还是某些花鸟画……其优秀之作总具有深远的意境。至于园林特别是苏州园林更如此，它以意境为灵魂，并以之与西方园林相区别。

至于风格，苏州园林不仅以其独特的风格个性与西方园林相区别，而且以之与北京、承德、岭南等地的园林相区别，从而以其联系着吴地文化的独特风格显现出近而不浮、远而不尽的意境。苏州园林的意境和风格往往是融合在一起、相辅相成的，因此，本篇拟将二者结合在一起来介绍、品说。

第四章　清静素朴

苏州园林，除了个别的妙相庄严的寺庙园林（如西园）之外，凡是文人私家园林，无论是在造园思想上，还是在意境风格上，更多的是受老庄哲学的浸润、濡染。这一历史性的影响，自古至今，是一线贯穿、一脉相承的。当然，它也受儒家哲学的浸染，但是，这远不及道家哲学的影响那么强烈，那么久远，那么广泛，那么深入……

翻开《老子》一书，其中不但有“致虚极，守静笃”“静为躁君”“清静为天下正”这类哲学命题，而且还有“见素抱朴，少私寡欲”这一历来被山林之士奉为圭臬的名言。以清静为怀，以素朴为美，这是一种超越功利、自然无为的哲学与美学。

《庄子》进一步发展了《老子》的思想；书中以悠然的笔调消解着淡淡的哀愁，这样写道：

> 夫虚静恬淡，寂寞无为者，万物之本也……朴素而天下莫能与之争美。（《天道》）
>
> 澹然无极，而众美从之。（《刻意》）

道家的这类哲学、美学，正是历代苏州园林的造园思想之本，艺术风格之魂。

苏州园林美的清静之境、素朴之风，有种种具体表现，举隅如下：

一、居尘出尘

“不为五斗米折腰”的晋末诗人陶渊明，在真风告逝、大伪斯兴的时代里，以切身体验直感到官场尘世的黑暗丑恶，于是反思“误落尘网中，一去三十年”（《归园田居》）的历程，决心返回自然，守拙归田，过着“户庭无尘杂”“虚室绝尘想”（《归园田居》）的高洁生活。“静念园林好，人间良可辞”（《庚子岁五月中从都还阻风于规林二首》）——这就是陶渊明总结了痛苦经历后所表现出来的美学倾向。他，终于成了中国历史上第一位真正意义上的“出尘”诗人。

尽管陶渊明的所谓“园林”，并非真正成熟的文人园林，但他却无疑是伏处田园山林的著名先行者。是他，大开了后世出尘之风，大长了后世园林之志。而且他的一言一行，既符合于儒家“用之则行，舍之则藏”“达则兼济天下，穷则独善其身”的伦理信条，又符合于道家“贤者伏处大山嵁岩之下”“山林与，皋壤与，使我欣欣然而乐与”（《庄子·知北游》）的避世情怀，故而为后世文人贤士所崇敬，所钦羡，所效法，所向往……

然而，后世不得志的文人园主又不愿像陶渊明那样真正隐居山林，躬耕自给，过分冷落清苦，因而大抵走上了“市隐”之路，也就是既不愿离开繁华的城市，又要远避险恶的“尘网”，于是，就历史地促成了一种新型园林的诞生。这种园林，就是既居尘，又出尘；既在市区，又像山林；既有充裕的生活资料供给，又可充分领受隐逸静趣的“第二自然”——城市山林。

这里，还应重点说明一下与苏州园林意境密切相关的主导风格问题。前文指出，老庄哲学中“见素抱朴”“澹然无极”乃至“虚静恬淡”“少私寡欲”云云，是历代苏州园林的造园思想之本，艺术风格之魂。苏州园林的风格、意境，是素朴，是清静……但人们或许会说，这与事实有所不符。例如：留园就有五峰仙馆楠木厅，显然以富丽豪华为美；网师园的门楼，极尽雕琢之能事；苏州诸园建筑的内外檐装修，也均精雕细饰……这又如何解释？

是的。留园以五峰仙馆为代表的建筑、装饰、陈设，丽则丽矣（本书亦拟予以品说），但其造园思想、主导风格、总体意境不在于此。留园所追求的至境亦即最高境界是什么？西部山林间的至乐亭作了回答，就是“至乐”二字。至者，极也。至乐，就出于庄子学派，《庄子》书中不但有《至乐》篇，而且在《田子方》篇中借孔丘见老聃的寓言来阐明天地间的“至乐”：

> 孔子曰：“请问游是。”
>
> 老聃曰：“夫得是，至美至乐也。得至美而游乎至乐，谓之至人。”

留园至乐亭所追求的，就是这种“游乎至乐”的境界，联系留园西部来看，“缘溪行”所抵达的山林，是“至美”；游乎这山林的境界，是“至乐”——这，就是至乐亭的“潜台词”。

再从庄子思想体系来看，这种“游乎至乐”，也就是《应帝王》篇中所说的“游心于淡，合气于漠，顺物自然”。这正是一种“澹然无极”的至美、“虚静恬淡”的至乐，于是，“澹然无极而众美从之”，联系园林来看，“众美”中就可能包括华赡之美、雕饰之丽、富贵福寿吉祥之愿……但是，在庄子学派看来，素朴是最主要的，是“至美”，也就是说，“天下莫能与之争美”。进一步联系留园来看，五峰仙馆的富丽堂皇，不正被包围在山林野趣的至美之中？不正被包围在“游心于淡”的至乐之中？不正被包围在粉墙黛瓦的素朴之中？

欧阳修曾说，“举天下之至美与乐，有不得而兼焉者”（《有美堂记》），例如，“放心（即游心）于物外，娱意于繁华”，二者各有所适，不得而兼。他还提出了两种最主要的“乐”：“穷天下之物无不得其欲者，富贵者之乐也。至于荫长松，藉丰草，听山溜之潺湲，饮石泉之滴沥，此山林者之乐也”，二者也“不可兼”（《浮槎山水记》）。这如果联系“居尘”“出尘”的概念来看，富贵者之乐可包孕在居尘之乐之内；山林者之乐，则无疑是出尘之乐。而城市山林则能在不同程度上解决这二者不可兼得的矛盾，因为它是在繁华城市包围中的山林，而清静素朴的山林的“众美”之中，又未尝不可能渗进五峰仙馆那种几乎“穷天下之物”的繁华甚至富贵，但山林的清静素朴是园林的主导风格、总体意境。

至于网师园的门楼、拙政园留听阁和耦园还砚斋的内外檐装修那种精雕细琢，这类微观成分也无不被包容在清静素朴、有若自然天成的山林之中，而且也契合于道家哲学的“大巧若拙”“刻镂众形而不为巧”，特别是“既雕既琢，复归于朴”之义。值得注意的是，苏州园林华美的雕饰，大抵位于不显眼之处，或不易被人们发现或细赏之处。例如，“选鹅子铺成蜀锦”（计成《园冶·铺地》）的花街，是在遍蒙尘埃的地面之上，人们很少低头细赏；砖细门楼的精工细雕，其位置既颇高，形象又甚微，人们仰首细观，仍目力难及，不太清楚；落地长窗或槅扇的精美雕饰，又一般在下部的裙板、中夹堂板、下夹堂板上，人们又不易发现……这也许是以建筑装饰体现道家哲学“雕琢返朴”原则的成功尝试。

关于如何实现山林之乐，欧阳修《答李大临学士书》还写道：

> 足下知道之明者，固能达于进退穷通之理，能达于此而无累于心，然后山林泉石可以乐。必与贤者共，然后登临之际有以乐也。

这与苏舜钦《沧浪亭记》“观听无邪则道以明”是相通的。只有明乎进退穷通之理，山林泉石才“可以乐”“有以乐”。留园中部有“可亭”，若联系西部“至乐亭”来品味，似应理解为“可以乐”之亭。贤者明道达理，无累于心，然后山林可乐，登临有乐，这就是可亭的“潜台词”。

再说明道而“达于进退穷通之理”，这对于苏州园林发展史影响也极大，它可说是决定造园思想的一条主线。

从历史上看，苏州一些具有代表性的园林，其园主大多数是被贬谪的官吏，不得志的文人……他们以其切身的体会、深刻的感受，明乎内外得失之原，达乎进退穷通之理；他们要摆脱“尘网”，追求“真趣”，于是，居尘而出尘的城市山林，终于成为其必然的选择、理想的归宿。

宋代沧浪亭的主人苏舜钦，这位刚正而有才华的诗人，在出仕期间，一再以集贤校理、监进奏院上疏议论朝廷大事，敢道人之所不敢言，并积极参与政治革新，于庆历四年遭诬陷，削职为民。有人说，他犯了“风雅的贪污罪”。其实不然，应该说是犯了“莫须有”之罪。于是，他愤然离开了溺人至深的荣辱之场，终于找到了居尘而出尘的“自胜之道”，建构了苏州现存最早的城市山林型的园林——沧浪亭。

明代，拙政园主人王献臣，原为嘉靖间御史，为官正直不阿，敢于弹劾失职官吏，因而遭诬受贬，解官家处，取潘岳《闲居赋》“拙者之为政”之意命园，筑室种树，逍遥自得，享闲居之乐……

拙政园东部原名“归田园居”，园主为明代刑部侍郎王心一，因弹劾东厂而遭谪，怀着矛盾的心情，终于效陶渊明的“守拙归田园”，在所建园内“聊以自适其丘山之性”（《归田园居记》）。

至于留园主人明万历间太仆寺少卿徐泰时，则是遭弹劾而罢官归里的。他“一切不问户外事，益治园圃”，可见其失意心情。

艺圃以前曾名为药圃，园主为文徵明曾孙文震孟，他也以刚正直谏、不媚权阉闻于时，故而任职不久即被罢归；后为姜埰所有，姜也因直谏被遣戍，来苏后改药圃为敬亭山房，其子则又改为艺圃……

清代，耦园主人沈秉成、曲园主人俞樾等，也各因故而辞官或罢官……

历史地看，苏州园林，主要是在忧患意识、隐逸意识的交孕中不断诞生的，或者说，是在辛酸、苦涩、浮沉、优游、乐逸的深层撞击以及社会与自然、喧嚣与冷静等等的矛盾纠葛中逐渐诞生的，因而突出地具有居尘而出尘的美学特色。这一特色，见于历代咏园诗，例如：

一径抱幽山，居然城市间……迹与豺狼远，心随鱼鸟闲。（宋·苏舜钦《沧浪亭》）

人道我居城市里，我疑身在万山中。（元·维则《狮子林即景》）

绝怜人境无车马，信有山林在市城。（明·文徵明《拙政园图咏·若墅堂》）

隔断城西市语哗，幽栖绝似野人家。（清·汪琬《再题姜氏艺圃》）

居士高踪何处寻，居然城市有山林。（清·王赓言《游狮子林》）

山林鱼鸟的清静境界，居然能建立在车马繁杂、人语喧哗的城市之中！诗人们异口同声地用“居然”一词，表达了他们对于居尘而出尘的园林艺术的惊赞。

居尘而出尘，城市有山林，这就从大体上决定了苏州园林独特的意境、风格，这就是清静而不冷落，恬淡而不贫乏，素雅而不单调，淳朴而不枯索，是含充实、华美、丰富、精深于其中，这样，似乎可说是“天下莫能与之争美”了，或者如陈从周先生所称誉的：“江南园林甲天下，苏州园林甲江南”（《苏州园林概述》）。

当然，要居尘而又出尘，在城市里营建山林，使这一美的理想变为美的现实，还离不开一系列艺术构思和手法。关于这些，容后逐步加以介绍、品说。

二、入口妙处

人们游园，由于有一种迫切的意欲，往往希望一下子进入园内胜境最佳处，因而往往忽视了入口处，认为没有什么可品可赏。这样，入口之妙一下子就失之交臂。

这是由于：一、不懂得“渐入佳境”，不懂得领受其妙趣；二、不懂得“入口妙处”，即不懂得入口处有其奥妙或妙用，不懂得入口的巧妙处理手法也值得品赏。

这里先介绍东晋大画家顾恺之的故事。《晋书·顾恺之传》说：“恺之每食甘蔗，恒自尾至本，人或怪之。云：‘渐入佳境’。”吃甘蔗由尾及根，就会越品越甜；游园渐入佳境，景色就会越来越佳，兴味就会越来越浓，岂不美哉！

另外，还可以这样说，入口的巧妙处理，包括园门开设在曲折隐蔽的小巷深处，是居尘而出尘的苏州园林的特点之一，这也值得详加品说。

早在20世纪20年代，著名作家郁达夫先生在驻足苏州之际，曾和友人一起去游遂园（即慕家花园）。他在《苏州烟雨记》中，就这样写下了对苏州园林入口特色和妙处的观感：

> 从很狭很小的一个坍败的门口，曲曲折折走尽了几条小弄，我们才到了遂园的中心。苏州的建筑，以我这半日的经验讲来，进门的地方，都是狭窄芜废，走过几条曲巷，才有轩敞华丽的屋宇。我不知这一种方式，还是法国大革命前的民家一样，为避税

而想出来的呢？还是为唤醒观者的观听起见，用修辞学上的欲扬先抑的笔法，使能得着一个对称的效力而想出来的？

郁达夫先生的感觉是准确的。苏州园林的门往往是比较狭小的，进门前或进门后还往往要经过曲巷狭弄……这是为什么？说是为了避税云云，这是故作曲笔；说是欲扬先抑的方法，却可说是一针见血。但是，这样处理的妙用，却远不止此。概括起来，有如下几种：

（一）隔绝阛阓喧嚣，远避都市繁华

如本书前言所说，苏州园林大抵处于繁华都市、富庶红尘。这种都市红尘，可称为“第一天堂”；其中静谧幽美、迥异红尘、宛如洞天仙界的山林，则可称为“第二天堂”。而“第二天堂”又要建立在“第一天堂”之中，或者说，出尘又要居尘，这就首先要在四周用高墙围起来，与外界隔绝。然而，门又非开不可，于是，园内清幽和园外喧闹又可能通过园门双向交流，而入口处的曲巷狭弄，恰恰能以其空间距离使二者远远地间隔，或渐渐地过渡，使这两种“天堂”之间似乎不可调和的矛盾得到适当的调和。有了这个间隔和过渡的空间，喧嚣繁杂的尘氛就难以流进为高墙深院所封闭的园林之内；而且这还符合于现代科学的道理：为了保护园内环境，应尽量远避噪声、烟尘之类对人的不利影响，尽量不让它们进入园内……对此，计成《园冶》总结了古代造园经验，已有较为深刻的认识：

探奇近郭，远来往之通衢。（《相地》）

市井不可园也；如园之，必向幽偏可筑。邻虽近俗，门掩无

哗。开径逶迤……足征市隐，犹胜巢居，能为闹处寻幽……(《相地·城市地》)

这样，也就能做到喧中取静，闹处寻幽；也就能使清幽静美的境界深藏于园内，不让其外泄或外露。就以狮子林来说，人们进入照壁大院折入大门后，在门厅之侧还小有曲折，而不是让人一下子进入“假山王国”的。

（二）回避险恶政治，拒绝权贵舆从

曲曲的巷、狭狭的弄，在政治方面还有远离官场、退避三舍的妙用。从历史上看，陶渊明的“结庐在人境，而无车马喧”（《饮酒》其五），除了远避喧阗的红尘、回归清幽的自然之外，还含蕴着如下意思，即远离权贵的车马，不与之同流合污，以保持自己淡泊高洁、自由独立的人格。苏州园林的某些主人，其造园于人境，也含有此意。例如网师园，其大门就隐藏于曲折的小巷深处，梁章钜《浪迹续谈》指出：“园中结构极佳，而门外途径极窄……盖其筑园之初心，即借此以避大官之舆从也。”这样，也更切合于“网师”——渔隐之义。又如拙政园东部的“归田园居”，当时也是“门临委巷，不容旋马，编竹为扉，质任自然”（王心一《归田园居记》）。这样处理，如若普通民家一样，而且用郁达夫先生的话来形容，也是“进门的地方，都是狭窄芜废”了。再就今天来看，苏州的艺圃、耦园、五峰园、残粒园、柴园、半园、听枫园、曲园、畅园、鹤园等等，都僻处于曲巷小弄，也如郁达夫先生所说，“在苏州……有许多人还不晓得它的存在”呢！而究其筑园之初心，或是为了隔绝阛阓喧嚣，远离都

市繁华；或是为了回避险恶政治，拒绝权贵舆从；或为了致虚守静，二者兼而有之……这在苏州，几乎凝定为一种造园模式，积淀为一种历史传统。

（三）收敛视域，约束眼量，进入景区后倍增豁然开朗、眼目一新之感

关于这一点，首先也可以用陶渊明著名的《桃花源记》来印证。武陵渔人在偶然发现桃源入口后，文章描述渔人进入洞中及其观感道：

> 林尽水源，便得一山。山有小口，仿佛若有光。便舍船，从口入。初极狭，才通人。复行数十步，豁然开朗。土地平旷，屋舍俨然，有良田美池桑竹之属。阡陌交通，鸡犬相闻……

这段名文，对于造园也颇有启发。试想，“才通人”的“狭”，远不止“数十步”的“长”，“仿佛若有光”的“暗”……是多么重要！除了隔绝红尘外，渔人的视觉心理如果没有经过如许狭长幽暗的山洞空间的约束，能对比地产生那么强烈的开朗感、清新感和异境感吗？这正是入口处狭长空间向豁然开朗的旷阔空间转换的妙用。

留园地处阊门外闹市区，车水马龙，人声鼎沸。但是，园林不但藏于宅后深处，而且从沿街的前厅到宅后的园林，其间还妙在有一条窄长而曲折、两侧往往是高墙所界的过道夹弄。细心的游人会发现：进了大门内较为宽敞的前厅，必须从厅右转入曲而狭长的空间，然后左折右拐，经小天井而再曲折，来到面向大天井的敞厅，再折入窄弄

乃至“古木交柯”小庭后的通道。这一系列过渡空间的组合变化，大小不一，宽狭不一，明暗不一，走向不一，是用了寓丰富于单调的手法，其中基本上没有什么悦目动人的景观，主要的只是让人在狭长的空间中不断行进，而又不感到太单调乏味。

这一“初极狭”的曲折空间，是符合于造园的入口要求的：“凡入门处必小委曲，忌太直。”（文震亨《长物志》）它的妙处不是让人放开眼量，而是收束眼量，经过这样一段时间的约束，人们的视觉对此已有所适应，然后再让景观空间扩大，就必然会感到“豁然开朗”，眼目清新，正像人们的视觉适应了黑暗，突然见了亮光，就会感到眼明目亮、大放光明一样。

再如拙政园，原来由中部腰门进入，而原大门和腰门之间，也有一条曲折而狭长的夹弄，两面也有高墙界着，其妙用之一也是让人们收敛视域，约束眼量。柳宗元《答韦中立论师道书》说：“抑之欲其奥，扬之欲其明。”造园也如同作文，先抑之以奥，再扬之以明，就能更好地突出尔后所呈现的境界的清新幽美，豁然开朗。留园、拙政园入口处的欲扬先抑的手法，是成功的。

至于某些小园，可能由于其本身面积不大，只能选址和开门于小巷深处，借门外的曲巷以为过道夹弄，这或许也可称之为“园林巧于因借”（计成《园冶·兴造论》）吧。

（四）收敛神志，洗涤尘襟，为品赏园境准备必要的审美条件

审美离不开心理的净化。游园如带有尘心俗念，就不可能“出尘”，就没有真正意义上的审美，何况苏州园林总力求辟为远离红尘、官场的净土。

所以，入园必须涤尘，必须净化。苏州畅园的船厅，名为“涤我尘襟”，就点出了净化的主题。苏州园林门前的曲巷狭弄，特别是入口处的过道夹弄，对于人们来说，就突出地具有洗涤尘襟的净化功能。经过净化，人们就初步具备了与清静幽美的园境相适应的心理条件，从而在渐入佳境的同时，不断地获得越来越多、越来越高雅的美感。和桃花源的入口有异曲同工之妙，留园和原拙政园入口处的过道夹弄，也能使人收敛心神，排除杂念，使尘氛俗念在狭长的过道中不断地被过滤、消除、遗忘，从而不带或少带到园林美的境界里去。

最后，还应补充介绍的是，苏州的耦园，僻处于城曲一隅（园中还有“城曲草堂”），要找到园门，必先要“曲曲折折走尽了几条小弄”。至于今日之园门，还有其他“入口妙处”。其不高的白粉墙上，辟有一个月洞门，门上有“耦园”二字砖额。园门两侧，在美石的围护之中，西面为一丛南天竹，花发朱明，四季常绿，矮小可爱，宛若盆景；东面为一株小小的迎客松，低偃欹斜，掩映着洞门和门额，倾向着游人，既似迎迓，又似欲为人们拂尘。松后墙隅，有修竹数竿，清风静响，萧萧有韵。松竹映于粉墙之上，一片青翠影离离，十分可人。这样，人虽未入园，而心已被洗净。

耦园入口处的一松二竹，还契合于《诗经·小雅·斯干》开头的一段美言颂辞。这一咏歌周代建筑的著名诗篇写道：

> 秩秩斯干，幽幽南山。
> 如竹苞矣，如松茂矣。
> 兄及弟矣，式相好矣，无相犹矣。

优美的环境，衷心的祝愿，与耦园入口处的景象、情氛多么契合！人们入园时心田里有了这些美好的诗句，更会如同滴入了清凉的甘露！入口处的这类布置，虽不是曲巷狭弄，但胜似曲巷狭弄，它令人别有美味在心头！

怡园与耦园不同，地处闹市，车水马龙，门外又无曲巷狭弄可因借；园内又无足够的空间可在入口处安排曲巷狭弄，于是只得另想别法。它精心设计了一个典雅洁净的入口庭院，其间铺地精秀绝伦，如锦似绣，而其齐整匀美的图案，又突出了入口的“对景”——那不齐整的湖石花坛的自由式造型。再细赏“对景”，可见坛石参差，峰石呼应，竹树摇曳，花枝招展……在大片粉墙衬托下，呈现为令人赏心悦目的立体画面，表现出脱俗求美的造园思想。这一入口空间，与马路上的闹市景观适成对比，它令人尘襟顿涤，烦嚣尽除，孕育起入园探幽的山林之想。

然而还值得注意的是，在花树湖石相与掩映的粉墙上，有篆书砖刻“怡园”二字。砖刻将园名标于此处，有其画龙点睛作用，一是明确地指出这里是园林的入口处；二是别具匠心地点明了居园出尘或游园探胜最佳的心理定势——怡。

怡，是一种有益身心颐养的良性情绪。怡，又有种种，而在繁华的红尘闹市，清静的山林之怡更为可贵，它是天人之际的谐和所孕育出来的生命的欣悦。

熟悉中国文化史的人，可能会由“怡园”之“怡”，联想起陶弘景的故事。南朝的“山中宰相”陶弘景，梁武帝屡征不出。齐高帝曾诏问“山中何所有”，其答语也只有“岭上白云”一句，后即作《诏问山中何所有赋诗以答》：

怡园入口的山林之怡

山中何所有？岭上多白云。
只可自怡悦，不堪持赠君。

这首著名的小诗，最早明确地提出了山林之怡。它对中国造园史影响颇大，在中国，有几许以“怡”字命名的“城市山林”！

熟悉外国文化史的人，则可能联想起英国哲人培根在《论造园》中所说的：“全能的上帝率先培植了一个花园；的确，它是人类一切乐事中最纯洁的，它能怡悦人的精神……”在最纯洁的乐事中追求怡悦，这与中国的造园思想不无相通之处。

在园林的入口处，先入为主地孕育了纯洁的山林之怡，这样才能更好地入内享受清静素朴、脱俗出尘的城市山林之乐。

在苏州，园园均有入口，各有巧妙不同。除留园、拙政园、耦园、怡园之外，除僻居小巷深处而各有千秋的许多小园之外，还有，如沧浪亭的入门之前，必先过沧浪水上之曲桥；虎丘的出城先见塔，入寺始登山……真是“八仙过海，各显神通”，值得深深品味。

三、黑白光影

在本书的第一章中曾对北京皇家园林和苏州园林的布局构图美做过比较，这里，则拟从二者色调风格之美的比较落笔。

在北京，人们无论是在颐和园彩画长廊中，还是在北海团城承光殿前；无论是在紫禁城御花园千秋亭旁，还是在紫禁城宁寿宫——乾隆花园里，总感到色彩焜丽斑斓，是那么强烈刺激，耀人眼目。宁寿宫花园萃赏楼下西室还有联曰：

金界楼台思训画；
碧城鸾鹤义山诗。

上下联以“金”“碧”二字领起，不妨看作是概括了北京皇家园林浓艳的色调风格，它就像唐代李思训那种金碧辉煌的山水画和李商隐那种文采绮丽的景物诗。确实，北京皇家园林建筑在蓝天白云下，绿树掩映中，红与黄相映，金与紫交辉，绚烂璀璨，富丽堂皇，其琉璃瓦还迎着阳光闪烁、跃动着强烈的异彩呢！

苏州园林的色调就大不相同。试看，黛瓦粉墙，黑白分明，是如此的素净淡雅，质朴无华！

这是为什么？

首先，红黄灿烂，金碧辉煌，这是九五之尊的色相，富贵权势的象征。苏州园林建筑不可能也没有必要那样地煊赫权贵、炫耀富有。苏州园林，如前所说，由于其主人大多是被贬的官吏、退隐的文人，因此，它不可能是“居庙堂之高”的皇权思想的象征，相反，倒是“处江湖之远”的老庄哲学的产物。《老子・九章》：“富贵而骄，自遗其咎；功遂身退，天之道也。”苏州园林的某些主人，在总结了自己“要路多险艰”的痛苦经验，看透了封建朝政的黑暗丑恶后，对《老子》之语也可能产生共鸣。于是，“处其实，不居其华”（《老子・三十八章》），在澄怀洗心、澡雪精神的同时，立意在园林里追求清静雅洁的色调，恬淡虚无的意境，尽量洗净红绿火气，扫除尘世浮华。而黛瓦粉墙，正是这种返璞归真哲学的某种标志。

其次，它又交织、根植于中国黑白文化的历史传统之中，因而它更富于深刻的文化底蕴。人们对此可能知之不多，故须一说。

从哲学文化来看，道家不贵五彩贵黑白。《老子・十二章》说：“五色令人目盲。”《庄子・天地》说：“五色乱目，使目不明。”过分强烈刺目的色彩追求，特别是对刻意的人为色彩的追求，确实会破坏清虚无为的境界，有损恬淡闲适的心目。相比之下，道家哲学对于黑白二色却情有独钟，所以《老子・二十八章》说：“知其白，守其黑。”

苏州园林不只是道家文化的产物，还是周易哲学的投影，黛瓦粉墙就透露了此中消息。“易有太极，是生两仪”（《周易・系辞上》），这一儒家学说，经过包括道教、理学在内的历代各家各派的孕育、延伸，积淀为意蕴深远的太极图。先哲们绝妙地用黑白两条鱼，来代表

“太极”这个“道”所衍化出的阴阳两仪。黑是阴，白是阳，二鱼首尾相抱，互补相生，二归为一，一分为二，在最大的“合”中达到最大的“分”。二鱼又是黑中有白，白中有黑，在最大的“动”中达到最大的“静”。苏州园林所追求的，恰恰也是黑白构成的高墙深院环抱之中的“无欲而静”。

文人的园林生活，离不开琴、棋、书、画，而七弦琴的琴身，就显现为黑体、白徽组成的优美造型；至于围棋，以其黑与白、方与圆与《周易》息息相通。宋代的《棋经》就说：“枯棋三百六十，白黑相半，以法阴阳。”从易学的观点来看，圆和白是阳，方和黑是阴，阴阳相推而生变化，于是，就有了黑白相互生发不尽的棋文化。围棋的黑白天地，与园林的黑白文化也有着种种特定的联系。

再从绘画文化来看，中国的水墨画，是黑白交渗的艺术天地。中国绘画品类中，地位最高的就是水墨山水。传为王维的《山水诀》就说：“夫画道之中，水墨最为上。”唐代张彦远的《历代名画记》甚至说：“意在五色，则物象乖矣。”所以尔后有“浓色不及淡色雅，淡色不及墨色高”的文人画说。于是，工笔重彩、金碧楼台、青绿山水乃至浅绛山水，都不同程度地让位于水墨，而渗化于灰色之中的“米氏云山”或“米点山水”，倒颇受人们赞赏，这是中国特有的文化现象。

绘画是园林的范本，园林是立体的绘画，而且，园林还是文人画家们理想的艺术题材和作画场所。苏州园林与文人画的相互影响，是众所周知的艺术亲缘史实，而如倪云林与狮子林、文徵明与拙政园的关系，就是其典型的体现。由黑、白、灰晕染或勾勒创作出来的文人山水画以及墨竹、墨梅等，对苏州园林色调的影响是无可置疑的。

中国的书法，更是黑白反差的艺术世界。撷其精粹而言，著名的汉碑，这是黑包围了白；著名的晋帖，这是白包围了黑。正像太极图中的黑白二鱼分别是阴阳互涵一样，而苏州园林的艺术构成，也离不开黑白互涵的书法。

中国的建筑，特别是民居，更多的是黑与白的反差构成。人们如果徜徉于苏州小巷深处，到处都可感受到它那阴阳交织的调子——那屋顶，那墙面，织成既对比鲜明、又不刺眼的影调。当然，更多的是一排排的老房子，而时光的磨洗，使它们开始消失了固有的调性，黛瓦渐次淡化，粉墙渐次深化——共同走向灰色。然而，这正是黑与白的和谐融合，正像水墨画的微妙渗化那样，或者说，正像一阴一阳由最大的“分”走向最大的“合”那样……

吴地文化，不仅应包括吴门画派的水晕墨章、皴擦点垛、黑线白描，不仅应包括吴门书派笔下的黑白构成，而且还应包含苏州小巷、水巷黑白组合的柔和韵律。在这类书画建筑主导风格影响之下和包围之中的苏州园林，黑白钟灵秀，阴阳共协调，就是必然的了。反过来，苏州园林不仅成为吴地黑白文化的杰出代表，而且还成了中国黑白文化的杰出代表。也正因为如此，本书的插图，一律采用黑白照，以显示苏州园林的色调底蕴。

试看：苏州园林在高墙深院环绕之中的所有建筑，屋顶，是黑色的；墙壁，是白色的；广漆的门窗、柱栏、挂落，是栗壳色的，它们并不刺眼夺目；此外，还常衬以水磨砖所制的灰色门景、窗框、勒脚、砖刻，这种过渡色，与黑白二色更为谐和……

再从室内外的布置来看，所悬匾额对联，大多数不是白包围黑，就是黑包围白，并以这种十分醒目的反差艺术作为堂构、景观的画龙点睛之笔。再看廊间的碑刻，特别是书条石，也是黑色的，它们在大片白墙的包围中，也显得多么醒目！这是又一种黑白交替的节律，不同于颐和园彩画长廊的节律。试看，不论在留园，还是在怡园，其有序陈列的书条石，大抵是优秀的名家法书，其崇黑尚白的艺术创造，可借助于笪重光《书筏》的美学名言来鉴赏：

黑之量度为分，白之虚净为布。

匡廓之白，手布均齐；散乱之白，眼布匀称。

画能如金刀之割净，白始如玉尺之量齐。

黑圆而白方……黑有肥圆、细圆、曲折之圆；白有四方、长方、斜角之方。

再看厅堂馆斋，其中必定悬书挂画。绘画如是山水，更多的总是水墨，至多是融合了黑色的彩墨；如是花卉，更多的总是墨竹、墨兰、墨荷……更不用说书法的中堂、对联、屏条了。又如室内陈设，也不像皇家园林那流彩溢金，惊红骇绿，其中常见的是大理石挂屏、插屏，甚至连椅背、几面也常以大理石为饰，这显然也是以天然的、黑白互渗的水晕墨章为美。至于留园五峰仙馆的大理石大型圆屏，更是黑白渗漉、阴阳混蒙的天然水墨画稀世珍品！

在室外，山石、花木、建筑装修、各种各样的景色，都被包围、映衬于黑瓦白墙的块面之中，有着广阔无限、丰富多彩的艺术表现。

先说山石的艺术表现。

陈从周先生《说园（三）》指出：

江南园林叠山，每以粉墙衬托，益觉山石紧凑峥嵘，此粉墙

> 画本也。若墙不存，则如一丘乱石。故今日以大园叠山，未见佳构者正在此。

确乎如此，就苏州以峰石假山蜚声国内外的园林来看，其中无论是青灰色调的湖石假山，还是棕黄色调的黄石假山，一经黛瓦之下大片粉墙的映衬烘托，就特别能显示其色彩感、立体感、整体感和浑凝感。至于或大或小的湖石立峰乃至湖石花坛，在粉墙的映托之下，也特别能显示其形感、质感及美感。这些是需要一说的。

白色，也就是无色。对于它的妙用，笪重光在《画筌》中写有如下名言：

> 间色以免雷同，岂知一色中之变化；一色以分明晦，当知无色处之虚灵。

这一画论，也适用于园林，它揭示了苏州园林中假山色调处理的美学真谛。

从色调方面看，苏州园林假山的景观组合，有三点值得注意：一、假山本身的色调，总不免纯然单一，故常植以花木，使种种色彩与之相间，使之丰富；二、更讲究山体本身在光影中色的明晦变化，这就要求山体的透漏多皴，凹凸殊形，层棱起伏，折襞纵横；三、尤重视山石花树之后“无色处之虚灵”，这就是作为空白“底色”的粉墙的妙用。

例如，环秀山庄湖石假山的结构、手法虽属国内一流，但它也离不开“无色处之虚灵”——其周际的边楼、高墙的范围作用和映托功能。它既是画本，使山石峥嵘突现，显质具体，又是画框，使山石紧凑集中，富有向心凝聚之力。相反，如果撤去“画框”，取消了四围的黛瓦粉墙，山体就必然散漫无神，如一堆乱石，难以收拾。如进而再对假山作个体类型的品赏，那么，不论是主峰还是次峰，不论是涧洞还是磴道，山重水复，移步换影，只要黑白墙垣在其后横亘一片，或偶露一角，相形之下，黛瓦粉墙就会愈见其平直，而无色处平面直线的背景，又更会使山体显得突兀险峻，峥嵘多姿而富于气势。

狮子林小方厅前的“涉趣”庭院，特地筑有高高的黛瓦粉墙，这也是著名的九狮峰的背景，或者说，也是凸显以九狮峰为主的湖石群体的画框粉本。这个庭院里峰石组合之美，离不开粉墙的映托、界隔作用。德国的让·保尔在《美学入门》一书中说得好：“加了框的铜版画总比原来的地方更迷人。”此话同样适用于作为立体图画的苏州园林。狮子林重要景观之一的九狮峰，也由于加了黛瓦粉墙的“画框”而倍增其迷人的美，同时，也由于大片无色粉墙的背景而使作为主像的九狮峰显得分外突出、紧凑。相反，如果没有这一“背景”的隔离，其他众多无关的景物就可能充当其“背景”，从而喧宾夺主，扰乱欣赏者审美的视线。

狮子林燕誉堂的前庭院，是江南园林庭院“对景”的典范之作。在三面高墙的围合中，靠墙缀有一组园林小品——在自由叠石筑成的低矮花坛上，石笋一株挺拔，其西疏点数拳湖石，左右略植花草小树，犹如优美的大型盆景，它雅洁、玲珑、紧凑、精致，突出于大片白墙的背景前，而铺锦列绣的铺地，也显得分外典雅华美。这一景观，被识者奉为小品极则。而这也由于有大面积的“粉墙为纸”，才能以“花石为绘”，从而取得“虚实相生，无画处皆成妙境”（笪重光《画筌》）的美学效果。

次说花木的艺术表现。

园林里花木的色彩，无比丰富，异常醒目，但是，它也有赖于粉墙作为“画本”来加以映衬。叶圣陶先生《拙政诸园寄深眷——谈苏州园林》中说得好：由于墙是白色的，因而“花开时节，却更显得各种花明艳照眼”。事实正是如此，同样一片空无所有的白色粉墙，其前栽以不同品种的花树，在不同的花开时节，就能生发出不同的色彩造型效果。这种生发无穷的审美效果，如陈从周先生《续说园》所指出的，“园林中求色，不能以实求之”，“江南园林……粉墙低亚，得万千形象之变。白本非色，而色自生……色中求色，不如无色中求色。故园林当于无景处求景”。这是说得极其精辟的。对于无色粉墙的这种无穷妙用，若用道家哲学的语言来概括，那真可说是“无为而无不为”（《老子·三十七章》）了。

最后，着重综述花木、建筑等的黑白光影表现。

在苏州园林里，除了花木五光十色、明艳照眼的自然色彩而外，其素朴淡雅的艺术风格，还表现为很少有那种人为的“五色之乱目”，而更多地具有黑、白及其附属色——深灰、淡灰的主调。这样，在黛瓦粉墙的黑白包围之中、导向之下，人们的审美视线就更有可能投向光与影的丰富变幻，而这更是一种品位极高的审美欣赏。

说到光与影，这似乎是现代摄影艺术家们捕捉的对象，其实不然。

当人们回眸历史的过去，就不难发现，古往今来，黑白光影早就以其特殊的魅力，强烈地吸引着文人、画士们审美的目光和艺术的心灵。不妨对此作一简略扫描：在宋代，词人张先就爱欣赏园林中光与影的动态表现，由于他写过“云破月来花弄影”（《天仙子》）等咏影三名句，因而被人们戏誉为“张三影”。又如文坛巨子苏轼，在《记承天寺夜游》一文中，也把月光投射于庭院地上的竹柏之影，当作微微荡漾于积水空明之中交横摇曳的水草来欣赏，正因为如此，这篇短文不胫而走，脍炙人口。清代著名画家郑板桥，则爱在室内纸糊的窗棂上，品赏日光投影所形成的竹影零乱的“天然图画”。他那一幅幅墨竹精品，多得之于这类纸窗粉壁之上、日光月影之中。现代文学史上的散文名家朱自清，其名篇《荷塘月色》，就着重描写了月光照在荷叶上的影，或参差斑驳，或弯曲稀疏，“光与影有着和谐的旋律，如梵婀玲上奏着的名曲”……

在苏州园林里，在传统文化影响下，懂得审美的人们，不仅喜爱品赏那丰富多彩、层出不穷的景观，而且也喜爱品赏那光与影黑白协奏的和谐旋律。

园林中景物投射于墙上、地下的影子是美的。审美需要距离，影就改变了景物形象的实际距离，它撇除了景物的种种细节，只保留其大体轮廓，并把立体的景物“压”成平面，使之抽象、变形、浓化或淡化；另一方面，它又把景物的色彩全给泯却了。阴影是黑暗，亮处是光明；一欲隐蔽一切，一欲显示一切，于是，也开始导向有意味的黑与白。

黑与白，是矛盾的表现，是对比的两极，然而又是统一、和谐的归宿。园林里的万紫千红，没有比黑色更深更暗的，也没有比白色更淡更亮的。在日光月影中，黑与白是园林色彩系统中具有浓缩信息的两个元素，是色阶、影调的两极，它概括地表现着园林景象中的有与无、虚与实，这是一种高度洗练的色相之美。

例如，在艺圃，芹庐小院月洞门上，有一片特别高大的粉墙，而这正是效果极佳的受影面。在阳光下，横向一列展开的檐瓦——滴水瓦与花边瓦的系列交替，是黑色的。檐瓦之影，呈一条狭长的浅灰，它与白墙的交界之处，则作凹凸形的蜿蜒起伏，表现出素朴的装饰趣味。它既是上与下、黑与白的中性过渡，又是粉墙画本淡雅而优美的画框。至于大片粉墙上由日光筛下的树影，则密密的叶，疏疏的枝，交织成一幅自然天成的淡墨画，它还随着春夏秋冬而变换着不同的画面，是一种季节的序列造型。

又如在怡园拜石轩南庭院，当红日西斜，东面粉墙上就开始出现黑白构成的素雅画面。湖石立峰，竹柏杂树，都以国画的渲淡手法，显现着自己的身影，而且无不经过夸张、幻化，或被缩短，或被拉

怡园粉墙上的光影

长，或被相交，或被叠合……试看花坛上玲珑多姿的湖石立峰，影落墙上，几个大大的透漏的孔穴业已消失，而且和竹树相交相叠。再看墙上，直直的竹，弯弯的树，都由立体变为平面，特别是树叶丛密之影，其间还变灭着或大或小的光点，闪闪烁烁……这幅画面，还随着日光、云影、风力、风向的变化而变化，忽焉而淡，忽焉而浓，忽焉而静，忽焉而动，摇曳生姿，气韵生动！而人们这种品赏，真用得上“捕风捉影”的成语了。总之，这种画面的呈现，可说是元气淋漓、变动不居的“粉墙画本”“天然图画”，又可说是具体而又抽象的如梦般的“音画”，因为它还伴随着萧萧之韵，簌簌之声。这种“粉墙花影自重重”（高濂《玉簪记·琴挑》）的画面，也应看作是黑白文化在园林里的一种投影。

在拙政园，人们如在远香堂这个精美绝伦的四面厅里观赏，也能把室内种种光影的表现看个够。该厅堂的四周，都是一律的玻璃花格长窗，其疏广减文、虚中缀密的图案，可谓“构合时宜，式征清赏”（计成《园冶·装饰》），给人以清心悦目的美感。人们如在室内向室外逆光透视，东南西北，每一个方向，每一扇长窗，都是一幅幅光影美妙的图案画。更值得注意的是，当日光从室外射入，透过长窗，其窗格的图案花纹连同室内家具、陈设的投影，都被织为一体，于是，室内地面上、器物上，呈现出黑白错综的律动：长与短、粗与细、斜与正、疏与密……这是光影二重奏的室内乐。

总之，在苏州园林里，无论是拙政园芙蓉榭的落地罩，还是耦园廊间的系列漏窗；无论是网师园梯云室的落地长窗，还是怡园画舫斋的镂花和合窗……在日月斜晖的照射下，它们也都可能或此或彼地被投影于地面、墙上……于是，黑与白互映成文的图案、光与影间隔有序的节奏都出现了。这也都是建筑物及其精丽装修自身所作的变相的表白。这种寂寂无语的静谧之美，当然也是摄影艺术家们悉心捕捉的绝妙题材。叶圣陶先生《拙政诸园寄深眷——谈苏州园林》还这样写道：

> 苏州园林里的门和窗，图案设计和雕镂琢磨功夫都是工艺美术的上品。大致说来，那些门和窗尽量工细而决不庸俗，即使简朴而别具匠心。四扇，八扇，十二扇，综合起来看，谁都要赞叹这是高度的图案美。摄影家挺喜欢这些门和窗，他们斟酌着光和影，摄成称心满意的照片。

品赏苏州园林，还可以把室内和室外两种黑白光影景观串连起来，这样，更别具一番风味。试看，台阶前，曲栏后，花架下，清溪旁，树林里，山路上，那婆娑的花树、虬结的藤蔓、整齐的柱槛、优美的挂落……滤下了日月光华，于是，光斑点点，银丝缕缕，阴阳相杂，不可名状，如音阶的高低，如旋律的抑扬，如乐思的呈现，如调性的升降，如织体的流动，如八音的交响，这一黑与白的回旋曲，光与影的协奏曲，是无声之音、无形之相。于是，一些古诗名句也许会联翩浮现于人们脑际："月移花影上栏杆"；"疏影横斜水清浅"；"明月松间照，清泉石上流"……

苏州园林里光影的丰富变幻，是在黑与白的包围中和参与下生成的。黑白光影在苏州园林里，也可说是"素朴而天下莫能与之争美"了。

四、清静谐和

苏州园林的清静意境，是由清静无为的道家哲学所决定的，也是由居尘出尘的城市山林所决定的，因为不清不静就摆脱不了尘网俗氛的笼罩，就不可能“安于冲旷，不与众驱”（苏舜钦《沧浪亭记》），就不可能“逍遥自得，享闲居之乐”（文徵明《王氏拙政园记》），就不可能使“林栖之鸟，水宿之禽，朝吟夕弄，相与错杂乎室庐之旁”（汪琬《姜氏艺圃记》），就不可能“居虽近廛，而有云水相忘之乐”（钱大昕《网师园记》）……

苏州园林的清静意境，也是由素朴淡雅的色调所决定的。叶圣陶先生《拙政诸园寄深眷——谈苏州园林》中写道：

> 苏州园林与北京的园林不同，极少使用彩绘。梁和柱子以及门窗栏杆大多漆广漆，那是不刺眼的颜色。墙壁白色。有些室内墙壁下半截铺水磨方砖，淡灰色和白色对称……这些颜色与草木的绿色配合，引起人们安静闲适的感觉。

这一论述，已被色彩美学所证实。一般说来，从效果上看，金、红、橙、黄等被称为热闹、跃动的色彩，而黑、灰、白、绿等则被称为安宁、恬静的色彩，苏州园林倾向于后者；这样，就必然孕育出清静的意境。至于绿色，则是花木的主色调。园林，总被绿色主宰着、覆盖着，而花木构成的环境，可称之为绿色空间。从生理心理学或医学的观点来看，绿色空间可使人志气和平，情绪愉悦，身心闲静，所以，有些园林景点的题名，干脆将“绿”“静”二字并连而用，如北京圆明园淳化轩一区就有静绿亭，长春园有“平皋绿静”……当然，“绿静”特色并非苏州园林所独有，但是，黑白围合中的“绿静”，却是苏州园林的重要美学特色之一。

苏州园林还特爱直接用“清”字或“静”字来题额或题对，从而点出园林意境和景观的清静。姑举数例于下：

且不说沧浪亭的园名，取自《楚辞·渔父》的《沧浪之歌》：“沧浪之水清兮，可以濯吾缨……”就说其中景点，如清香馆，馆前植有丛桂，幽芳暗泛，清香四溢。于是，香清花清，景清馆清，人清心清。“清”，正是沧浪亭最重要的特色。此外，该园曾有静吟亭，今“观鱼处”仍悬有“静吟”之额，它们均撷自苏舜钦《沧浪静吟》诗：

> 独绕虚亭步石矼，静中情味世无双。
> 山蝉带响穿疏户，野蔓盘青入破窗……

诗作不但写出了“清”，而且写出了“静”，特别是“静中情味世无双”一句，既咏出了苏舜钦深切的园林生活体验，也概括了沧浪亭清幽恬静的审美特征。人们游览此园，深深地感受到的，就是这一特征；人们甚至可能化用苏诗来表达自己的感受：“沧浪静趣世无双。”

再以拙政园中部为例，其间先后悬有如下匾额对联：

> 蝉噪林愈静，鸟鸣山更幽。（雪香云蔚亭联）
> 葛巾羽扇红尘静，紫李黄瓜村路香。（待霜亭联，已佚）
> 茗杯瞑起味，书卷静中缘。（“小沧浪”联）

志清意远。（“志清意远”室额）

静深。（静深亭额）

春秋多佳日，山水有清音。（嘉实亭联）

水木清华。（绣绮亭额，已佚）

静观自得。（倚玉轩额，已佚）

林气映天，竹阴在地；日长若岁，水静于人。（见山楼联，已佚）

这些或存或佚的对额，无不突出“清静”二字，也点出了这些景点意境的清静之美。试想，在土山上，林木间，鸟鸣数声，蝉噪一片，不会感到山林更加幽静吗？又如，林气映天，绿荫在地，书香遥闻，水静于人，不会感到志清意远、悠闲静深吗？

留园石林小院特大空窗上，有“静中观”之额，启迪人们透过空窗去观照“石林小院”中花石搭配有情的幽景，实现所谓“万物静观皆自得，四时佳兴与人同”（程颢《秋日偶成》）的静趣。怡园玉延亭内，有明代大书家董其昌所书名联：

静坐参众妙；

清谭适我情。

上下联领起的，正是“静”“清”二字。上联源自道家哲学；下联来自魏晋玄学。《老子》云：“致虚极，守静笃。万物并作，吾以观复”（《老子》十六章）；“故常无欲，以观其妙……玄之又玄，众妙之门”（《老子》一章）。对联升华到了哲理高度，且与苏州园林的哲学思想契合无间，同时，它在入口附近就为游览的人们提供了品赏怡园的哲理纲领——清静观妙。

苏州园林，又处处呈现出谐和的境界。其中，有物与物的谐和，情与景的谐和，人与人的谐和，天与人的谐和。

在沧浪亭，如苏舜钦《沧浪亭记》中所述，有“澄川翠干，光影会合于户轩之间，尤与风月为相宜”的谐和，有“洒然忘其归……鱼鸟共乐”的谐和……

在耦园，不但有山水、花木、建筑三要素之间的谐和，而且有人与人之间的谐和。当年，园主沈秉成与夫人严永华在此相与啸咏，游艺终老，因取名为“耦园”。“耦”通“偶”。《左传·桓公六年》：“人各有耦”。耦园还有双关之义，一是宅之东西各有一园，二者成双作对；二是更寓有夫妇偕隐，伉俪唱和之意。正因为如此，其中枕波轩有“枕波双隐”之额，园主撰有“耦园住佳耦；城曲筑诗城”之联，此联现已镌为砖刻。耦园还有双照楼，以寓双双耦居之意……这些，又都体现了人与人的谐和。

在网师园，清人彭启丰在诗中曾生动地描述了天人谐和的境界之美：

> 竹竿籊籊，以钓于渊。物谐厥性，人乐其天。临流结网，得鱼忘筌……濯缨沧浪，蓑笠戴偏。野老争席，机忘则闲。踔尔幽赏，烟波浩然。

在园林境界里，人与人是平等的，谐和的，没有锱铢利害的磨戛；人与物也是平等的，谐和的，钓翁网师之意，并不在鱼，而在闲逸乐天。在这里，人们惬志怡神，回归自然，清静谐调，澄怀忘机，到处都洋溢着天人以和、物我两忘的情氛，确乎已臻于“物谐其性，人乐其天”的天人合一的最高境界。网师园还有蹈和馆，它标志着所追求和蹈履的，正是这样一种境界。

今天，人们进入苏州园林，仍能明显地领略到清静谐和的意境，享受到天人合一的情趣，产生外适内和、体宁心恬的审美体验。

第五章　曲折幽深

曲折萦纡，能形成深邃美的境界，恽格《南田画跋》说，“境贵乎深，不曲不深也”，而清帝乾隆《涵雅斋得句》也说，“回廊宁借多，曲折以致深”；纡曲深邃，又能形成幽静美的境界，正如黄钺《二十四画品·幽邃》所说，“山不在高，唯深则幽”；而深邃幽静，又能倍增曲折美的魅力。曲、深、幽，这三种美的境界往往是互补共生、三位一体的。

曲折幽深，这是苏州园林意境风格典型的审美特征之一，同时，它又是中国艺术、东方文化典型的审美特征之一。人们还往往会萌生这样一种感觉，中国艺术、东方文化的曲折幽深之美，似乎是苏州园林曲折幽深境界的某种伸展、延续、扩大、幻变、演化……抽象地看，苏州园林似乎成了曲折幽深的意境风格的艺术代表，成了一个美学的代名词。

现代作家曹聚仁在《吴侬软语说苏州》一文中写道：

苏州的园林，以幽美胜，曲折幽深，亭台楼阁，掩映于苍松翠柏、竹林苔障、小阜清流之间，一幅自然图画，林木花卉，衬

> 得整个院落骨肉停匀……北京那几处大建筑，无论圆明园、颐和园、北海、什刹海，都是借镜于苏州园林，加以变化的。我们说曹雪芹笔下的大观园……它的蓝本，可能还是苏州园林……
>
> 洋人到了上海，看了城隍庙，便算到了东方，有人说苏州才是古老东方的典型，东方文化，当于园林求之。

这番议论，颇有些道理，它不但把握住了东方文化中含蓄隽永的意境风格之美，而且也把握住了苏州园林美的曲折幽深。

苏州园林曲折幽深的意境风格，表现是多种多样的，主要可分为如下互为交叉、相辅相成的几个方面。

一、曲径通幽

曲径通幽，这是苏州园林历史地形成的一个重要的美学原则，它在自古至今苏州的许多园林里都有突出的艺术体现，见于历来苏州咏园诗，例如：

> 曲径通幽处，禅房花木深。（常建《题破山寺后禅院》）
>
> 窈窕通幽一径长，野人缘径撷群芳。（文徵明《拙政园图咏·蔷薇径》）
>
> 欲断仍连峰顶路，将穷忽转洞中天。（彭启丰《游狮子林》）
>
> 路转有桥通，云窗雾阁中。但教随曲折，浑不辨西东。（周光炜《游瞿氏网师园》）

从历史上看，苏州园林的曲径通幽，固然有其自身的发展规律，同时，它又是在吴地宛曲文化的环境中孕育发展的。吴地文化艺术的重要特点之一，就是曲折宛转。这类例证，可谓俯拾即是：

苏州的小巷，曲曲的，窄窄的，七折八弯，纡曲隐现……

苏州的小河，若乘舟而游，穿桥过巷，便是一路纡余盘互的水上曲径……

苏州的绘画——吴门画派之作，其境界以曲折幽深著称。沈周的《吴门十二景图册》是如此，文徵明的《拙政园图》是如此，唐寅的《山路松声图》是如此，仇英的《桃源仙境图》也是如此，其中路径，无不弯弯曲曲……

苏州的民歌——吴歌，委曲清丽，感情缠绵，自“吴声歌曲”以来，曼声清歌，源远流长……

苏州的小说——冯梦龙选编加工的“三言”等，情节宛委，曲折动人……

苏州的评书，情节也以曲折起伏见胜，一波未平，一波又起，而且每天说一回书，告一段落时就要“落回”，而不管是“紧落回”，还是“噱落回”，甚至“冷落回”，总会撩逗人们急于一次次地想听“下回分解”……而“落回”二字，也暗含跌宕起落的曲折之意。

苏州的评弹，上抗下坠，九曲八折，悠扬悦耳，起伏有情，给人以无穷的韵味。

苏州的戏曲——昆曲，“悠宛委曲，一唱三叹，转音若丝”（张大复《梅花草堂笔谈》），不绝如缕，借用《牡丹亭·游园》的话说，是“摇漾春如线”……这和苏州园林的“曲折亭台宛转桥”（张京度《网师园》），有异曲同工之妙！正如陈从周先生在《园林美与昆曲美》一文中所说：

> 我国园林，从明、清后发展到了成熟的阶段，尤其自明中叶后，昆曲盛行于江南，园与曲起了不可分割的关系。不但曲名与园林有关，而曲境与园林更互相依存，有时几乎曲境就是园境，而园境又同曲境。

苏州曲径通幽的园境，与吴地的宛曲文化是如此地互为依存，息息相通！一方面，受它们的包围、陶染和影响；另一方面，自身又发展得愈来愈成熟，成为它们杰出的表征和典范。

在苏州，“曲”成了园林的典型特征，以至于晚清著名学者俞樾在苏州建构宅园，就直接以“曲园”命名，他还自号“曲园”，因而人称“俞曲园”。由此可见他对“曲”的高度重视。

俞樾在《曲园记》中写道：

> 曲园者，一曲而已……山不甚高，且乏透、瘦、漏之妙，然山径亦小有曲折，自其东南入山，由山洞西行，小折而南，即有梯级可登……自东北下山，遵山径北行，有回峰阁。度阁而下，复遵山径北行，又得山洞……

由上引之文已可见，曲园虽不大，但循东折西，峰回路转，颇多曲意。今天修复的曲园，依稀可领略当时曲折之遗意。例如，无论是曲水亭以回峰阁为对景，还是回峰阁以曲水亭为对景；无论是“小竹里馆”内“园以曲成趣”的联语，还是规整式“凹”字形水池如同篆书“曲”字……都使人联想起俞樾诗文所推崇的“曲则全”“曲而达”的园林主题和哲理境界。

苏州园林里的曲径有哪些类型呢？从园林构成三要素的角度来说，主要有建筑构成的曲径、山水构成的曲径、花木构成的曲径三大类。由于园林里的建筑、山水、花木又是不可分割地有机组合在一起的，因此，这三种曲径的构成，也总不是独立自主的，而往往以一种建构要素为主，以其他要素为辅，从而生发其“曲径通幽处”或“曲而达”的审美功能。还需说明的是，这三大类型中，有的还包括几种小类。以下拟结合具体实例对这些大小类型逐一进行介绍和赏析。

（一）花木构成的曲径

花木在园林里具有多种功能，其一是构成花间曲径和林间曲径。宋代诗人晏殊《浣溪沙》中的“小园香径独徘徊”，就是花木构成的曲径。明代文徵明《拙政园图咏·蔷薇径》中的“窈窕通幽一径长”，就是得真亭前由花木构成的“曲径通幽”的景观。

今天，苏州园林里的花坛，其平面或立面大都采用不规则的自由造型，坛上配植花木乃至峰石，构成以花、树为主，草、石为辅的小型自然景观。怡园藕香榭之南，花坛的构成极佳。四周以湖石叠成高低错落、凹凸相间的坛砌，叠石形象多变，层次丰富，气脉贯通，浑然一体，坛砌与地面交接处，适当间以书带草，坛砌就更如自然生成。在这个庭院里，几个花坛还结成组群，起着围合曲径的作用。这样，窈窕的香径就形成了，人们徘徊其间，可以多方位、多角度地品赏花坛幽景的个体细部或组群构成之美，这可称之为曲径赏幽；而一旦走出丛密掩映的花坛曲径，这又是曲径通幽了。

吴中区东山的启园，中有“竹苑”，洞门两面的漏窗也饰为竹节形，门窗之内，幽篁丛密，摇曳婆娑，引人入胜。院内，萦纡的小径蛇行其间，从竹互为掩映，颇为深静。然而其路径过曲过窄，很不自然，且不符合“曲而达”的原则；竹林间又无建筑峰石点缀，因而曲径也不可能通幽，这是一种缺憾。

留园西部的山林区，高广的土山上，遍植枫树，山上曲径盘旋，聚散的黄石随意点缀。在不同季节中变换不同色彩的枫林，还掩映着屋顶为圆形攒尖的舒啸亭和长方形起翘的至乐亭。这一景区，既有枫林群植的统一性，又有景物各殊的多样性，曲径蜿蜒其间，既风致自然，又移步换形，每一曲折都有幽景在招引人们，是较为成功的林间曲径。当然，它又兼有山石曲径的性质。

苏州主城区园林面积均不大，因而不可能有典型的林间曲径，而郊区园林在这方面就有其极大的优势。如天平山的高义园——天平山庄，其山麓大片的参天古枫之间，曲径萦回，曲桥宛转，缀以建筑，是最佳的林间曲径，其幽旷的景观可谓美不胜收。又如虎丘后山的林间曲径也是极佳的。如果说天平山麓的古枫林是群植，纯然一片，那么虎丘后山则主要是杂植。这里，花草竹树，纷然杂呈，绿荫蔽空，鸟雀和鸣，好一派山林野趣！而“十八折”“通幽轩”的名称，也画龙点睛般地点出了这里的曲径通幽之美。当然，这里的林间曲径，同时也是山间曲径，这尤以盘登山亭的石阶“百步趋”最为典型。

（二）山水构成的曲径

山间、山上的曲径，被称为曲蹊。曲蹊除了虎丘等自然的山路以及叠砌的石级曲磴之类而外，假山的曲蹊，其杰构在环秀山庄。陈从周先生《苏州环秀山庄》一文盛赞其湖石假山的曲径道：

> 自亭西南渡三曲桥入崖道，弯入谷中……经石洞，天窗隐约，钟乳垂垂，踏步石，上磴道，渡石梁，幽谷森严，阴翳蔽日。而一桥横跨，欲飞还敛，飞雪泉石壁，隐然若屏，即造园家所谓“对景”。沿山巅，达主峰，穿石洞，过飞桥，至于山后。枕山一亭，名半潭秋水一房山。缘泉而出，山蹊渐低，峰石参错，补秋舫在焉……身入其境，移步换影，变化万端……上层以环道出之，绕以飞梁，越溪渡谷，组成重层游览线，千岩万壑，方位莫测。

这不仅写出了假山蹊径的忽上忽下，层次丰富，盘旋曲折，变化万端，令人方位莫测，而且写出了一路上丰富的对景：或桥，或亭，或舫，或峰，或石壁，或洞壑……曲径就像一根丝线，串起一颗颗美丽夺目的珍珠，出色地体现了它那“通幽”的功能，这用《园冶·掇山》的话说，是“蹊径盘且长，峰峦秀而古，多方景胜，咫尺山林”。

耦园的黄石假山，其蹊径也值得细加品赏。东西两山之间辟有谷道，不太长，宽也只有一米有余，但弯环如许，两侧削壁如天然悬崖，形似峡谷，地面也略见高低，刻石曰“邃谷”，是入山的通道，其审美效果颇佳。由邃谷入，曲折向东或可至绝壁下水池的踏步；或可取径向北上山，进入盘陀山路，数旋而方登山巅，沿途虽无亭台之胜，飞梁之险，却可集中精力品赏山石的雄姿厚态、高风峭骨。而且其曲蹊就势回环，随体盘互，其间花木藤蔓，疏密有致，参差交错，与山石磴道构成种种幽景，增人登山游兴。当人们领略了曲折之幽趣后登上山顶环视，又可见风物如画，别具一种魅力。

常熟燕园的黄石假山，其曲蹊也堪称上选。它引人踏着水上曲折有致的步石入洞，可真是“别辟蹊径”，曲有巧思，人们也会顿生武陵渔郎的奇异之感。在幽暗的洞中，顶部又有一岩隙石缝，一线之光射入，令人想起杭州西湖灵隐“一线天”景观。出洞回顾，有石如屏，半掩洞门，更添神秘之余味。岩石上刻有“燕谷”二字，另一向的壁岩上又刻有“引胜”二字。两处石刻，无疑是包括步石山洞、黄石磴道等在内的山间曲蹊的点睛之笔。其蹊径虽不算太长，一路却串起种种宛自天开的山体幽景，堪称苏州园林假山曲蹊的又一杰构。

苏州狮子林的山间路径，历来以“曲”著称于世，见于古代咏园诗的赞颂，例如：

> 冈峦互经亘，中有八洞天。嵌空势参错，洞洞相回旋。游人迷出入，浑疑武陵仙。（曹凯《师林八景·八洞》）
>
> 须臾鼓勇下石屋，一步平坦两步曲。咫尺盘旋讶路长，欲憩岩端无侧足。（萧昙《游狮林寺》）
>
> 中不百亩蛇线纡，五里十里盘崎岖。（吴锡麟《狮子林歌》）
>
> 对面石势阻，回头路忽通。如穿九曲珠，旋绕势嵌空。如逢八阵图，变化形无穷……同游偶分散，音闻人不逢。变幻夺地脉，神妙夺天工。（朱炳清《狮子林》）

这种山间蹊径的曲度，堪称全国园林之最。当然，在艺术处理上，其假山及曲蹊有些地方或段落不免矫揉造作，匠气太浓，或刻意求曲，过犹不及，但有些地方或段落却也曲折自然，逗人寻幽，人们时而钻入洞府，时而登峰造极，时而左盘迂回，时而右旋玲珑，时而潜行谷底，时而攀缘山岩……令人兴会倍增，而西部临池环水的假山蹊径特佳。朱揖文《游苏备览狮子林》一文就说，“狮子林湖石玲珑，洞壑宛转。大概分为东西两部……西部则盘旋曲折，有如回文”。这一评鉴，可说是别具只眼。狮子林西部的曲蹊，既奇险，又自然，不只是如“回文”，而且往往构成立体交通——高低相属，上下相应，曲折相连，回环相通，山路还与水面相互生发，益增其妙，似可称得上朱炳清所说的“神妙夺天工”了。

这里，且不一一列述苏州主城区园林如沧浪亭、怡园、艺圃等均有颇为成功的或长或短的山间曲径，就说湖滨园林，吴中区东山的启园，其御码头之东有一座湖石小假山，名为“骆驼山”，其山纹理自然，层次丰富，有两条磴道盘曲而上，至山巅可饱览太湖风光，其山之石门、蹊径，均曲折可喜，逗人盘桓，不失为假山曲蹊的佳构。

水上的曲径，主要是曲桥，这留待以后介绍“小桥流水”时再作品赏，这里只介绍天平山高义园前十景塘上的“宛转桥”。桥名“宛转”，犹如俞樾以“曲园”名其园一样，表现了对曲折之美的关注、推崇。人们在宛转桥上三曲四折，游兴倍添，眼前景色也有变换，再俯视桥下，绿水倒映丹枫如画，可谓半池瑟瑟半池红。

（三）建筑构成的曲径

这类曲径主要有曲廊、曲室等。曲廊和曲桥一样，在园中必不可少。计成《园冶》认为廊“宜曲宜长则胜”，“蹑山腰，落水面，任高低曲折，自然断续蜿蜒，园林中不可少斯一断境界”；认为有些室也该做到“小屋数椽委曲”“曲折有条”。

曲廊的典范在拙政园，其中部的“柳阴路曲”廊是蜿蜒于平地的空廊，其曲折的构成既复杂多变，又自然合度，它以垂柳群为主要掩映物，在其间逶迤穿插。人们如在荷风四面亭向西过桥至彼岸，就可见空廊分作两路：一路向北数折而至“见山楼”；另一路向西，不出数步而有“柳阴路曲”匾额。由此又分两路：一路向西南，引往“别有洞天”；另一路向北曲折，自由地伸展，这条曲廊的曲线特别美，短短的一段竟有七个不同的走向，有如北斗之折，而又毫无矫揉造作之感。在“柳阴路曲”，人们随着审美脚步的行进，其廊柱之林也不断变换组合形态，有如乐曲的旋律之行进，节奏之变化，而眼前的廊轩挂落、半墙坐槛、垂柳叠石以及两侧景色的组合，都在不断变换画面，以其幽景引人入胜。

苏州园林里最富于审美意味的曲廊，是拙政园西部的波形水廊。从总体上看，它是由两条波状线组成的。人们如经过“别有洞天”月洞门向北，就来到水廊南端。起步伊始，一二十步内似乎是平舒而直线地前行，然而审美脚步已微微地、渐渐地有向上迈进之感。当经过四五根廊柱时，已到水廊第一波状线的波峰。接着，慢慢地往前循着缓坡下行，同时右弯左拐地经过四五根廊柱，就来到一座临水的小亭，是为钓台，其下沧浪之水可掬。从起伏上看，这里是第一波状线的波谷；从平面曲度上看，这又恰恰是第一波状线的旋涡的休止。轻波与微涡，竟结合得如此自然！这一段的造型，起伏和曲度虽不大，但正由于微微地升降，缓缓地回旋，才如同轻婉清扬的旋律，给人以舒适而悠扬的美感。

在波形水廊中段继续前行，由水亭较大角度地向右折，地面坡度也随之而较大幅度地向上伸展，这给人以一波未平、一波又起之感。

拙政园的波形水廊

而且，它不同于第一波状线的轻缓起伏，而是有些突然，因此，只要经过两三根廊柱，就达到了第二波状线的波峰。更妙的是，水廊的这一高处，其下恰为一个不大的水洞，故而此处又可看作是廊桥的桥面。当人们一过桥面，水廊就表现为往左拐的一个较大的急转弯。接着，就来到了一座楼前，这里是第二波状线的波谷；从平面曲度上看，它又恰恰是第二波状线卷涡的终点。起伏与涡曲，在幅度上又结合得如此巧妙！还值得品赏的是，廊桥水洞附近一段的升高与急转，又如乐曲昂扬的高潮，把人们的审美情绪也推向了高潮，旋即戛然而止，但曲终而余韵未已。

还应注意的是，这条波状的曲廊，还完全凌架于水上，用《园冶·相地》的话说，是“浮廊可度”。在水上，它有起有伏，有张有弛，有轻拂徐振，微势缥缈，有突起急转，左牵右绕，人们徜徉其上，如同泛舟于溪河之上，有起伏飘荡之感，而东墙的漏窗系列，西面的溪山风光，北面的华楼倒影……都随着人们的行进，不断地变化景观，何况前方还有曲径洞穴在向人招手！

留园、网师园、沧浪亭、耦园、怡园、鹤园等，都有功能极佳的廊，或爬山廊，或单面廊，或复廊，或空廊，或“曲尺曲”，或“之字曲”……它们均能以其独特的曲折起伏引人以趣，导人以幽，给人以丰富的美感享受。

曲室的佳例，莫过于留园东部，它借助于短廊把厅、馆、轩、所串连一起，令人迷不知所向，妙趣无穷。而沧浪亭西南角屋宇区，其曲室构筑也别具匠心。人们从明道堂附近曲廊至“翠玲珑”，要经过四折：第一折，为曲廊，尚不属于曲室；第二折，为扁方形曲室；第三折，为略呈长方的曲室；第四折，方可折入“翠玲珑”。这一带窗前窗后，幽篁如洗，其室内外的景观，均极为宜人。人们在这四个递相连续的曲折中，一转一深，一折一妙，不但有曲径通幽之感，而且有渐入佳境之趣，满足人们寻幽探胜的审美心理需求。这种环环相套、巧构曲室的艺术，也是值得称道的。

在苏州园林里，曲廊、曲室、曲蹊、曲桥、曲岸、曲弄，还有林中、花间、草地上的曲径，它们除了相互组接成不同形式的“曲而达”的游览线外，还有多种功能，简介如下：

其一，曲径作为一种景观美，本身极富画面感，这可以古代画论为证。李成《山水诀》说：“路要曲折，山要高昂。”这说明曲蹊之美可以入画。笪重光《画筌》说：“水分两岸，桥蜿蜒以交通。”这说明曲桥之美可以入画。方薰《山静居画论》说：“楼观台殿，塔院房廊，位置折落，刻意纡曲，却自古雅。”这说明曲室、曲廊之美可以入画……这些曲径在园林里，起着点景、美化、“入画”的作用。

其二，在静观视野中，曲径能增加景观画面的层次。苏州的鹤园是一个小园，正面中路只有门厅、四面厅、小山池、大厅三四个层次。为了增加园林的幽深感，造园家立意在曲廊上做文章。这条曲廊，从门厅东侧开始，经五折而为四面厅东侧的沿墙走廊；接着，经四折而至一亭；过亭，再经五折才至最后的大厅。这条游廊所构成的曲径，其廊柱几乎每一折就折出一个层次，于是，给人以幽深不尽之感。这条曲廊，占地不多，却成了鹤园最主要的构景要素，或者说，这一体现了艺术匠心的优美曲线，成了鹤园景观的生命线。

其三，在动观游赏时，能增加人们视野中的对景画面。“对景”，是造园的重要手法之一，所谓“亭宇台榭，值景而造”（朱长文《吴郡图经续记·南园》），这就是说，亭榭不仅有点景功能，而且有观景功能，应该对着美景而建造，或者在其对面特地建构美景，以供人们观赏。至于功能良好的曲径，也能让人们在左折右弯不断变换方向时，眼前不断呈现种种幽雅美妙的对景画面，这样，曲径就可能不断地通幽，不断地引人以胜，导人以幽。相反，人们如行于直径之上，迎面而来的只有一个景观画面，就不免单一而无变化了。这就是曲径“移步换景”的优越性。

其四，曲径还可大大拓展园林空间，延长游览路线，稽留人们的审美脚步。苏州园林面积都较小，如采取直径，人们直截了当地一穿而过，园就更见其小；相反，如路径宛转曲折，就能极大地延长游览线，这实际上也就极大地拓展了园林空间，所以萧昙《游狮林寺》说，“咫尺盘旋讶路长”；吴锡麟《狮子林歌》说，“中不百亩蛇线纡，五里十里盘崎岖”。不到百亩之地，由于采用了宛曲的艺术处理，其空间竟变得有五里十里之遥，并令人游赏不尽，流连不已。

清帝乾隆在《迎步廊》诗中说：

回廊不欲直，曲折足延步。
一转一致幽，迎人递佳趣。

这可看作是对曲径的种种审美功能——“致幽”“佳趣”“延步”等一个简洁的概括。

二、含蓄掩映

含蓄，是中国艺术意境的重要特质。以诗画为例，古代诗词讲究意境含蓄，如朱庆余的《宫中词》：

寂寂花时闭院门，美人相并立琼轩。
含情欲说宫中事，鹦鹉前头不敢言。

花开时节，本是良辰美景，令人欣悦，然而，宫中却寂寞地紧闭院门。在此情此景之中，两位心绪无限痛苦的宫女，正要倾吐衷肠，互诉怨情，猛然发现善于学舌的鹦鹉在前，于是，话儿又缩了回来，咽了下去，终于不出一声。这种欲说还休、欲露还藏的场景，蕴蓄了丰富的社会内容，它暗含了宫女们说不尽的心底愁情、腹中怨事，暗含了关于宫中耳目众多、监视极严的不自由生活的描写，真可谓“言有尽而意无穷，余意尽在不言中”，令人寻思不已，品味不尽。

中国的绘画也讲究含蓄，不过不是追求言外之意，而主要是追求象外之象。唐志契《绘事微言·丘壑藏露》写道：

> 画叠嶂层崖，其路径、村落、寺宇……更能藏处多于露处，而趣味愈无尽矣。盖一层之上，更有一层；层层之中，复藏一层。善藏者未始不露，善露者未始不藏。藏得妙时，便使观者不知山前山后，山左山右，有多少地步。

这一画论极为精辟。试看古代一些山水画名作，无不是欲露还藏，欲藏还露，具有难以测其高深的美学效果。

苏州园林是凝固的诗、立体的画，也追求含蓄。这是由于它不仅置身于中国艺术的大家族里，而且它还融合在吴地人民含蓄性格的大环境中。于敏先生在《姑苏两日游》中描写道：

> 苏州的景色，丘谷也好，园林也好，雕塑也好，苏州人从来不喜欢在你面前夸口。他只是带着恬淡的笑容，引你走到这儿那儿，直到你在他面前发出大声的惊叹。正如苏州许多景色，苏州人性格的美也是含蓄的。

确乎如此。苏州，人是含蓄的，语言是含蓄的，行为风俗是含蓄的，民居建筑是含蓄的……如是，根植于其中的苏州园林，必然更以含蓄蕴藉的美为极境，并使自身成为体现含蓄文艺风格和审美意境的典范。

葛路先生在《含蓄美、精神舒和文艺心理》一文中指出：

从江南园林建筑体现的艺术技巧看，含蓄美居于统辖地位。数亩之地以至半亩之地，经过艺术家的匠心独运，林石掩映，池水幽深，亭榭错落，墙垣曲折……在一方小天地中，令人观瞻变化，若不可测，赏心悦目，兴味无穷，这种种长处，都是含蓄美的物化。

这里所说的江南园林，当然主要是指“甲江南”的苏州园林。而苏州园林含蓄美的具体表现，主要就在引文中“掩映”二字。林石亭榭错落掩映，欲藏还露，欲露还藏，就能令人观瞻变化，似乎幽深而不可测，从而感到赏心悦目，兴味无穷。这种园林艺术，也就是古代画论所说的“合景色于草味之中，味之无尽；擅风光于掩映之际，览而愈新”（笪重光《画筌》）。

苏州园林构成幽深景效的掩映，有多种方式，但如果从园林建构三要素的视角来看，主要有花木掩映、山石掩映、建筑掩映三类。这里依次介绍、品说于下：

（一）花木掩映

欧阳修《蝶恋花》词一开头写道：“庭院深深深几许？杨柳堆烟，帘幕无重数……”小小庭院，为什么能给人以如此的幽深感呢？这是由于重重叠叠，好似帘幕的杨柳在起着掩映作用，因而形成了视觉效果极佳的层次和深度，这就是一种意境或境界。

欧阳修的词境，可证之以苏州园林的实例。如拙政园，无论是在其东部的西侧，向东遥望芙蓉榭附近，或在其中部东侧，向西遥观“柳阴路曲”游廊，都可见一带绿柳，拂地临水，婆娑随风，它们如烟似雾地迷蒙着，如帘似幕地飘拂着，掩映着附近的景物，使之藏露隐现，并不断发生微妙的变化。这种风光，用“杨柳堆烟”四字来形容，是再恰当不过的了。

又如在留园中部涵碧山房平台上，品赏东北面风光，可见池中“小蓬莱”岛上，曲桥逶迤，宛转卧波，分别通向两岸。曲桥架上的紫藤，枝干相蟠，美荫碧鲜，蔓引蒙密，氤氲缭环，亏蔽着濠濮亭、曲溪楼、西楼、清风池馆等，它们或藏处多于露处，或露处多于藏处。这些建筑物附近，还有杂树林木与之互为掩映，而在树冠之上，树丛之间，又有楼阁若隐若现……这种景观，真可谓“一层之上，更有一层；层层之中，复藏一层”，使人们不知林前林后、屋左屋右，有多少地步。

在听枫园庭院里，珍花异木，色彩缤纷，红枫、翠竹、紫藤、苍松、金桂、玉兰、枸杞……互为掩映，相与衬托，把山石亭阁掩映得隐约藏露，意趣无穷，可谓“擅风光于掩映之际，览而愈新”。

（二）山石掩映

前文已介绍过，进入拙政园原来的入口处后，先有一曲巷狭弄。然后，才来到颇为壮观的腰门（俗称“将军门”），门内即为拙政园中部，是全园精华所钟。然而，造园家决不让人们一进园就一目了然、一览无余，而是尽量遮藏起来。这样，人们一进腰门，迎面就只见一座黄石假山挡住视线和去路。这一空间处理，有似于曹雪芹笔下的大观园。在《红楼梦》第十七回中，贾政等一行人是这样入园的：

遂命开门，只见一带翠嶂挡在面前。众清客都道：“好山！

> 好山！”贾政道：“非此一山，一进来园中所有之景悉入目中，则有何趣？”众人都道：“极是！非胸中大有丘壑，焉能想到这里！”

这完全是曹雪芹的夫子自道，一个“挡”字，一个“趣”字，说明他是精通造园的含蓄艺术的。拙政园进门的黄石假山，为的也是不让中部的园林美一下子悉入人们目中，这同样是一种“障景”手法。而且到了远香堂回头看来路，由于湖石假山的阻隔，又看不到明显的入口，此所以为妙。再如朴园，也用类似的“障景”手法，进门也有松竹石峰挡住视线，让园景含而不露，必须绕左而进……

这里，不妨进一步把中国园林特别是苏州园林和西方园林作一比较。西方的园林，侧重于广大空间中几何形构成的图案美，一切都规则、整齐、对称、谨严，它让人欣赏的，主要是宏观的构图、布局，井井有条的秩序，所以它总是一下子袒露无遗，决不躲躲闪闪，而是愈露愈好，让人一目了然。中国园林则不然，著名美学家宗白华先生在《艺境》一书中指出：

> 中国的园林就很有自己的特点。颐和园、苏州园林以及《红楼梦》中的大观园，都和西方园林不同。像法国凡尔赛等地的园林，一进去，就是笔直的通道……中国园林，进门是个大影壁，绕过去，里面遮遮掩掩，曲曲折折，变化多端，走几步就是一番风景，韵味无穷。

中国的园林，喜爱进门见壁，特别是喜爱进门见山。一个园子，进门第一景是“障景”，这就可能为全园定下一个基调，便于以后曲曲折折、遮遮掩掩，不让人一下子看到全体，而这正是一种艺术意境，一种含蓄之美，一种味之无极的韵味，这也就是传统山水画理论所反复强调的：“能藏处多于露处，而趣味愈无尽矣。”和大观园一样，苏州拙政园、朴园等的进门见山，进门见峰以及怡园的进门见壁等，正是“藏处多于露处”的艺术手法，它让人慢慢地渐入佳境，一层之后，又有一层，层层之中，复藏一层，一路上细细品味，从而感到韵味无穷。

艺圃的芹庐小院入口处，有一窈窕清瘦的湖石立峰，它既掩且映地亏蔽着其形团圈的月洞门。这样，不但由于洞门、峰石相生相破而倍增其形式的美，而且洞门由于峰石的掩映而倍增门内景色的幽深感和魅惑力。又如常熟燕园黄石假山南面的山洞，更妙有一片黄石在外半掩洞口，这样，洞内就更不可能被一览无余，而是荫翳幽暗，若不可测，从而倍增山洞的神秘感和深邃感，勾引起人们好奇探胜的审美心理。

（三）建筑掩映

建筑物也有很好的掩映效果。艺圃芹庐小院，有两个辟于不同方向高墙上的月洞门。对于景物来说，大片高墙无疑是“藏”，而并不太大的月洞门则是“露”。在这藏多于露的小小景区里，如果移取适当方位，可见两个洞门相套或相映的遮遮掩掩的幽美画面，而两个洞门前后的空间里，又有叠石、花树、溪桥参错其间，这就更显得层次丰富，增加了景深，从而使这一小院成为全园的重要景观，典型地体现出“庭院深深深几许”的含蓄之美。

再说留园入口处，人们经过较长的曲巷夹弄入内探胜寻幽，然而，园内幽美的胜景却故意回避似的，还是欲露还藏，遮掩躲闪，这是含蓄美的极致。具体地说，当人们经过由暗而明、由窄而宽、由抑而扬的“暗转”，就进入了“古木交柯”之北较宽的单面廊。这里，屋宇面阔三间，然而北面却一律以墙挡住人们视线，不让人们看到墙外的山池风光。这三间横向展开的墙壁，也起着“进门是个大影壁”的作用。但更妙的是，长长的墙上整齐一律地开了大小一致的六个漏窗，其窗框内花纹精巧典雅，图案各异，然而又同样地影影绰绰，恍惚迷离。透过窗花，美丽如画的山光水色隐约可见，但窗外景色又不让人看个够，而是半掩半隐略露风姿，犹如白居易《琵琶行》中所写：“千呼万唤始出来，犹抱琵琶半遮面。”于是，人们审美的注意更

留园的漏窗

为集中，审美的欲求更为高涨，急欲绕将过去，领受豁然开朗的“小蓬莱”等“仙境”之美。这种以“障景”“抑景”来“半遮面”的艺术处理，在中国园林系统中可谓别开生面，独树一帜。

除了墙壁、门窗而外，游廊、桥梁等也能生发出藏露互补的掩映功能。如鹤园，是一个两亩多地的小园，其中小池面积尤小，但由于能很好地发挥桥梁、游廊的遮隔掩映功能，因而也能给人以深不可测之感。如园内小池上，有一梁式石板桥，它不但把池水分隔为二，而且桥上红色古拙的木栏杆，特别富于掩映效果。它与其后绿色植物形成的色彩对比，不但能“掩”“藏”，而且还能“映”“露”，这是遮隔的第一层次；桥之后，小池两岸的白皮松、黑松等几株古木大树，各以其生动姿态相互交叉，枝叶相接，掩映着其后的花树、屋宇，这是遮隔的第二层；如果说，这一层以枝干为主的遮隔，和第一层以栏杆为主的遮隔一样，都是使其后景物露处多于藏处的话，那么，古木大树之后蒙密繁茂的花树，则是使其后景物藏处多于露处，这是遮隔的第三层；其后，屋宇、游廊的遮隔功能也极佳，一层之后，复有一层，使其后景物若藏若露，若明若昧，似无穷尽，不知有多少地步，其实廊后除少量花木外，已接近界墙。由此可见，比起墙、窗来，廊、桥的透漏虽多，但也有其特殊的掩映功能。

拙政园中部的“小飞虹”廊桥，这一体现了曲线美而具有弧形跨度的建筑物，同时又是空灵而轻巧的绝妙遮隔物，它使其后面的景色遮遮掩掩，躲躲闪闪，极大地丰富了这一带的景观与层次。人们如在“小沧浪”凭槛北望，透过“小飞虹”，可遥见荷风四面亭、“香洲”、池面、曲桥……而“见山楼”则成了远方的主要背景，其后还有景物隐约，这一画面的空间层次，异常深远。如再在“香洲”平台上或荷风四面亭岛上南望，视线透过“小飞虹”，又可见松风亭或“小沧浪”一带景物隐隐约约，空间若不可测，其实，此处景观空间也基本已到尽头。这也充分说明掩映可以乱目，从而变近为远，变浅为深，变有尽头为无止境……这就是所谓“象外有象，景外有景”。

在苏州园林，不但室外空间里的花木、山石、建筑均可生发很好的掩映功能，孕育极佳的含蓄景效，而且室内的装修、家具陈设，也能起到某种分隔、掩映、遮藏的作用。就以“罩”来说，拙政园留听阁、留园林泉耆硕之馆、网师园梯云室、狮子林立雪堂、耦园“山水间”等室内的落地罩、挂落飞罩，不论其内缘或方，或圆，或八角，或自然形态，都能增加室内的层次、景深，使室内空间在一定程度上也能做到含而不露，耐人寻味。

陈从周先生《说园（四）》写道：

> 园林与建筑之空间，隔则深，畅则浅，斯理甚明，故假山、廊、桥、花墙、屏、幕、槅扇、书架、博古架等，皆起隔之作用。

这一总结，应该说主要是对苏州园林室内外空间掩映藏露艺术的概括，而这一艺术的审美效果，则是幽深、含蓄、亏蔽、内涵。当然，这一总结也应包括与之关系密不可分的园林空间回合艺术在内，这种空间回合艺术拟放在下文加以介绍、品说。

三、小廊回合

唐末诗人张泌《寄人》诗写道：

> 别梦依依到谢家，小廊回合曲阑斜。
> 多情只有春庭月，犹为离人照落花。

在这首脍炙人口的小诗中，小廊、曲阑、幽庭、明月、落花……构成了一幅渗透了离情别绪的春庭夜月图。诗人所说的“谢家”亦即岳丈家，不知是否在江南，笔者未作考证，但是，诗中“小廊回合曲阑斜”一句，却完全可以借来为苏州园林传神写照。

本书特别赞赏“回合”二字，它确实是苏州园林空间构成的一种重要艺术手法。回合的结果，就是精心建构的园中之园的诞生。在一个大园里，回合出几个各具特色的小园，园林的空间就会更加扩大，园林的内涵就会更加丰富。

陈从周先生《说园》指出：

> 园林中的大小是相对的，不是绝对的，无大便无小，无小也无大。园林空间越分隔，感到越大，越有变化，以有限面积，造无限的空间，因此大园包小园，即基此理。此例极多，几成为造园的重要处理方法。佳者如拙政园之枇杷园、海棠坞，颐和园的谐趣园等，都能达到很高的艺术效果。如果入门便觉是个大园，内部空旷平淡，令人望而生畏，即入园亦未能游遍全园，故园林

不起游兴是失败的。

这充分说明了园内回合小园的作用，它能化空旷为丰赡充实，化平淡为清奇靓美，甚至使某些小园成为全园的重点、精华所在，它还让一个又一个小园不断逗起人们游兴，并使兴致持续不衰，甚至越来越浓，从而取得极佳的美学效果。

苏州园林中的小园分隔回合，或以曲折的廊庑，或以起伏的云墙，或以嶙峋的山石，或以馆斋轩榭等精美的建筑……于是，廊墙回缭，阑楯周接，馆横轩列，山掩水环，不拘一格地构成主题和形式各异的、相对独立的艺术空间——园中之园。

拙政园的枇杷园，是以枇杷为主题的著名的园中之园。它那包括四面回合在内的庭园设计，是颇具艺术匠心的。

其西面，是一道三折的云墙，在第二折处辟有月洞门，面北有“枇杷园”砖刻门额，取意于宋代戴复古《初夏游张园》之诗句：“东园载酒西园醉，摘尽枇杷一树金。”月洞门是小园的入口，园内错落有致地群植枇杷树。枇杷为观果类花木，其树叶碧绿而有光泽，果子如同黄金铸就。初夏成熟，累累枝头，黄与绿错综着，互为辉映，在白色云墙衬托下分外醒目。当园内披上一层金色的阳光时，枇杷的皮更为透明，似乎可见其中饱孕着甜蜜的汁水。在无果之时，翠色亮丽的树叶也极美观。月洞门内的砖额“晚翠”，就点出了它的观赏时间和价值。

南面，本是无景可观的高墙，但这一带也群植枇杷，其下亦以黄石疏布密缀，石群与树群的色彩也极其协调。此外，在偏南部筑一“嘉实亭”，这对于无景处来说，既是标胜“引景”，又是补虚“寻景”。对此，如再细分的话，则前者为实景，后者为虚景。前者表现为亭本身既可供人观赏，又可供人休憩，而且亭中空窗之内，小品如画；后者则为以文学性联额启人神思。“嘉实亭”之额，引人观赏或想像浩浩芳叶中的离离嘉实——金色的枇杷。亭内又有一副绝妙的对联：

春秋多佳日；
山水有清音。

上联集自东晋陶渊明《移居》诗中名句：“春秋多佳日，登高赋新诗。”下联集自西晋左思《招隐》诗中的名句：“非必丝与竹，山水有清音。”这副集句联就更虚了，令人思接千载，视通万里。

北面，又别出心裁地以宛自天开的黄石假山来回合。山之巅，有“绣绮亭”翼然耸立于古木间，亭内联语“露香红玉树”云云，渲染了枇杷的色与香。这不但以文学语言为这一园中之园增色添彩，而且其更主要的目的，是在于把人们的视线引向山下树上一颗颗迎风带露的红玉嘉实。

枇杷园的东北，又有一个园中之园——“海棠春坞”庭院。如果说，枇杷园以景物的丰富繁多为美，那么，“海棠春坞”庭院则以景物的简约洁静为美。这一以廊、墙回合的书房庭院，平面基本为长方形，书房建于北部，面阔两间，但如前所说，它并不匀造，而是一大一小，避免了对称的格局。从建筑物的内、外檐装修来看，“卐”字挂落，“寿”字花格，风格典雅而大方。在室内透过长窗或花窗，可以看到西面和南面天井、庭院里的垂丝海棠、西府海棠及翠竹一丛，怡红快绿，交映成趣。庭院壁上还嵌着饶有别趣的砖刻“海棠春坞”书卷额，古雅而有韵味，足以与书房庭院的情氛相洽。砖额之下，有占地极少的湖石花坛，作为书房的对景，其花坛造型自由而简练，以少少许胜多多许。庭院的铺地也极有艺术价值，这留待以后一并介绍。总的来说，整个“海棠春坞”庭院，以恬静、清幽、文雅、简约、玲珑而取胜见妙。庭院之南，又回合有听雨轩一区，也颇别致。

拙政园中部东南隅，枇杷园、海棠春坞、听雨轩，构成了园中之园群落。它们共借墙垣，互为依傍，联以曲廊，互为贯通，回环往复地“迎人递佳趣”，给人以幽深不尽之感。

至于拙政园中部西南隅，与枇杷园群落相对，有“小沧浪”水院。不同于枇杷园的旱园，它以“小飞虹”廊桥分隔水面，借濒水的松风亭、得真亭回护，以小廊曲阑回合成水院一区。这些建筑物不仅飞跨、面临、依傍于水，而且其中的“小沧浪”“志清意远”凌架于水，可谓处处荡漾着水情，弥漫着水趣，引人想起文徵明《拙政园图咏》中的一些诗句：

偶傍沧浪构小亭，依然绿水绕虚楹。岂无风月供垂钓，亦有儿童唱濯缨……（《小沧浪》）

俯窥鉴须眉，脱履濯双足……微风一以摇，青天散渌渌。（《志清处》）

这类遗意，至今尚存，使人临水而志清意远。这一水院，不愧是主题独特、结构别具的园中之园。

留园的园中之园，有冠云峰庭园、五峰仙馆前庭、“东山丝竹”

一区（东园一角）、涵碧山房南庭、“恰杭（航）”南庭等，有些前文已介绍过。对于涵碧山房南庭爬山虎所构成的大片绿壁，这里拟再从曲折幽深的视角略加阐述。沈复《浮生六记·闲情记趣》写道：

> 若夫园亭楼阁，套室回廊，叠石成山，栽花取势，又在大中见小，小中见大，虚中有实，实中有虚，或藏或露，或浅或深，不仅在周回曲折四字……小中见大者：窄院之墙，宜凹凸其形，饰以绿色，引以藤蔓，嵌大石……推窗如临石壁，便觉峻峭无穷。

这是对江南园林艺术经验所作的美学概括。所谓“大中见小”，还不妨灵活地理解为“大园包小园”，亦即“园中有园”。至于“引以藤蔓”“饰以绿色”云云，这种“小中见大”的艺术经验，用来品赏涵碧山房南庭的花坛叠石、藤蔓绿壁，也很恰当。这一艺术建构，能令人浅中见深，实中见虚，通过审美想像来拓展、深化绿壁的平面实景，从而使这一园中之园取得“小中见大”的空间景效。而涵碧山房的“涵碧”二字，固然是指山房北面与山光互涵的水色，然而有了南庭的一墙碧色，其内涵就更丰赡了。

留园最精美的园中之园，当数东部被回合在石林小屋、揖峰轩及两侧回廊之中并包括这些建筑在内的石林小院。对于这一作为小院之极则的园中之园，本书在介绍“型式求异”时，曾提及揖峰轩，以后品赏书斋陈设时还要详说；介绍“清静谐和”时，曾提到了石林小院的“静中观”这一特大空窗的景效，其实，它最大效应就是吸引人们在此或进一步至院中品赏蔚然成林、异态而谐和同处的群石，并感到自己似乎就是挟策石林间，自号石林居士的叶梦得……

网师园的园中有园，也颇值得品赏。曹聚仁先生回忆30年代初而写的《吴侬软语说苏州》这样说：

> 我住过的网师园，其曲折变化，远在沧浪亭之上。其中总有十多处院落，各自成一体系，有如潇湘馆、蘅芜院、紫菱洲、藕香榭，各有各的局格，彼此衬托得很调和。我还记得一处大枣园，后面一排房子，挂着一副柏木的联对："庭前古木老于我，树外斜阳红到人。"配上"古朴"的考语。我们住的是芍药花的园囿，总有二亩多大。正院那儿三进房子，虽没天香庭院那么壮丽，也显得闳伟气象。

首先应该说的是，文中对于园中之园功能特质的认识，颇有见地。《红楼梦》中的大观园，是一个大园，其中又包有一些小园，如怡红院、潇湘馆、蘅芜院等，它们的特点首先是"各自成一体系"，这才能成为园中的一个园；同时，又"各有各的局格"，这才能各具艺术个性，彼此区别开来，多样而不雷同，丰富而不单一，并以各自的魅力吸引游人。然而各小园如果彼此之间截然对立，例如，一个是岭南园林格局，一个是川西园林格局，一个是北京园林格局；或者一个是私家园林格局，一个是皇家园林格局，一个是寺庙园林格局……各自成为一个个"独立王国"，那么，也会显得极不谐和，使人感到缺少整体感，缺少统一的格调。优秀的园林绝不如此，各个小园既不是彼此雷同一律，又不是彼此尖锐对立，而是彼此互相补充，互相映衬，如曹聚仁先生所说，是"彼此衬托得很调和"。大观园是如此，网师园也是如此。

说到网师园的园中之园，当时的大枣园已经不存；至于芍药花的庭院，大概就是西部的殿春簃。今天殿春簃匾额上就有跋语说："前庭隙地数弓，昔日之芍药圃也。今约补壁以复旧观。"那么，它又为什么叫殿春簃呢？"殿"就是行军走在最后，《左传》有"殿其卒而退"之语。故而走在军队的最后面，叫做"殿军""殿后"，引申为最后、最末。芍药花开在春末花尽之时，是春天百花园的压台好花，给寂寞的花圃带来无限生机，因此，苏轼有"多谢化工怜寂寞，尚留芍药殿春风"之句；也因此，芍药又名"婪尾春""殿春"。网师园的芍药是很著名的，范来宗就有《三月廿八日网师园看芍药》诗予以描颂：

回廊迤逦花光起，泼浪殷红并姹紫。
绕径千层露带珠，翻阶五色霞成绮。

殿春簃为轩斋式建筑，面阔三间，西拖复室两楹，为旧时主人的书斋。它将整个小园划分为三，南为较大的泉石院落，中为建筑本身，北为狭长而曲的天井。陈从周先生《苏州网师园》是这样写殿春簃的：

竹、石、梅、蕉，隐于窗后，微阳淡抹，浅画成图。苏州诸园，此园构思最佳，盖园小"邻虚"，顿扩空间，"透"字之妙用，于此得之。轩前面东为假山，与其西曲廊相对。西南隅有水一泓，名"涵碧"，清澈醒人，与中部大池有脉可通，存"水贵有源”之意。泉上构亭，名“冷泉”。南略置峰石为殿春簃对景。余地以“花街”铺地，极平洁……

文章以简洁的笔致，勾勒出殿春簃庭院之概貌。关于冷泉亭这一半亭的特色，前文已品说，至于其优美的花窗“框景”、花街铺地、书斋陈设等拟以后具体品赏，这里只提其院落之中，东、南、西三面的湖石花坛，其边缘线随宜屈曲，天巧宛然。花坛上，峰石无多，花树有限，相互参错，掩映其间，却如同天然图画，堪称一以当十、境辟神开的艺术典范。

网师园的园中之园，还有琴室、“小山丛桂”轩、五峰书屋、梯云室等前后的庭院，它们各有各的格局和个性。

名播古今中外的寺庙园林虎丘，其空间的回合分隔也能生发出特佳的审美效果。该园给人以最深刻的印象，除了颇有倾斜度的山巅古塔之外，就是千人石和剑池。关于这一点，唐代诗人白居易在《题东武丘寺六韵》中就写道：“怪石千僧坐，灵池一剑沉。”他用对偶的句式，集中而形象地把这两个著名的景区呈现在读者眼前。值得品赏的是，这两个景区各有其鲜明的个性特色。

关于千人石景区的空间个性，释善住在《朝中措·虎丘怀古》中称“讲石”（亦即千人石）为“寂寥广坐”。一个“广”字，点出了千人石的空间性格。诗人吴伟业也如此，其《虎丘中秋新霁》说：“万籁广场合，道人心地平。”其《夜游虎丘次韵顾西巘侍御韵·千人石》也说：“广场月出贪趺坐，天半风摇讲院灯。”他进一步把千人石称为“广场”，这就更突出了它那横向空间的广阔。

千人石为虎丘主景，位于该山中央，是一片平坦如砥的巨岩，略

虎丘千人石和剑池景区

带倾斜，石呈黄褐色，横向整体生成，其宽竟达数亩，足可容千人趺坐于此听讲经。这一罕见的奇观，气势磅礴，境界开阔，明朗敞豁。人们在这里，还可见天空寥廓，云岩寺塔高高矗立于背景上。这一切令人心胸宽广，视域无限，前人用一个“广”字来概括，极为准确。

再说剑池，其形象更为罕见，空间性格更为鲜明。当人们恋恋不舍地离开千人石景区，可见北面石壁上刻有“虎丘剑池”的雄秀署书，进入其旁的月洞门，会立即发现门内空间与外面的千人石空间迥乎有异。这个剑池空间，不是广阔的，而是狭窄的；不是明朗的，而是幽暗的；不是敞豁的，而是封闭的；不是横向展开的，而是纵向峭拔的……它与千人石空间形成了鲜明的对比、强烈的反差。

与千人石景区以山石为空间主题不同，剑池景区以涧壑为空间主题。试看，剑池之水是如此地幽黑渟泓，深不可测，其池形则南略宽，北略窄，犹如平放的宝剑。当人们站在池畔石矶上，目光由宽而窄，由近而远，由浅而深，由清晰而模糊地往里延伸，其理智会邈远地走进古老的历史，想像会飘摇地升往传说的天宇：以剑殉葬的吴王阖闾，凿岩求宝的秦始皇、孙权……一切像谜一样地展开。此外，剑池的一系列罕见的空间特色，也能给人以强烈、深刻的印象。对此，历代诗人的题咏更多，特集纳于下：

溜深涧无底，风幽谷自凉。宝沉余玉气，剑隐绝星光。（南朝陈·张正见《从永阳王游虎丘山》）

剑池石壁仄，长洲荷芰香。（唐·杜甫《壮游》）

阴风生涧壑，古木翳潭井。（宋·苏轼《虎丘寺》）

虽然培塿疑异物，划开阴崖十丈悬。（宋·叶适《虎丘》）

望月登楼海气昏，剑池无底浸云根。（明·高启《虎丘寺》）

岭敧栈仄，循壁俯瞰，潭子深黑。（清·陈维崧《绕佛阁·由剑池循石磴上》）

凝云闭崖色，古木交涧阴。（清·姚燮《剑池》）

从历代诗人的吟咏来看，其最深切的感受是“深”“凉”“仄”“阴”“翳”“敧”“黑”“凝”“闭”……诗人们的感受是准确的、典型的。试看剑池空间的两侧崖壁，陡悬狭仄，险峭如削，真可谓“划开阴崖十丈悬”。这里，悬崖拔地而起，直指上空，人们必须抬头仰望，方见天日；目光必须穿过横逸的古木、倒挂的藤萝，方能看到狭窄的天空，方能看到留有“双吊桶”的陈公桥凌空飞架。而剑池正面崖壁上“风壑云泉”四个擘窠大字，更增添了空间的仄势险情。

从比较的角度来思索：千人石和剑池这两个空间，特色和情氛是如此不同！然而，二者又只有一墙之隔，又只有一个月洞门可通。洞门上所刻“别有洞天”四字，真是至为恰当。由此，人们完全可以得出一个结论：一墙之隔，一门之通，竟是两个天地！墙和门真是必不可少。试想，如果拆去这一堵界分空间的墙，使内外两个空间融通为一，那么，其他的景观虽然依旧，但“别有洞天”的空间感已不复存在，开朗广阔的横向空间与幽暗狭窄的纵向空间的审美对比也不复存在或大为削弱了。因此可以说，这两个著名空间的对比之妙，全靠一墙之回合，一门之可通。人们还可进而推论：隔之则双美，不隔则两伤。在苏州园林里，极简单的一墙一门，一廊一窗，其回合景区、分隔空间的功能可谓大矣！

虎丘还有一些自成体系、各具特色的园中之园、大小院落。拥翠山庄固然已是独立的山区园林，此外，“巢云”飞廊沟通的院落、“第三泉”空间、云岩塔院、致爽阁、平远堂、小吴轩、冷香阁……这些景观空间，也主要地靠廊墙、山石等来回合、分隔，就以“第三泉”这一别致的山泉院落来说，也离不开入口处的院墙和月洞门。

虎丘园林，景区众多，各具特色，其回合建构，因山制宜，极其成功。这里用得到清帝乾隆《塔山西面记》中的一段话：

> 室之有高下，犹山之有曲折，水之有波澜。故水无波澜不致清，山无曲折不致灵，室无高下不致情。然室不能自为高下，故因山以构室者，其趣恒佳。

虎丘也是如此，因山构室，因山围景，因山高下曲折而致灵。这里，除了空间回合艺术外，曲径通幽也极其重要，它以曲蹊、曲路、曲廊来串连一个个景区、院落，令人在园内左绕右拐，高下起伏，感到无比曲折幽深。其实，在唐代，白居易就有这种感觉，他在《题东武丘寺六韵》中说：“香刹看非远，祇园入始深。”这也就是说，虎丘这个寺观园林，看上去并不深远，但进入园内，就感到幽深不尽，意境无穷。这一审美效果，离不开因山构室、回合空间、曲径通幽等造园手法的成功运用。

在苏州园林里，小廊回合，云墙分隔，造成了一个个大大小小的园中之园——闲庭小院，景区空间，它联缀以曲径通幽，还可能形成游览中极为可贵的意外性、突然性、出奇性……而古代山水田园诗画，也特别喜爱追求和描绘这种境界。唐代诗人王维《蓝田山石门精舍》就说：“玩奇不觉远，因以缘源穷。遥爱云木秀，初疑路不同。

安知清流转，偶与前山通。”宋代诗人陆游《游西山村》也说：“山重水复疑无路，柳暗花明又一村。”这都表达了游览探幽过程中一种颇为难得的喜出望外之感。

中国园林境界的这种绝处逢生、别有洞天，在外国友人心目里，会感到别致、新奇而印象特深。日本学者横山正在《中国园林》一文中，这样写下了自己的观感：

> 花园也是一进一进套匣式的建筑，一池碧水，回廊萦绕，似乎已至园林深处，可是峰回路转，又是一处胜景，又出现了一座新颖的中庭，忽又出人意料地看到一座大厦。推门入内，拥有小小庭院。想这里总已到了尽头，谁知又出现了一座玲珑剔透的假山，其前又一座极为精致的厅堂……这真好似在打开一层一层的秘密的套匣。

这段文字，主要是以苏州留园为范本的描述，但在苏州其他园林如拙政园、网师园、狮子林、沧浪亭、怡园、耦园中，也常常会遇到这种境界。山重水复，柳暗花明，层层相套，渐入佳境，小廊回合，曲折幽深……这就是苏州园林的空间序列、艺术意境。

第六章　透漏空灵

太湖石之美，在“瘦”“透”“漏”“皱”四个特点。这些特点，在苏州园林里，有着典型的表现。苏州园林里的文人们，是爱太湖石的，与之为伍，情投意合，这可用郑板桥的话来形容：“非唯我爱竹石，即竹石亦爱我也”（《竹石》）。

苏州园林里太湖石之所以特别多，所以备受钟爱，除了太湖石本身具有种种特质、种种功能外，还由于它与苏州园林具有某种异质同构性，也就是说，二者的性质虽是相异的，因为一是石，一是园，石只是园的构成部分之一，然而其结构却有相同互通之处。

太湖石和苏州园林的异质同构，主要在于透漏空灵，或者说，苏州园林，它也像太湖石一样透漏，一样空灵，一样玲珑有致……

陈从周先生曾一再指出：

我国古代园林多封闭，以有限面积，造无限空间，故“空灵”二字，为造园之要谛。（《续说园》）

园林以空灵为主，建筑亦起同样作用，故北国园林终逊南中。盖建筑以多门窗为胜，以封闭出之，少透漏之妙。（《说园（三）》）

这一透漏空灵的造园规律，正是从以苏州园林为代表的江南园林中概括出来的。

苏州园林，既注重向外借景，又注重对内透漏，还适当利用壁镜，利用水面，开拓“镜中天地”。这样，和全国园林相比，江南园林的杰出代表——苏州园林可谓臻于空灵之极致了。

一、园外有“园”

苏州水城，吴地水乡，山温水软，风物清嘉，其本身就带有园林美的质素。在这一地理条件下，在这一优越环境中，园林的界墙，似乎不完全可视作园“界”……

在宋代，苏舜钦在《沧浪亭记》中说，他以四万钱买下弃地遗址，于是“构亭北埼，号‘沧浪’焉。前竹后水，水之阳又竹，无穷极”。他购地的面积是有限的，而且似乎仅构一亭，但边界却又似乎是“无穷”的，这就是其妙处。他在《沧浪亭记》中显然把视野所及的园外之景也写了进来。其《答韩持国书》说：“家有园林，珍花奇石，曲池高台，鱼鸟流连……”他称之为“园林”，看来，园林内建构不止一亭，但是，基本上还是有其“界围”的，但《沧浪亭记》中却把园外也当作园内来描述了。在苏州园林史上，至少从苏舜钦开始，审美视野就已冲破了园林的“界围”，把园外之景当作是园外有“园”——即本园拥有的一个外在组成部分来看待了，这就不仅仅是“借景”问题了。今天，沧浪亭布局虽变化极大，却仍不失苏舜钦遗意。

在明代，“园外园”的思想更有发展。竟陵派领袖钟惺在《梅花墅记》中从哲学的高度说，“出江行三吴……入舟，舍舟，其象大抵皆园也。”他把吴地水乡广大区域都看作是“园”，水之上下左右，高、深、虚、曲、横、竖……“无非园者”；甚至人们“身处园中，不知其为园”。还说，“予游三吴，无日不行园中……”他竟在园外游“园”了，真是发人深思，妙趣无穷。

当代著名作家王蒙先生在《苏州赋》中则说，苏州“左边是园，右边是园”。他还把塔、桥、寺、河、石径、帆船……看作是园的延伸、扩散，言下之意，也“无非园者”。由此进一步推理，对于水城水乡的这些景物，园林只要与之构成特定的有机联系，就可以使之成为该园的附属景观或附属景区，成为该园的一个园外之“园”。

苏州园林意境的表现之一是：一方面，园中有园，大园包小园，对此，“小廊回合”部分已作品说；另一方面，又往往园外有“园”。这类园外之“园”，正是这里需要详说的。

陈从周先生在《说园（五）》中指出，城市造园，“欲臻其美，妙在‘借’‘隔’……至若能招城外山色，远寺浮屠，亦多佳例。此一端在‘借’。而另一端在‘隔’，市园必隔，俗者屏之。合分本相对而言，亦相辅而成，不隔其俗 ，难引其雅……”

前文多次涉及，苏州市区园林是居尘出尘的城市山林，要“隔断城西市语哗”（汪琬《再题姜氏艺圃》），必须用高墙深院来围合，来封闭，以遮隔尘嚣，与此相应，园墙四周的门窗也必须开得少，越少越好。当然，园林修建是好事，但也会有不成功之例，如怡园面临繁华喧嚣的马路，门固然非开不可，但门旁再特辟两个漏窗，则是败笔，是漏洞，是蛇足。它既将园内清幽之景泄漏出去，又将园外尘嚣之喧招引进来，这种“双向交流”，在一定程度上影响了城市山林的意境。但是，苏州绝大多数的园林，对外基本上是封闭的，或者说，基本上是一个封闭系统，其功能就是屏俗隔尘。怡园门额就有“隔尘”二字，正突出了该园的这一功能，而且它还是对苏州园林这一功能的高度概括，值得重视，惜乎今日修建，违反了这一原则。

封闭与开放本是相对而言的，对于园外来说，就是不但应隔其尘、俗，而且还应引其美、雅，充分利用苏州优越的地理条件，将周围远近的“无非园者”即带有园林美质素的景物，尽可能地引借入园，使其成为园外之“园”，成为本园外在的一个有机组成部分。

计成的《园冶》，对借景极为重视，他一再指出：

> 园林巧于因借……借者，园虽别内外，得景则无拘远近，晴峦耸秀，绀宇凌空，极目所至，俗则屏之，嘉则收之，不分町畽，尽为烟景，斯所谓巧而得体者也。（《兴造论》）
>
> 构园无格，借景有因……夫借景，林园之最要者也。如远借，邻借，仰借，俯借，应时而借。然物情所逗，目寄心期，似意在笔先，庶几描写之尽哉！（《借景》）

按计成的说法，晴峦耸秀，绀宇凌空……通过远、近、俯、仰以及应时之借等，均可招引入园，尽为烟景。这样，园外之“园”的美景，当然就颇为丰富了。

苏州园林通过借景构成园外有“园”，其形式、方法也是多种多样的，这里不拟按计成对借景的分类，而仍按本书一贯的原则——以园林建构要素来分类，这样，可以有下列数种：

（一）引借建筑，促成园外有“园”

现存的佳例莫过于拙政园。人们如在中部倚虹亭或“梧竹幽居”附近向西漫步，可见“别有洞天”半亭之上，在两旁古木翠柳树冠丛中特意留出的空间里，北寺塔淡淡的塔影耸立天际，被园内碧树浓荫簇拥着。这一“远寺浮屠”“绀宇凌空”的形象，既极大地拓远了园林的空间，又极大地丰富了园林的天际线。它的倒影，还荡漾于园内清池碧波之中，一上一下，相映成趣，这也极大地丰富了园林景观。苏州园林除了寺观园林外，都没有塔，拙政园能引入此景，弥足珍贵，堪称园外有“园”的典范之作。

郊远园林，条件就优越多了。虎丘附近曾有塔影园，将云岩寺塔影映入池中，该园至今留有尚待修复的遗迹。虎丘寺内拥翠山庄，则能仰望云岩寺塔。至于常熟诸园，则均能招虞山的辛峰亭入园，连虞山一角也成为其园外之“园”。

（二）引借青山，促成园外有“园”

沧浪亭有看山楼，拙政园有见山楼，当年都能眺望远方起伏的青山，留园登高也能远眺群山……从而遥远地拓展园林空间。而今，只有郊远园林才具备这一条件。

在高义园，多处能品赏天平山“万笏朝天”的奇观。寒山寺碑廊之南有“花篮楼”——“枫江第一楼”，登楼则可遥望狮子山一带景色……

在常熟，“十里青山半入城”，虞山是各园所共享的、最理想的园外之“园”，燕园、赵园、曾园无不如此。在曾园，到处都能看到蜿蜒的虞山；在池中，又能看到它的倒影；登上琼玉楼，更可见巍巍虞山及山上的剑门、辛峰亭等，“其象大抵皆园也”，皆奔来眼底，呈现出一派葱郁的生生之气。曾园是俗名，其本名为“虚霩园”。这一园名，空灵生动之极，语出《淮南子·天文训》：“虚霩生宇宙，宇宙生气……”园林要把宇宙之气、寥廓之境，统统作为园外之“园”，而虞山虚灵宏观的画面，正是其具体显现，怪不得它赢得了“山色湖光共一园”之誉。山色烟岚，已成了曾园外在的有机组成部分。

（三）引借绿水，促成园外有“园”

苏州园林，一般是高墙深院封闭式的，沧浪亭则不然，向园外之水敞开。陈从周先生《苏州沧浪亭》一文指出：

> 人们一提起苏州园林，总感到它被封闭在高墙之内，窈然深锁……在这个小天地中创造别具风格的宅园，间隔了城市与山林的空间；如将园墙拆去，则面貌顿异，一无足取了。苏州尚有一座沧浪亭……非属封闭式……涟漪一碧，与园周匝……园内园外，似隔非隔，山崖水际，欲断还连。此沧浪亭构思之着眼处。若无一水萦带，则园中一丘一壑，平淡原无足观，不能与他园争胜。

试看，沧浪亭的园门，面园外之水、向园外之桥而开；沧浪亭的面水轩、观鱼处以及复廊，均面园外之水而建；繁茂的老树新枝，均向园外之水而生……这一极其透漏空灵的大胆处理，不仅其入口妙处在于

沧浪亭园外的“园”

让人在俯瞰清流、信步过桥入园时，在精神上能以“沧浪之水”洗濯尘心，进行审美的净化，为游园准备必要的心理条件，而且还能借园外之水，以补园内缺水之不足。沈光祀《水龙吟·沧浪亭》写道：

> 剪来半幅秋波，悠然便有濠梁意。潭清潦尽，水明天淡，一湾空翠。蘋末风来，松阴雨歇，晚凉新霁。望芙蓉镜里，夕阳红衬，攒峰影，堆螺髻……

园外的半幅秋波，一湾空翠，是“剪（借）”来的。雨后夕阳，又绘出了半湾瑟瑟半湾红的动人画面。这园外之“园”，似乎比园内之园更优美，更迷人，或者说，它竟是以园外之水，当作园内之“园”了。杜甫《怀锦水居止》写道：“层轩皆面水，老树饱经霜。”该诗句也可用来为这里写照。杜诗不也是极美的园景吗？“门引春流到泽”（计成《园冶·借景》）的手法是高明的。园外这一笔，妙手得之，真是“不着一字，尽得风流”！

吴中区东山的启园，是滨水园林，它背倚高耸的莫厘峰，面向浩瀚的太湖水。在园内，无论是在土石山上观景制高点的“晓澹亭”里，还是在湖畔的湖石小山——骆驼山上，都不但能回顾巍峨起伏的莫厘峰，而且还能前瞻一望无际的太湖烟波，这正如山巅的题刻所云：“万顷波涛一望收”。人们如再在湖边堤岸漫步，登挹波桥，越环翠桥，均可见远方风帆点点，水天一色，令人心旷神怡！如又在翠微榭附近漫步，可见层次丰富的景观画面：近景为有七折之多的平曲桥，溪水从这里流向太湖；中景为弯曲如弓的石拱桥，其旁的山上，小亭翼然耸立，界破了平远构图的单调；远景则是渺弥不尽的水域——太湖，令人目力难穷……在启园里，山外有山——莫厘峰；水外有水——太湖；景外有景——风帆、渔船；还有远方的水天……可谓“无穷极”了，然而均“无非园者”，这真可说是园外有“园”，虚廓之境生生不尽了。

吴江是典型的水乡，其古镇同里保存了许多明清时代的民居，又是一个著名的水镇，多桥多船……这用《梅花墅记》的话说，“其象大抵皆园也”，“水之上下左右，高者为台，深者为室，虚者为亭，曲者为廊，横者为渡，竖者为石，动植者为花鸟，往来者为游人，无非园者”，人们“无日不行园中”。而在水镇包围中的退思园，如用钟惺的眼光来看，仅仅是一个“园于水”的“园中之园”。当然，它无疑是个典型的水园。

对于作为水镇中的水园退思园，陈从周先生《说园（四）》写道：

> 吴江同里镇，江南水乡之著者，镇环四流，户户相望，家家隔河，因水成街，因水成市，因水成园。任氏退思园于江南园林中独辟蹊径，具贴水园之特例。山、亭、馆、廊、轩、榭等皆紧贴水面，园如出水上。

这正是退思水园的一大特色，如借用钟惺的话来形容，这就是“亭之所跨，廊之所往，桥之所踞，石所卧立，垂杨修竹之所冒荫，则皆水也”，而且都是园外水乡水镇之水，正像常熟的赵园经过“柳风”桥而让园内“静溪”之水穿墙与外河相通一样。如果说，退思水园是同里水镇的一个园中之“园”，那么，也可以说，同里水镇是退思水园的一个园外之“园”，二者通过“水”这一命脉而内外相连，息息相通。

在品说了作为贴水园的退思园之后，不妨再引一段《梅花墅记》中富于哲理的话作结：“三吴之水皆为园，人习于城市村墟，忘其为园；玄祐（梅花墅园主）之园皆水，人习于亭阁廊榭，忘其为水。水乎？园乎？……闲者静于观取，慧者灵于部署，达者精于承受。”游园的人，不但首先应是闲者，而且还应成为慧者、达者；不但应能品赏园中之园，而且还应不囿于成见，能灵慧地品赏园外之“园”……

二、审美之窗

如上文所述，苏州园林除了通过借景以促成园外之“园”而外，它对外基本上是一个封闭系统，然而，对内却又是一个特大的开放系统，具体地说，就是其中门窗的数量总是尽量地多，而墙壁的面积总是尽量地少，即所谓“常倚曲栏贪看水，不安四壁怕遮山”“四壁荷花三面柳，半潭秋水一房山”……这样，园内就特别轩豁敞朗，透漏空灵。

关于窗的特殊功能，李渔在《闲情偶寄·居室部》提出了“无心画，尺幅窗”的著名说法。李渔的体验，既是独到的，又有普遍意义。对于“尺幅窗”的种种作用，笔者曾作分析、阐发，并称之为“审美之窗”（见拙作《审美之窗》，《艺术世界》1985 年第 2 期）。所谓“审美之窗”，应作广义的理解，即除了狭义的窗之外，其他诸如各种各样的洞门以及在视觉中上下左右交搭而成的框架，只要本身是一种美，而人们又能透过它品赏外面的景物，统统可称之为“审美之窗”。

眼睛是心灵的“窗户”，窗户是屋宇的“眼睛”。审美之窗正是如此，它的功能是让审美的心灵和眼睛穿过屋宇的窗户、框格去选美、赏美。

苏州园林里的审美之窗，形式最为多样，结合实例分类列举如下。

（一）花 窗

一般辟于室内墙上，厅堂馆轩有了它，既能通明采光，又能体现室内装修之美，还能供人观景品赏。它又称砖框花窗，一般是在方形、六角形或八角形砖框或木框中装以木质窗，窗框周围制为优美的花边图案，中间则镶以玻璃，纯露空明，以供采光、观景。它可以是一扇，也可以是多扇构成系列。如网师园殿春簃书斋北面，就有一列花窗，窗框四周均饰为乱纹图案，非常美观，透过中间玻璃，可见北面狭长天井内，黄石叠山，错落有致，山间竹丛，婆娑有情，是一幅

网师园殿春簃花窗

不可多得的静中带有动态的立体画。这一作为系列花窗对景的竹石"框景"，其绘画美的表现至少有三：

其一，宾主搭配有情。李成《山水诀》说："凡画山水，先立宾主之位，次定远近之形，然后穿凿景物，摆布高低。"窗外画面正是这样，主山耸峙于西，次山散布于东，二者有尊卑异形之象，宾主呼应之情，而竹丛的分布，也有高低远近之异，是一幅绝妙的构图。

其二，主山叠掇有势。郭若虚《图画见闻志》说："画山石者多作砚头，亦为凌面，落笔便见坚重之性，皴淡即生洼凸之形。"窗外主山，堆得如此这般地极有气势，它苍硬顽涩，磊落雄壮，层叠坚厚，嵯峨盘互，其下部交搭，既不层层顺叠，顶部矾头，又不零乱琐碎，加以竹丛穿插，背景映衬，更显出大小攒聚，阴阳多变，而又浑然一体，气势不凡。

其三，虚实相生不尽。画面上，一边以竹石填塞，覆压重深，另一边则以粉墙提空，显露一派虚灵，它既如远岚无际，又如远水无波，真可谓“挥毫落纸如云烟……画中之白，即画中之画，亦即画外之画也”（华琳《南宗抉秘》）。此外，大片实处，又略留虚白，显出空灵；而大片虚处，又点以片石，破其空疏，做到实中有虚，虚中有实，虚虚实实，相生不尽……

在这幽静书斋之中，窗内盆花做伴，窗外竹石似画，这是何等的雅趣！然而这里的系列花窗，功不可没，若代之以墙，则两面皆索然乏味矣。

又如网师园看松读画轩明间之北，挂落之上，悬有“看松读画轩”之匾，其后之墙上两侧，悬有对联，按例中间应是一幅画，这才是成套配置，然而，这里却代之以花窗，窗外则景物如绘。这是真正的“无心画”，它在上下左右陈设的烘托下，十分醒目而意味深长：原来“看松读画轩”请人“读”的，竟是“尺幅窗”的“无心画”！这一构思设计，可谓别出心裁！

（二）漏 窗

漏窗与花窗有相同之处，即窗内均有图案花纹，但相异之处甚多：一是花窗内中露空明，镶嵌玻璃，还有防御风雨寒暑的实用功能，漏窗则内外相通，只有审美功能，窗内满饰图案，透漏处又影影绰绰，可见窗外景物，而且不规则的景物和规则的窗格图案相叠成文，相映成趣。二是花窗如果构成系列，其式样、图案必须一致，而漏窗如果构成系列，其框宕形式大小虽应基本一致，但窗内图案却切忌雷同。例如，沧浪亭曲折的复廊和长长的单面廊，墙上的漏窗，窗窗纹样不一，有一百多式，可看作是漏窗图案的范本。建筑学上把辟有漏窗系列的墙，称为“漏明墙”，就有透漏空明之意；又称“花墙洞”，“花”，当指其图案优美，“洞”，当指其透空洞达。漏窗在墙上等距出现，还能形成节奏感，这也是苏州园林重要的构景手段。三是花窗系木质的，漏窗则主要材料为砖瓦之类。凭借这类简陋的材料，却能创造出繁复的花样，千变万化，生发无穷，可见设计、技艺之高超。

留园“古木交柯”前北面廊壁上，有一组漏窗，其位置、功能都是有口皆碑的，本书在“含蓄掩映”等部分已详加品说，这里只说这六个窗的式样。它们均为正方形，且高低、距离均一致，这是“统一之美”，然而其图案又表现出“多样之美”，自西向东看，依次为藤茎如意纹式、葵花式、海棠兰花式、十字川龟景式、宫式万字式、六角式，后经修建，第四、第五窗已略有变化。由于此廊为重要过道，较宽阔，而“古木交柯”天井又较狭窄，因而室内较暗，于是光线由系列漏窗透入，突出地发挥了“漏明”的功能，特别显眼醒目。再看这一系列漏明之窗的暗色花纹，或略疏，或略密，或略明，或略暗，然而无不玲珑剔透，隐约地漏出墙外的花木山池，煞是好看，其勾引游人审美心绪的作用，在国内是一流的。

沧浪亭还有一类漏窗，排列在“步埼”附近三面廊壁上，其边缘框宕并不规整抽象，而是随其具象而赋形，有汉瓶、秋叶、寿桃、盆花、小亭、扇面、海棠、葫芦形等多种式样，各窗中图案花纹也各异，窗外花树影影绰绰，景色也不一，在阳光斜照下，诸墙漏窗相并相对，互摄互映，窗花光影之美杂然纷呈。然而更妙的是，其形式的多变又是与爬山廊的起伏多变相适应的，这显示了经营者的一番艺术苦心。

此外，还有种种变式。耦园有一段廊壁上辟有或方或圆的系列漏窗，它适当吸取了花窗的某些形式，其周围图案花框比一般花窗宽，中心漏空则比一般花窗小，且制为种种几何形状——圆形、方形、菱形……这样，中间空明处既可供窥景，周边又更多装饰趣味，窗上“有”“无”“虚”“实”之间 还形成鲜明对照，阳光将其投影于廊内地面，又是一种赏心悦目之美。

留园“鹤所”的审美之窗是极著名、最成功的，可谓“处处邻虚，方方侧景”（计成《园冶·门窗》）。以其中一窗为例，它的创新在于：既是漏窗与花窗的有机组合，又是“半窗”和“纱槅”的缩小。其框宕用清水砖作，但又不用周边图案的形式，而是整个窗内遍布细巧、疏朗的花格图案。其四周为纤细虚灵的线条、花结，中间凌空似的横排三扇系列“半窗”，其“心仔”饰为冰裂纹样，并间以上、中、下镂空花纹的“堂板”，使其虚、实、疏、密相间有序，既整齐规则，又错综变化，规整而不见呆板，交错而不见杂乱，表现出清朗、明媚、雅洁、新巧、工致、韶秀之美。计成《园冶·门窗》说：“门窗磨空，制式时裁，不惟屋宇翻新，斯谓林园遵雅。”此窗正是这样，既翻新合时，又古雅可观，这在苏州园林里是独一无二的。人们透过这一博采花窗、漏窗、半窗、纱槅之美的花格，可见芭蕉院里，株株抽绿，对面墙内，窗窗相套，它以独特的图案、框景，满足着人们的审美需求。

（三）空 窗

空窗是墙上所开空洞，其中既不设窗扇，又不饰图案，只有一个框宕，此外空空如也，别无长物。《营造法原》称之为“月洞”，但其名易产生误解或歧义，或将其理解为必须是圆形的，或又与月洞门相混。当然，空窗确有圆形的，如狮子林复廊靠立雪堂庭院一面壁上，辟有一排团圞如月的系列空窗。从外面看，它打破了粉墙单一的平面，增加了形式的美感。从廊内看，壁上系列圆窗空宕不大，另一面壁间则为不透明的彩色玻璃花窗，这就造成了必要的幽暗甚至神秘感，能产生以暗衬明的过渡作用，以往还能烘托“立雪堂”的宗教气氛。但是，月洞形的圆空窗在苏州园林群里毕竟较少，为免误解，故本书一律称“空窗”。

空窗由于其中完全漏空，纯属空明，因而形式更能自由活泼，多种多样。常规的除正方、长方、六角、八角形外，还有许多小型的变式，称为小品空窗，其点缀的功能更为突出，如怡园西部南雪亭一带廊间，如取适当视角，可看到汉瓶形、秋叶形、葫芦形三个小品空窗层叠相套，这成为摄影家们乐于摄取的好题材。

除了这类点缀、添趣的特殊作用外，一般空窗特别能使墙、院内外，气息周流，透漏空灵，引进幽美的景色、清新的空气，并丰富建筑的空间层次，增加建筑的立面变化……但更重要的是，它比起漏窗乃至花窗来，是毫无遮挡的，视线可通行无阻，是地道的“无心画”，因而最易组织立体景面；而且空窗外面，设计者一般均精心配置景物作为“对景”，如拙政园的嘉实亭、艺圃的响月廊、留园的鹤所和曲溪楼……其空窗之外均有构图美妙的“画幅”，其他园的佳例也俯拾即是，这也可说是苏州园林的重要特色之一。

网师园的竹外一枝轩，透过轩壁月洞门两侧的特大方形空窗，审美的耳目可品赏集虚斋前的竹丛，它参差错落，绿影离离，而当清风过处，则摇曳生姿，铿然锵然，这种色相态势，互生互补，是妙不可言的立体翠竹音画。轩的西南转角处，本来直接面临水池，但未免太露太空，缺少层次，不够含蓄。设计师在此筑起窄窄的折角墙，西、南壁上再各辟一空窗，于是，气韵顿时生动，空间顿时灵异，这极其简单易成的墙与窗，却可说是全园画龙点睛之笔。从月到风来亭、濯缨水阁或游廊看，竹外一枝轩转角处有了这小小的墙面，特别是有了八角形和长方形的空窗，就既遮遮掩掩，又透透漏漏，显得意境无限，妙趣无穷，而从轩内向外看，则透过空窗不同的框宕，又可见虚亭、曲廊、水阁、云冈、花树以及池面倒影组成的不同“框景”画面……这两个空框的组景功能，是十分有效的。

还需指出的是，在苏州园林中，不论是花窗还是空窗，品赏其作为“无心画”的对景，还必须具有审美的眼睛与之相适应。

王朝闻先生在《神遇而迹化》一文中写道：

> 昨天下午四点到沧浪亭……透过翠玲珑的花窗看竹圃，也像在网师园殿春簃侧厅的半窗看窗外疏竹那么有趣；窗口仿佛是窗外疏竹的画框，但这毕竟不同于看画。第一，这种天然图画自身是在运动着；第二，观赏者的立脚点的转换使“画框”中的“图画”也起着变化……设计者对游人的审美活动提供了对象，起着引导观赏的作用。既然游人拥有自由选择或重新剪裁的可能性，这既表现了设计者那出众的艺术才能，也是他尊重游人需要发挥

主观能动性的具体表现。

是的，对于窗外的“对景”，正看、左看、右看、平看、仰看、近看、远看，效果会各各不同。花窗和空窗为人们提供了审美再选择的余地，让人们根据审美标准和个人爱好选取最佳画面来细细品赏，这确实是设计者对人们的信任、尊重，同时，也是对人们审美能力的一种培养，这是应该感谢园林设计家的。

（四）其他类型的窗

长窗，是安装于檐柱或步柱间可用来代门的长槅扇，又称落地长窗，其“内心仔”虽嵌玻璃，亦半透空，饰以各种精美纹样，人们在窗内亦可观赏外景。拙政园的四面厅——远香堂，四周全部装置明秀玲珑的玻璃长窗以代墙壁，人们透过一列一式的典雅精丽的窗框图案，东面可见云墙缭曲，古木苍然；南面可见黄石假山，小桥流水；西面可见桐竹华轩，曲廊萦纡；北面可见土山起伏，池荷摇曳……景色真是面面不同，窗窗不一，如观长幅画卷，有不尽之意。

半窗、地坪窗（槛窗），是装于半墙或捺槛之上的短槅扇，常用于厅馆的次间、厢房以及亭阁的柱间。透过窗格纹饰，亦可赏景。如拙政园的松风亭有系列半窗，而十八曼陀罗花馆两隅的耳室，其窗又是地坪窗的变式，其玻璃的图案色彩，海棠与菱形、白色与紫色互为“图—底”，形制美观，不论是启窗还是闭窗，都有山林荷池的优美对景呈现眼前。

和合窗，又称支摘窗，亦装于栏杆、裙板的捺槛上，呈扁长方形，每排窗相叠成三截或两截，上下开关，常用于旱船、亭楼、斋

狮子林探幽门框景

馆，如拙政园“香洲”的中舱，透过装饰优美的和合窗系列，可俯赏荷池风光，景效极佳。环秀山庄边楼的和合窗“框景”，风光亦佳。

（五）洞门

墙上辟有门宕，可往来通行而不装门户，不可关闭的，称为洞门，或称门洞。计成称之为“门空”，《园冶·门窗》：“切忌镂雕门空。”陈植注：“门空，即门洞，苏南称为‘地穴’。”但苏南匠师这一俗称，理解易生歧义，故本书不取，而称洞门，突出其标志性质的一个“门”字。洞门呈圆形者，称月洞门或圆洞门，这最为常见。此外，常规的还有长方形等。和空窗一样，洞门中由于“空空如也”因而建构也极自由，有多种多样的形式。如留园“古木交柯”与“绿阴”天井间，有长八角形洞门；留园由曲溪楼进入山池景区，则有正八角形洞门；拙政园与谁同坐轩，有汉瓶形洞门；可园的水池边，有阔大的花瓶形洞门。狮子林“探幽”砖额下，有海棠形洞门，门内铺地似锦，石峰如云，竹树扶疏，花篱隐约，这一框景，宛同宋元小品画。刘敦桢先生的《苏州古典园林》一书，概括洞门形式的多样性说：

> 洞门的形式有圆、横长、直长、圭形、长六角、正八角、定胜、海棠、桃、葫芦、秋叶、汉瓶等多种，而每种又有不少变化，如长方形洞门的上缘，除作水平线外，又有中部凸起，或以三五弧线连接而成。洞门上角，简单的仅作海棠纹，复杂的常加角花，形似雀替；或作回纹、云纹，构图多样……

这一概括，是比较全面的。

正像沧浪亭漏窗形制极为丰富一样，其洞门形式也多，处理手法也高超。如汉瓶形洞门，两面还有“耳”，颇为别致，而门的中部恰好契合对墙的漏窗，二者叠合，漏窗雅致的图案就成了瓶上的图案；又如葫芦形洞门内，有黄石花坛和杂草绿树，二者叠合，好似葫芦饰有彩绘，如同一个大型工艺品；再如，在一带弯弯的竹篱映托下，一条弯弯的路通往竹林掩映的月洞门，这种曲线运动使得月洞门似在转动，当人们走进月洞门返身回顾，圆月形的门宕中，又是一幅团扇般的曲篱翠竹图。

陈从周先生对苏州园林的审美之窗，也极为赞赏，在文中多次提及，现集纳于下：

> 枇杷园在远香堂东南……自月门回望雪香云蔚亭，如在环中，此为最好的对景。（《苏州园林概述》）
>
> 曲溪楼底层西墙皆列砖框（即空窗）、漏窗，游者至此，感觉处处邻虚，移步换影，眼底如画。（《苏州园林概述》）
>
> 园外景色，自漏窗中投入，最逗游人……而漏窗一端，品类为苏州诸园冠。（《苏州沧浪亭》）

这三个佳例，是撷出了苏州园林审美之窗的精华。

（六）视觉交搭的框架

在榭内、轩里往外看，上部的挂落、飞罩，下部的鹅颈椅、栏杆，左右的柱子等虽然实际上不在同一平面上，但视觉却可把它们交搭为一个审美的框架，它也可起审美之窗的作用，而且景效往往极佳。

如在留园“恰杭”轩，借助挂落、鹅颈椅、轩柱构成的“审美之窗”，南望小院中盘旋而上的叠石“一梯云”，俨然一幅佳山水，石隙中一株屈曲矫腾的石榴盘绕而上，而增画面的气势美。又如本书“季相时景”部分所品说的“恰杭”轩雾景画面，也是凭借这种视觉交搭而成的框架向北观照而呈现的。其他如耦园，也有以挂落、槅扇、鹅颈椅为画框，构成优美对景画面的佳例。

空窗、洞门、花窗等种种框架所形成的“对景”画面，均可称为“框景”。成功的“框景”的呈现，除了游人的配合和“对景”的配置外，主要靠门窗、框架的透漏空灵和造型的玲珑精美。李渔《闲情偶寄·居室部》说：“窗棂以明透为先，栏杆以玲珑为主。”这用来概括苏州园林的美，也是很恰当的。

三、镜中天地

怡园西部假山之南，有一亭，名为“面壁亭”。其题名取自菩提达摩（一作“达磨”）面壁的典故。据《五灯会元》卷一“东土祖师”载：初祖达摩大师“寓止于嵩山少林寺，面壁而坐……谓之壁观婆罗门”。面壁亭这一题名绝妙，可以寓含着三个意思：其一，亭构本身坐南朝北，面对假山石壁，契合于“面壁而坐”之义，这就把亭拟作为人了。其二，该亭除南面为墙而外，北面、西面均逼近假山石壁树丛，东面则为一单面廊，其所临的三面空间，都极狭窄，人们置身亭内，逼塞而不足回旋，余地极小，也给人以“面壁”之感。因而从设身处地的空间感来说，题以“面壁”二字，令人不禁拍案叫绝！其三，文人园林总作为一种修身养性之地，而面对墙壁默坐静修，正是题内应有之义，而且怡园进门处玉延亭就有董其昌所书联语：“静坐参众妙……”

由此看来，面壁亭对于景观和游人来说，必然是枯索乏味了。然而，面壁亭自有其妙手回春之术，这就是在南面墙上置一朝北的壁镜。于是，景况霎时改观，它把人们带进了绝妙的天地：面壁亭里镜中游。

亭里镜中之像，美在哪里？值得人们入内探幽寻胜。

不妨先从意大利文艺复兴时期大画家达·芬奇说起。他很爱镜子，常以镜子为喻，还将自己或别人的画放在镜中来欣赏。他启发人们深思道：“何以镜中看画比镜外看画美观？”其实，这现象和亭里镜中之美，是相通的。

（一）镜中之美是一种如实反映、形象再现的美

《红楼梦》中贾宝玉有谜曰：“像喜亦喜，像忧亦忧。”这就是镜子的特性。你喜乐的时候，它反映出来的绝不会是忧愁；你忧愁的时候，它反映出来的绝不会是喜乐。面壁亭中之镜也是如此，它把对面的景物尽摄入内，极大地扩展了面壁亭一带的空间感，使人看到的，不再是单调平板的一片墙壁，而是其中有景，其中有像：略侧于西而向东照镜，可见池山深幽，花树成荫；略侧于东而向西照镜，可见曲廊逶迤，引人入胜；再从正中看，则对面的假山、花树、水湾、山洞、螺髻亭……诸多景物，诸多色相，无不映现于镜中，收于眼底，而且镜中之景，富于立体感、层次感、深度感，它还随着人们审美脚

步的移动而变化，真可谓“移步换形”。这样，以镜代壁，其扩大空间的效能就不是以一当一，而是以一当十，可以说，它把镜前狭窄的空间不是翻了一番，而是翻了数番。

正因为镜子能如实而又形象地反映，所以达·芬奇说，画家“应当像镜子那样，如实反映安放在镜前的各物体的许多色彩”。他还在“笔记”中写下了“镜子为画家之师”的名言；现实主义文学大师巴尔扎克则说，“小说是街上散步的镜子……”这当然也是比喻。然而面壁亭之镜，确确实实成了人们审美散步的镜子，人们在镜前有跬步之移，镜中的活动画面就有微妙之变。

（二）镜中之美是一种新奇之美、自身参与之美

镜子不仅把面前真实存在的景物翻了一番，而且似乎反了一反：原来在你左面的，似乎变到了你右面；原来在你右面的，似乎变到了你左面……这样，面壁亭之镜又使你刚才熟悉的景色陌生化了，让你将身边熟悉的山水花木、曲折游廊反过来，在镜中再重温一次，再品赏一遍。而且，你自己也身入镜中，参与其间，这样，你所乐意欣赏的美，就是包括自己在内的甚至以自己为主体的、活动而非静止的风光摄影佳作。

（三）镜中之美是一种与虚幻感相伴随的诗情画意之美

用科学的语言说，镜中出现之像，是光学成像。它所摄入的并不是在镜中的真实存在，然而又非无中生有。因此，说它是虚幻的，却是真实的；说它是真实的，却又是虚幻的，可谓似真实幻，似实还虚，抓不住，摸不着，可望而不可即。中国的诗画，和西方强调如实

反映不同，它就崇尚这种空灵而生动的神韵。所以司空图《二十四诗品》说，“空潭泻春，古镜照神”；严羽《沧浪诗话》说，诗要如“水中之月，镜中之象”；谢榛《诗家直说》认为，读诗要“若水月镜花，勿泥其迹”……可见，镜子不但能如实照形，而且能虚幻照神。

古代诗人也早就发现了镜景比实景美，因此即使面对园林美景，也还要借镜来赏景。试看下列唐诗：

> 隔窗云雾生衣上，卷幔山泉入镜中。（王维《敕借岐王九成宫避暑应教》）
>
> 晓窥青镜千峰入，暮倚长松独鹤归。（吴融《即事》）

第一例是写王侯园林，窗外云雾缥缈，浓淡不定，山崖起伏，泉瀑遥挂，可谓气韵生动。对此美景，诗画兼擅的王维，不但开窗卷幔，尽情欣赏，而且还把它摄入镜中来品味，这样就更富有画意，更能达到浑化脱化的水墨境界。第二例是写山居园林，诗人在清晨，就用青铜镜把“千峰”收入其中来“窥”了。由此可见，这种以镜取景观景之法，已进入了成熟阶段。

到了清末，园林中设镜扩景，已成为自觉而普遍的造园手段。怡园主人顾文彬，曾以自己的园林为题材，写了数以百计的、调寄《望江南》的《眉绿楼词》，其中有一首写道：

> 怡园好，松桧拂云平。卷幔树添炉篆碧，隔池峰入镜屏青，人在画中行。

写的就是面壁亭一带景色。今天这里以及附近画舫斋，还有松、桧、池、峰……顾文彬就借助于“镜屏”——面壁亭之镜，隔池品赏对面的湖石峰峦，碧松翠桧，满怀美悦地感到“人在画中行”。顾文彬在词中，用了“镜屏青”特别是“卷幔”这类词语，显然是受了王维等人的影响，自觉地继承了这种园林品赏的传统。

进入面壁亭，“人在画中行”。镜中之像之所以如画，还在于其镜框如上文所说窗框一样，起着画框的作用，它极能生成画面之美，给人以“镜中复如画中”之感……面壁亭设壁镜一面，它启导人得出如下结论：面壁亭如不设镜，就是逼塞的死角，山穷而水尽；设了镜，实处就顿见空灵，死角就别有天地，柳暗而花明……

镜子，人们司空见惯，不以为奇，它在人们心目中没有什么地位。然而当它一进园林，却能变平凡为神奇。园林有了镜，就会使无象处有象，无景处有景，有象有景处则更进一步增值。欣赏国画山水，古人称之为“卧游”；欣赏古典园林，则有了所谓“镜游”。这种创景方法，又被造园家称为“镜景”“镜借”。

宗白华先生在《美学散步》中说：

> 对着窗子挂一面大镜，把窗外大空间的景致照入镜中，成为一幅发光的“油画”。“隔窗云雾生衣上，卷幔山泉入镜中。”（王维诗句）“帆影都从窗隙过，溪光合向镜中看。”（叶令仪诗句）这就是所谓“镜借”了。“镜借”是凭镜借景，使景映镜中，化实为虚（苏州怡园的面壁亭处境逼仄，乃悬一大镜，把对面假山和螺髻亭收入镜内，扩大了境界）。园中凿池映景，亦此意。

这里，把面壁亭的镜景效果、顾文彬的审美体验，都概括进去了。

苏州园林群里，“镜景”颇多。在亭壁上，在旱船里，在轩榭中，甚至在厅堂也设镜一面。于是，一方清镜之中，或晴峦耸秀，洞壑幽深；或亭阁临虚，古木参杂；或曲桥架水，弱柳舞风；或花竹相映，楼台入画……给园内平添偌大空间和一番风情。而且其镜像是一个发光体，光明洞彻，奇妙晶莹，使人如睹发光的油画，如见佛家的华严境界，如入琉璃世界、水晶天地。

还应重点评说的是，吴江退思园“菰雨生凉”轩内，设特大壁镜一面，横向置陈，面阔几近一间。它对面所映，不是面壁亭那种狭窄空间，而是广阔的空间。试看镜内，透过栏杆、长窗、半墙、半窗，框外的景色丰富。在阳光照射下，在镜面反光中，似真似幻地可见池

退思园“菰雨生凉”轩的壁镜

面宽广，水气迷蒙，亭榭参差，花木清华……退思园本来以贴水园著称，其水体景观是全园重点所在，有了这一特大壁镜，镜光与水光相映，确乎把这一带重点水景翻了一番，极大地扩展了审美天地。人们乍入轩内，会感到其中真的又有偌大空间……从这一极其成功的景效上说，这“镜景”又是一种出色的“疑景”。

再如在拙政园，得真亭南靠壁无景，故亦设大镜一面，映出了丰富的层次：山石、花竹、溪岸、流水……是为近景；造型优美的“香洲”，亭榭参差，飞檐起翘……是为中景；透过玲珑的建筑，可见“荷风四面”亭一带，烟柳迷蒙，曲桥蜿蜒……是为远景。值得注意的是，镜面还有一个功能，就是将景物的距离推远，让人保持着特定的空间距离和心理距离来观照，于是，镜中景色就和在画中一样，它在框内的平面里伸展得更远，造成一种意境。得真亭镜中景正是如此。

得真亭附近的旱船“香洲”，建筑形象华美靓丽，其中也设镜一面。人们进入“舱”中，迎面如睹一幅国画“中堂”，其中工笔所描，是精致的界画楼台，它处在曲岸绿树的烘托之中；然而人们一回首，恍然有悟，原来就是对岸的倚玉轩！

网师园的“月到风来”亭，壁间也有一镜，映出水池对岸“竹外一枝”轩、射鸭廊一带优美景色，宛如宋代的院画小品，然而又令人感到似实还虚，似熟还生。若在明月之夜，人们按照“风来水面”“月到波心”的思路，也许会在镜前变换方位视角，或上或下，或左或右，寻寻觅觅，真真假假，看看镜中到底有几许月影。这样，“镜游”更是“神与物游”了。

在苏州园林里，镜子的平面虽不大，收纳的天地却不小。它对空间来说，是化有限为无限的艺术手法之一；对游人来说，能补心目之不足，帮助眼睛发现美、品赏美。

园林的水池映景，这也是一种“镜景”——镜中天地。浙江绍兴有镜湖（鉴湖），就以湖为镜命名。《会稽记》：“镜湖在县东二里，故南湖也，一名长湖……周三百十里……王逸少有云：‘山阴路上行，如在镜中游。’”这种水镜之游，与壁镜之游又自不同。前文已说过，网师园水池的不植荷蕖，其“镜景”有芥纳须弥之景效；至于在拙政园西部品赏倒影楼一带“镜景”，漫步俯视，更如山阴路上，镜中神游……

第七章　秀婉轻柔

在虎丘寺山门两侧，有门额曰："山清""水秀"。这是用高度凝练、整饬的语言，概括了吴地山水的审美特色，一个"秀"字，特佳。

对于苏州园林的审美风格，陈从周先生曾有精确的概括。他通过与扬州园林的比较，一再指出：

> 余尝谓苏州建筑及园林，风格在于柔和，吴语所谓"糯"，扬州建筑与园林，风格则多雅健……（《说园（五）》）
>
> 扬州园林……与苏州园林的"婉约轻盈"相较，颇有用铜琶铁板唱"大江东去"的气概。（《扬州园林与住宅》）

他在《苏州园林概述》中还指出，苏州园林风格有类于南宗山水画，"秀逸天成"，整个园林具有"轻巧外观"，"秀茂的花木，玲珑的山石，柔媚的流水"，十分协调……可见，苏州园林风格的特征是："柔和""秀逸""轻巧""秀茂""玲珑""柔媚""婉约轻盈"……

这种风格，在西方美学里被称为优美、秀美或秀婉，它不同于崇高、雄伟；在中国美学里被称为阴柔之美，它不同于阳刚之美；在宋词评论里，它属于婉约，如柳永的词，“只合十七八女郎，执红牙拍板，唱‘杨柳岸晓风残月’”，它不同于豪放，如苏轼的有些词，“须关西大汉，铜琵琶、铁绰板，唱‘大江东去’”（俞文豹《吹剑续录》）……

苏州园林秀婉轻盈、阴柔优美的艺术品格，与苏州特殊的水土所培育的苏州人的品貌、性格，存在着某种值得探究的对应关系。

著名京剧表演艺术家盖叫天（张英杰）先生，中年以后酷爱听苏州评弹。有一次，他在杭州寓所的关于评弹的谈话中风趣而生动地说：

> 讲到苏州评弹，我就想起苏州人。苏州人的腔调，苏州人的面孔。瓜子脸……眉清目秀；大大的眼睛，薄薄的嘴唇，额角比较宽，下颚比较尖，下巴比较长，牙齿比较细小，但是很整齐……女人的眉毛比较细……像蛾眉似地往下弯下来。说话之前先微微一笑：“啊哟！”“倷呀！”“俚呀”，“噱得来！”……
>
> 苏州话和苏州的面孔，好像搭配得好……
>
> 讲到苏州人，我想到苏州西园寺里的罗汉堂。那里五百尊罗汉，很多是笑嘻嘻的，慢条斯理的样子，不像别处的罗汉，竖眉瞪眼……一副找人斗法的样子……苏州这地方，山清水秀，苏州的花园都很精致，小巧玲珑，就像苏州人一样，有股秀气和灵气。听评弹就有那股味儿。（苏州评弹研究会《评弹艺术》第三集）

这里的评语，如“清秀”“细小”“精致”“秀气”“灵气”“小巧玲珑”，虽然主要是形容苏州人、苏州话、苏州雕塑、苏州山水、苏州评弹的，但和陈从周先生对苏州园林风格的品评是完全一致的，因而也完全适用于苏州园林。

苏州园林秀婉轻柔的艺术风格，其表现是多方面的，例如，城市山林的清新，芥纳须弥的细小，湖石立峰的玲珑，黑白光影的柔和，亭馆轩榭的典雅，香径游廊的宛曲，洞门漏窗的空灵，遮隔幽深的含蓄……所有这些，无不是秀婉轻柔之美在苏州园林里的种种具体表现。对于这些，本书已均有不同程度的涉及，故不拟重行品说。这里，只拟重点品赏苏州园林云行翚飞的轻盈，小桥流水的阴柔，精雕细饰的巧丽。

一、云行翚飞

云行翚飞，这里主要用以指苏州园林建筑的曲线美。云行，指苏州园林中的云墙之美；翚飞，指园林建筑的翼角之美……它们都是秀婉轻柔的动态美的突出表现。

苏州园林中用以分隔回合庭院的墙（建筑学上有称“塞口墙”的），从其顶部呈现的线条来看，主要可分为直线和波状线两种。二者相比，前者简朴而质直，呈静止状态；后者优美而婉曲，呈运动状态。而这种呈波状线的墙，被称为云墙，它很有构景功能和观赏价值。

云墙在苏州园林中效果最好的，首推拙政园的枇杷园。在远香堂侧的东面或东南面，可看到枇杷园低矮的云墙所呈现的波状线，横穿于黄石绿树之间，波峰与波谷交替出现，有节奏地蜿蜒着。这确实会给人以一种运动感，因为与它相似的流水的波纹也是动态的。然而，这种动态又是轻微的，舒缓的。中国文人特别崇尚行云流水般的舒徐状态，云墙正是适应了这种状态，它如云之行，如水之流……既不是死水一潭，又不是惊涛骇浪，令人轻快而舒心，因而它与文人写意园十分融洽协和。

值得注意的是，枇杷园云墙本身的走向，也不是直线的，而是一条曲线，它由南往北，折东，折北，再往东而止，特别是几个拐弯之处，均特意泯却了 90 度的直角，呈现出弯弯的弧曲形，这就更使得云墙不论从哪一角度品赏，都感到它达到了柔和、婉曲的极致，由此可见其艺术匠心。

枇杷园的门，还辟为月洞门，这也增加了云墙的柔性美和运动感，感到圆形的门在转动着，并能和云墙带有动态的曲线美互为映发。拙政园分隔中、西两部的“别有洞天”月洞门附近的墙，也配以云墙形式，从西部的宜两亭俯视，也可见这种秀婉优美的线形运动。

留园中部的闻木樨香轩，建在山地高处，它连接着一条爬山廊，而廊、轩之后的云墙，不但自身有节奏地起伏着，而且还随着爬山廊的起伏而相与起伏，这又更增加了行云流水般的动势美，而这种动势还显得特别轻巧自然。朱光潜先生在《文艺心理学》中谈到“柔性美”亦即“秀美”时说，波纹似的曲线是一般人所公认为最美的曲线，而运动愈显出轻巧不费力的样子，愈使人觉得“秀美”。波状线的运动正是一种最轻巧省力的运动，因而人们总“觉得曲线运动最秀美”。留园的爬山云墙，其坡度是缓缓的，而且其起伏地爬山的运动还能巧妙地趁势借力，因而其上行或下行显出轻巧不费力的样子，这就倍增了曲线的轻柔、秀美，这一创造也是成功的。

怡园的锁绿轩小院、“碧梧栖凤”小院，都是以云墙来回合的，其上部起伏自如的波状线和墙上的月洞门，也均配合得十分谐调，能予人以云行水流、团圈自转的视觉美感。

“翚飞”的术语，出自《诗经·小雅·斯干》。对于这首诗，一说是周宣王宫室落成时的颂辞；一说是公族卜居时的祷神之辞，这且不去说它。

这首诗在写到建筑物的屋顶时有这么两句著名的话：“如鸟斯革，如翚斯飞。”根据一般的解释，“革”应释作鸟张翼；“翚”，读 huī，为羽毛五彩的野鸡。两句的意思是，屋顶如鸟一样张开了双翅，如毛色华彩的野鸡一样在展翅飞翔。后人根据传统解释，常用“翚飞”一词来形容宫室的华丽。如范成大《吴船录》写道：“真君殿前有大楼，曰玉华，翚飞轮奂，极土木之胜。”不过值得思考的是，根据周宣王时代的生产水平和建筑技术，屋顶绝不可能起翘，更不可能翼角如鸟革翚飞，而且有华彩，因而《斯干》中这一描写只能理解为一种文学性的想像或夸饰，或是一种关于线形透视或视错觉的描写。根据文物考证，汉代屋顶也只有少量的微微起翘，这一屋顶之美要到晋代才开始成熟。因此，本书“翚飞”一词，仅仅用来形容翼角的向上反翘，如鸟之展翅欲飞，并不表示赞同这样的观点：在《诗经》时代屋顶建筑已达到了起翘如飞的水平……

飞檐翼角的出现，是建筑艺术和技术臻于高水平的标志之一，也是中华民族的一种骄傲。而这种屋顶的造型之美，在苏州园林群里已臻于极致，应把它看作是全国翚飞美的杰出代表。

中国古典建筑的屋顶，型式多样，表现丰富，有两坡面的硬山顶和悬山顶，有四坡面的庑殿顶，有四坡面但顶部呈长方形的盝顶，有硬山或悬山与庑殿混合形式的歇山顶，有两坡面而相交处成弧形曲面的卷棚顶，有锥形三面坡、四面坡、六面坡、八面坡或圆形坡的攒尖顶，还有上述种种型式的相互结合，如卷棚歇山顶……此外，还有单檐、重檐之别。苏州园林群里，没有庑殿和盝顶，重檐也少。在上述型式中，最适合表现翼角翚飞之美的，是歇山顶和攒尖顶。

先看拙政园东部的芙蓉榭，为卷棚歇山造。其屋顶侧立面，由于相交处没有正脊，呈令人赏心悦目的弧形曲面，因而线型表现出柔和秀婉、轻盈流畅的风格美。再看正立面，左右两条垂脊由顶部而下，止于上部，紧接着化为两条斜向的戗脊往左下、右下延展，最后由下而复上，使受重力规律控制的沉重屋面出现了凤翼分张、翩翻欲飞的轻巧态势。这样，简单平板的屋顶完全改观。这种变单调为丰富，变直线为弧曲，变生硬为柔婉，变垂下为高扬，化静为动，化重为轻的形式美，是多么富于美感！

再看拙政园中部的松风亭，其攒尖顶出檐特大，戗角起翘特高，几乎和中间攒尖的屋顶达到同样的高度。这种起翘的曲度和高度，比起北京皇家园林建筑物的屋顶来，可谓大异其趣。颐和园的佛香阁，也是攒尖顶，但仍保持着稳重的气度，严肃的风格。它虽然也反曲、伸展、起翘，但仍归复于平直、收缩、端重。至于岭南园林建筑物的屋顶，则居于北京和苏州之间，其翼角反翘既不及苏州的巧秀高扬，又不如北京的稳实沉厚。以苏州为代表的江南园林建筑的屋宇反曲，翼角高扬，与文人写意园的园主们追求的翩翩风度、飘逸情致和追求自由的精神，存在着某种同构相应性，和吴地文化崇尚柔和、秀逸、婉曲的特色，也存在着某种同构相应性。

在苏州园林里，翩翩飘逸的翼角，随处可见，入目皆是。就本书的插图来看，图上凡有屋顶的几乎都具有这种轻盈柔婉的姿态。

在网师园，冷泉亭前面的双翼飞向上空，其后墙上特增的双翼虽附于墙上，但也似欲随之飞腾；

在留园，雾里的可亭展翅飘浮在朦胧之中；而明瑟楼上下两层的翼角，在积雪映衬下，轮廓鲜明，联翩起舞；

吴江退思园“菰雨生凉”轩内，“镜景”中还映出那翼角自由翚飞的形象；

再看苏州的一些小园，耦园在进口的月洞门上，就迫不及待地推出了这种翼然的美；半园紧贴墙角而建的半亭，屋角也弯弯地轻盈飞举，在粉墙映衬下分外醒目；曲园“凹”字形池两岸，两亭互为对景，起翘的翼角几乎可以相接，可是，“相对两不言”；

又如寒山寺塔院中的唐式普照方塔，妙严庄重，翼角起翘度虽低，但出檐特大，一层层地显现出云构箕张之美；

天平山高义园的“鱼乐国”水榭，为卷棚歇山顶，在四周回廊的平直线条对比下，其筑脊、发戗的弧度曲线，特别显得委婉轻柔；

常熟昭明太子读书台，当人们进入月洞门，沿着磴道拾级而上，可见古朴的石亭立于山巅，其卷棚歇山左右分张的屋顶，恰如凤展彩翼，鸟奋双翅……

本书之所以不厌其烦地大量列举实例，意在说明：苏州园林，是“如翚斯飞”的王国，是“行云流水”的天地，是秀婉轻盈的世界。

在苏州园林群里，曲线美的表现还有种种：

环秀山庄的边楼之后长长的围墙，在北段向上提升时，不用马头墙的做法，而是吸取了云墙波状线的特点，经过三个波峰和波谷而向上过渡，表现了引人注目的优美曲线和动感。

网师园中部两侧之墙，顶部按惯例均为直线。如月到风来亭后的西墙，顶部就是长长的直线，但沿墙的游廊，其屋顶的走向则特意呈现出微波之形，起伏之势。于是，这一优美的曲线，与其上围墙的直线相反而相形，二者可谓相得益彰。再如中部东侧的两道山墙，按例也是呆板的斜线，但造园家改用了“观音兜”，使两个既长且大的弧曲线连接起来。经过匠心独运的艺术安排，网师园这一不宜筑云墙的小园，它的中部也处于柔美婉曲的回合之中。

拙政园西部令人难忘的波形水廊，本书在“曲径通幽”部分已作具体描述。它那柔曲宛转、高低起伏的动态本身，既有一波三折的书法之美，又有起承转合的诗法之妙。然而，其曲线美还不止此，如果人们不是行乎其上，而是出乎其外，站在对岸隔溪观照水廊，那么，映入眼帘的，不但是水廊地面凌架于水上所呈现的波状线，而且水廊的屋面也体现为波澜起伏、横向展开的线形美，它随着廊身的波动而轻拂徐振，如行云，似流水，给人以柔婉、优雅、秀美、舒徐的动感。如果再变换角度作微观的品赏，还可发现水廊采用的是风格柔美的卷棚顶，屋坡面相交处呈弧形的线和面。再看水亭的翼角，也是两条反向的波状曲线，这真可说是无处不曲，无处不波了。

如果再把这条水廊放在水环境中品赏，那么，可见其廊下是水，廊边是水，每当清风徐来，水面便碧波荡漾，漪澜成纹。于是，波形水廊和廊下水波，更会上下互映，相与起伏，显得妙趣无穷。这时，人们审美的心波，也会随之而起伏，而溶漾……

二、小桥流水

天下最富于阴柔性格的是什么？从传统文化思想的视角来看，作为儒家经典的《周易·坤卦》说，“坤至柔”“美在其中”（《文言》），“柔顺利贞”（《彖辞》）。这落实到具体事物，首先就是“坤道成女”（《系辞上》）。在《周易》看来，女性是阴柔美的代表。在中国文化哲学史上，如再进一步追溯，道家似乎更加尊崇阴柔。《老子》强调指出，水是“天下之至柔”（《老子》四十三章），并说：“天下莫柔弱于水”（《老子》七十八章）。那么，又是女性，又是水，究竟何者才是阴柔之美的代表呢？或者说，儒家与道家的不同说法又如何求得统一呢？这最好要到古典小说名著《红楼梦》中去找答案。在曹雪芹看来，二者是完全一致的，甚至本质上是同一的。他曾借贾宝玉之口说过一句著名的话：“女儿是水做的骨肉”，而男子，据说是泥做的。这位著名的文学家，他对大观园里女孩子的最高审美评价，也是“水秀”。《红楼梦》中这一独创的新评语，受到其知音——脂研斋的高度赞赏。在曹雪芹那里，“水”“女”“柔”三者统而为一了。按照这一审美观来看，女性有如水般清秀婉曲的姿容，水则有女性般温柔和顺的品格，人们还常说，柔情似水……

“水柔则秀”（笪重光《画筌》）。苏州园林阴柔水秀的文化性格，首先离不开作为母体的江南水乡这一大环境，离不开柔美的水的滋养和哺育。

洪亮吉《网师园》一诗写道：“太湖三万六千顷，我与此君同枕波。”从大范围说，正是烟波浩渺的太湖，水乡泽国的阴柔，孕育了园林之城——苏州。至于苏州园林里必不可少的太湖石，也取之于太湖。范成大《吴郡志・土物》说："太湖石，出洞庭西山……石在水中，岁久为波涛所冲撞，皆成嵌空。石面鳞鳞作靥，名弹窝，亦水痕也。"这不也是太湖水的孕育之功吗？

且不说太湖之滨苏州地区历来颇多园林，至今也还存有启园等等，就说苏城内外，历来园林群的建构和存在，也直接或间接地联结着苏州这个历史地形成的水城，联结着宋代《平江图》上所画下的三横四直的水系，联结着纵横交织、舟楫往来的河道，联结着历史悠久的桥文化。

试看唐代诗人笔下苏州内外水、桥、船三者谱成的优美音画：

> 处处楼前飘管吹，家家门外泊舟航。（白居易《登阊门闲望》）
>
> 绿浪东西南北水，红栏三百九十桥。（白居易《正月三日闲行》）
>
> 画船箫鼓载斜阳，烟水平分入半塘。（赵嘏《入半塘》）

城里郊外，到处都流淌着柔顺利贞的清波；楼前桥下，到处都荡漾着婉约轻盈的绿浪，它们编织成了"天下之至柔"的水网。

这水网，是吴文化的温床。吴侬软语的"糯"，离不开这"天下之至柔"。《颜氏家训・音辞篇》就说："南方水土和柔，其音清举而切诣。"这清波绿浪，既洗涤着吴地人们的心房情怀，又推引着吴地人们的审美指向；既促成了吴地文化清丽娟秀、精巧可人的特色，又促成了吴地人们钟爱轻盈之美的文化心理……所有这些，怎能不直接或间接地影响苏州园林的审美情趣？再看苏城内外，长虹卧波的宝带桥，横亘于澹台湖上；水陆萦回的盘门，屹立在运河之滨；风情别具的一条条水巷，曲折而幽邃，通往古城深处……而这一切，又怎能不直接或间接地影响苏州园林的景观风格？

江南美，美在水。在苏州园林里，也到处可见柔媚的水和依水的桥的秀丽倩影。

宋代的沧浪亭，以“沧浪之水”为重要特色。苏舜钦的《沧浪亭记》说，当地“崇阜广水，不类乎城中，并水得微径于杂花修竹之间……纵广函五六十寻，三向皆水也。”今天，未进园门，游人首先所接受的，也是桥的迎迓与水的洗礼。

明代的拙政园，据文徵明《王氏拙政园记》载，其中之水“滉漾渺弥，望若湖泊，夹岸皆佳木，其西多柳……凡诸亭槛台榭，皆因水为面势”。这就突出了“天下之至柔”的主旋律。今天的拙政园，同样极富于江南水乡风味，其中景观，大多是面水而建，例如，远香堂朝向于水，“香洲”旱船伸入于水，两座土石山坐落于水，荷风四面亭包围于水，见山楼三面濒临于水，松风亭挑架于水，“小飞虹”廊桥横跨于水，“小沧浪”水院被环绕于水，卅六鸳鸯馆突出于水，倒影楼倒映于水，波形廊浮渡于水，留听阁依傍于水，与谁同坐轩面临于水……特别是中部、西部的溪、池之上，除了“小飞虹”之外，小桥竟有十三座之多！至于中部池上几座低亚的平曲桥，或三曲，或五曲，让人漫步其上，亲近于水，或俯观天光云影，或品赏映日风荷，或细数池中游鱼，于是滉漾起种种清柔的水趣。而“柳阴路曲”廊一带，柔条万千，弱枝拂水，使风光更加旖旎，楚楚动人。李鸿裔《张子青制府属题吴园图十二册·柳堤》也写道：“柳浪接双桥，荷风来四面……”他显然也沉醉于这种秀婉轻柔之美了。拙政园，是吴地“水秀”文化的艺术标本，是吴地水乡阴柔之美的生动体现。

这里，再进一步补说一种“阴柔”景观、“水秀”风致。

元代曲家马致远的名作《天净沙·秋思》，用了类似电影“蒙太奇”的手法，在“枯藤老树昏鸦”“古道西风瘦马”这类苍凉肃杀、充满北国秋意的画面之中，剪辑进了一幅意境与之截然不同的江南水村图——“小桥流水人家”，让凄清与温柔、衰飒与生机、喧噪与幽静形成强形式的反差，从而突显了“秋思”的主题。其中“小桥流水人家”的动人景观，正是从吴地水乡风物中提炼、概括出来的典型画面。散曲的主人公——远在天涯的“断肠人”，其家乡或许正在江南；“秋思”所思的，正是家乡这种柔媚温馨、淳朴宁静、小巧玲珑、优美如画的水乡风光。马致远而后，“小桥流水人家”更成为人们追求的境界，成为田园诗般的美的理想；而这一名句，也不胫而走，广为流传。

小桥、流水、人家三者组合的典型水村图，在苏州园林里有着典型的表现，这尤以一些小园为最。畅园的水池南部，有贴水平桥五曲，可通两岸建筑；耦园有“宛虹杠”桥，横卧于“受月池”上，池岸花树葱茏，屋舍俨然；“北半园”池上则有“半桥”，与“半廊”相连，斜桥西北可达“知足轩”；鹤园的鹤形小池，西南也架有木栏小石桥……这类小园，由于面积小，溪池与桥也相对缩小，而建筑物的体量、规模、装修、陈设，也有所控制，有些则比较简约淳朴，更符合于“小桥流水人家”的意境。

在小园艺圃，“小桥流水人家”有种种令人心醉的杰构。园的中心水池特大，其东南、西南隅各蜿蜒伸展为一弯小溪，上架“乳鱼”

“渡香”两小桥。桥特低小，贴浸水面，人行其上，令人想起曹植《洛神赋》中所说的“凌波微步”。此二桥，前者为苏州园林群中罕见的略带弧形的小石板桥，为明代遗物，不设栏，其旁有古色古香的乳鱼亭；后者为低贴水面的石板小梁桥，近旁草木蒙密，山石参差，碧波侵岸，轻浪微摇，也能令人品味到水乡的柔情野趣。芹庐小院更有意味，月洞门内，小小溪上，还架有小小石梁，步石小桥附近又露出僻静小屋一角，于是，水、桥、门、屋，组成了“小桥流水人家”的幽深朴野画面，令人深味不已。清人汪琬《再题姜氏艺圃》有“幽栖绝似野人家”之语，可用来为这里的风光写照，而“幽栖”的追求，与“小桥流水人家”的意境，也是息息相通的。

网师园，是小园之极品。该园中部水池向东南隅延伸为一小小溪涧，其上有一座审美价值极高的袖珍式小石拱桥精品——引静桥。这座桥堪称苏州园林乃至全国园林中的小小石拱桥之最。在苏州园林中，狮子林虽然有一座小得可与之相匹敌的拱桥，但那主要是水泥的构筑，并非小石拱桥；而且，这一小拱桥所架的水池，是规整式长方形的，四周围以直栏，这就没有水乡气息或山野气象了。网师园的小石拱桥则不然。它完全是以金山石精雕细琢加工而成的，并凌架于蜿蜒曲折的溪涧之上，古朴、精致而又自然，因而往往引得游人在此盘旋往还，注目赞赏不已。这里不妨借助于重点介绍、描述来加以品赏。

在中国古典园林里，桥不外梁式和拱式两种。拱式多见于北京大型皇家园林，如颐和园著名的十七孔桥、玉带桥……苏州私家园林则以其空间小，水面窄，基本上用梁式，即以不太长的石板架于两岸或桥墩，如艺圃芹庐小院内的小石梁，环秀山庄假山下的三曲桥，耦园的“宛虹杠”三曲桥，怡园西部池上的五曲桥，拙政园中部池上的五曲桥……它们由于本身平直，而有些更低亚近水，因而都通水而不通舟。这些桥除了具有“点景”“引景”等功能外，主要还起着曲径通幽的作用。

苏州园林里当然也有少量的拱桥，如拙政园东部的金山石拱桥，狮子林的青石拱桥等，它们虽然也可说是比较玲珑的，但体量毕竟不能算很小，因为其结构不像梁桥那么简单。相比之下，网师园的引静桥，既是拱桥，又系石制，而且桥长仅两米许，小到不能再小，短到不能再短，三四步即可跨过，人们甚至称之为“一步桥”，它在周围景物的对比下，益发显得玲珑小巧。

网师网引静桥

这座桥造型优美，侧立面为柔婉的弧形，小小的，曲曲的，如一钩新月，似一张弯弓，令人感到妩媚可爱。桥面两侧，均有石栏，石栏两端，刻为依次递减且连续相接的三个半圆形，以示桥栏两端美丽而明确的终止。栏圈外侧，还隐隐地刻有太极图案，其意义还不仅是一种适合纹样。

桥面上，有低浅的步阶五级，逆光看去，一级级步阶显出鲜明规整的节奏，和两侧桥栏隐约而不规整的节奏互为对照，相与应和，令人想起一支短曲中音阶的级进，旋律的流动。桥面正中，则刻以圆形牡丹的浅浮雕纹饰，进一步化平板单一为活泼生动。

总之，它的一切，无不显得典雅、工致、小巧、精美……颇像苏州出产的精雕细刻的工艺品。然而，它又毕竟是以沉重的金山石为材料造成的，有厚度，有重量，有压力。于是，这座小石拱桥上，轻盈与厚重，小巧与粗壮，玲珑与敦实，藻丽与素朴……这类对立的风格因素被统而为一了，犹如桥栏外侧浅刻的太极图形把阴与阳统而为一一样，从而显现出其丰富而完满的性格。

小桥离不开流水。引静桥下之水，就是本书“法天贵真”“芥纳须弥”两部分所介绍、赏析的溪涧范例“槃涧”，微型的小石拱桥，就架在这一作为审美典范的小小溪涧之上，二者尺度恰当，比例协调，可谓珠联璧合，毫发无遗憾！对于这一微型的艺术创造，还应联系吴地文化的大环境来理解。杜荀鹤《送人游吴》写道：

君到姑苏见，人家尽枕河。

古宫闲地少，水港小桥多。

网师园的小桥流水，正是姑苏多得不可胜数的小桥流水的一个高度概括的微观缩影。这里，小桥曰“引静”，小溪曰“槃涧”，上游的小闸曰“待潮”，桥侧、岸际还颇多细小蔓延的藤萝，它们小得玲珑，小得古拙，小得柔媚，小得深远……共同构成了微型的王国，袖珍的天地。如再宏观地看，以大观小，我们不妨称之为全国小石拱桥和小溪涧相契合之最！

三、精雕细饰

苏州的工艺美术、雕塑艺术、烹饪艺术、盆景艺术、建筑艺术乃至用具、产品，均以精致灵巧著称，被称为苏绣、苏雕、苏扇、苏式家具、苏式盆景、苏式糕团菜肴……这是吴地文化的又一特色。

以被誉为中国四大名绣之一的苏绣为例，它有十大特点，如绣面平贴春水无波的“平”，纹样轮廓清爽利落的“齐”，针纤线细不见粗滥的“细”，线条均匀疏密相等的“匀”，还有“密”“薄”“和”“顺”“光”“神”。就说“细”吧，一根绣线竟要劈成八根、十六根……乃至四十八根来用，这就是苏绣所谓“劈线”的高超技艺，令人想起苏州的“发刻”“发绣”“精微绣”……苏州精雕细饰的工艺还有檀香扇、红木雕刻、玉石雕刻、苏式家具、戏衣、乐器、灯彩……此外，苏州精美的丝绸也蜚声国内外。

再说与建筑、园林艺术颇有关系的雕塑。盖叫天先生在杭州的那次谈话中还说：

苏州洞庭山有个寺院，有几尊泥塑的佛像，也是细眉细

> 眼……大概是苏州人塑的，一副苏州人的样子。那尊佛像也好像是罗汉，还拿一块手帕，绣了花儿的，说是泥塑的，可又轻又薄，简直像绸子、绫子做的。我真以为是真的，还担心被风吹走呢！说明苏州人心细，苏州刺绣就是很工细，像苏州人长的那样，挺秀气。（苏州评弹研究会《评弹艺术》第三集）

紫金庵泥塑的基本情况确是如此，这可以雕琢细腻的所谓“沉思”罗汉为代表，而那尊“诸天”手中所托的一块泥塑“经盖”，确实像苏州的丝织锦绣一样，轻薄而精美，还颇有柔软飘动之感。这番谈话最有见地的是，它不但从包括雕塑在内的吴地文化中拈出一个“细”字来，而且还把“细”和“秀”联系起来，可见“细”也属于秀美的范畴，这与本书的观点是完全一致的，也是本书把精雕细饰列入“秀婉轻柔”来品说的理由之一。

苏州园林建筑的内外檐装修，更具有精雕细饰的特点，它既受吴地精致工艺文化的孕育和影响，同时，又是这种精致工艺文化的典范、冠冕。

在苏州园林群里，建筑物的内外檐装修总是精雕细琢的，也有苏绣那种细、匀、薄、和、光、神等特点，有的更能升华到雕刻艺术美的境界，兹品说如下。

所谓外檐装修，它是建筑内部与外部的分隔物，如门窗、槅扇、挂落、栏杆等；所谓内檐装修，是建筑内部分为若干部分的分隔物，如屏门、飞罩、纱槅等。关于门窗的装饰艺术，上文已有所涉及，这里只释其他装修。姚承祖《营造法原》说：

挂落为木条镶搭成之流空花纹，如网络之装饰物，悬装于廊柱间枋子之下。飞罩与挂落相似，惟其两端下垂如拱门……且有以整块银杏木雕空者。飞罩用于室内，脊柱或纱窗之间。如其两端及地，内缘作方、圆、八角等形者，称为落地罩。如其形似挂落，两端下垂较飞罩短者，称为挂落飞罩……飞罩式样有藤茎、乱纹、雀梅、松鼠合桃、整纹、喜桃藤诸式。

以下择要分别举例予以简说。

（一）落地罩

狮子林立雪堂的落地圆光罩，罩上瘦直秀疏的抽象型整纹，和挂落一样，都体现了苏绣那种清爽利落的“齐”、疏密相等的“匀”，且搭合处没有丝毫漏缝，和单层圆框连结得十分吻合谐和，呈现出简雅清丽的艺术风格。

留园林泉耆硕之馆的圆光罩，则体型较大，取内外两层同心圆形式，其圆框硕壮而其中藤枝则纤细密布、卷曲缠绕，其上缀以大叶纹样，形成繁富密丽的艺术风格，这更显示出匠师精巧的人工技艺。

耦园“山水间”水阁，有一极为著名的具象型落地罩，为杞梓木大型透空雕刻，以“岁寒三友”为主题。古松干上，苍鳞斑驳，而枝头则松针繁茂；翠竹形象更佳，竿竿挺立，浑圆且光泽照人，竹叶则铦锐有力，适见其岁寒的顽强生命；老梅枝干粗壮，虬绕龙蟠，朵朵梅花喜开枝头……“三友”之下，湖石也透漏多姿。罩上诸种物象，繁排密布，交错成纹，而又漏出大空小空，为雕刻呼吸通气，并使层次感更强。它传为明代遗物，洵是精雕细刻的稀世艺术珍品。

耦园“山水间”水阁的具象型落地罩

（二）飞 罩

拙政园留听阁的具象型飞罩，系整块银杏木精心雕刻而成。上部雕出老梅弯曲的虬干细枝所构成的网络框架，其上缀以朵朵梅花，喜气洋溢，而几只喜鹊，栩栩如生，作飞舞、鸣叫诸状，作品充满了活跃、欢欣的气氛，其构思之精，工艺之巧，亦为罕见，盖出自能工巧匠之高手，它可说是《营造法原》所说雀梅飞罩中的佼佼者，也是留听阁中造型艺术的重要景观。

网师园撷秀楼，陈设精致，环境雅静，其明间连接纱槅的疏秀的乱纹型飞罩，也优美活泼且精致细腻，中间还嵌以工细的花篮图案，它增添了室内雅洁静美的秀气，对旁侧的装修来说，还起了以疏间密、使室内舒松空透的作用。

（三）长窗、槅扇

耦园双照楼下的还砚斋，是精致而充盈着文人气息的书房。其装修之精美雅丽，不亚于拙政园的远香堂、芙蓉榭和留听阁。这里只说其银杏木质的隔堂长窗系列。每扇窗的内心仔为三叠，周边均雕饰流空花叶连续纹样；其下面的中隔堂板，饰为如意状花纹中的博古清供；其下的裙板，更为精美，中间的圆形图案，为“寿”字变形纹样，由其四周的乐川方形乱纹线型围拱着，方与圆有中介过渡，组成为谐和的一体。整个系列长窗，具有精巧、细致、齐一、均匀、清秀、古雅、典则、文静、美观、大方的艺术特色，为苏州园林所罕见，人们可在这里一饱灵巧工艺的眼福。

怡园的坡仙琴馆、留园的林泉耆硕之馆、网师园的濯缨水阁、狮子林的真趣亭……其槅扇的裙板和中隔堂板上，都有风格各异的精致雕饰。

再从整体看，建筑装修精雕细饰之美的范例，当推拙政园东部的芙蓉榭。从其正立面看，至少可看到四个不同的装饰层次；最外层，是半墙坐槛上以曲线排列为美的“美人靠”（鹅颈椅）；第二层，是隐挂于上部檐下，以“疏广减文”为美的乐川挂落；第三层，为室内前部葵式乱纹的方形落地罩；第四层，为偏后的纯乱纹的落地圆光罩。这两个罩的装饰花纹，均以精镂细刻、匀排密布为美。圆光罩后，还有“美人靠”，不过已看不清楚了。这几个层次，立体交错而成文，令人目为之眩，神为之迷！人们如进入其中，又可见两侧的花窗，亦为精致细密的乱纹，与方、圆两罩构成风格统一的装饰艺术美。华榭之中，还置有圆形的木质仿竹节圆台、圆鼓凳，也极精致，其脚均细巧弯曲，相交而亦成透漏之美。因此，可以说，榭内上下左右、四面八方，统而汇成了剔透的空间，玲珑的天地，令人想起细腻纤巧的刻纸，想起果核刻成的细密微雕……又想起盖叫天先生的话："苏州人心细……挺秀气。"

至于槅扇，在耦园、怡园等均有佳构，更不用说留园、拙政园、网师园了。

除了内外檐装修以外，苏州园林的工细精丽，还集中体现于江南第一砖细门楼——网师园的"藻耀高翔"门楼。这是要重点予以细赏详说的。

门楼是建筑物序列一个明确的、正式的入口，对内部来说是一种富于装饰效果的过渡。计成《园冶·立基》说：门楼"要依厅堂方向，合宜则立。"网师园的"藻耀高翔"门楼，在著名的万卷堂之前，它起着装饰、烘托、强调和界定空间等作用。

"藻耀高翔"，出于刘勰《文心雕龙·风骨》。该篇说，五彩的长尾野鸡，虽然具备各种丽色，但只能小飞百步，因为它肌肉丰满而力量不够；作为猛禽的鹰隼，虽然缺乏文采，却能高飞冲天，这是由于它骨力强劲而气势猛厉。文艺创作的才力也是如此。接着写道：

> 若风骨乏采，则鸷集翰林；采乏风骨，则雉窜文囿——唯藻耀而高翔，固文笔之鸣凤也。

网师园“藻耀高翔”门楼

这是说，倘若只有风骨而缺乏文采，便如同猛禽集于艺林；倘若只有文采而缺乏风骨，便如同野雉窜入文苑。这两种情况都是偏颇而不当的，唯有文采照耀而又高飞冲天，才称得上是文艺创作中的凤凰。以这一观点来建构大厅前的门楼，是多么合适！这一门楼，是能够或隐或显地体现和契合文采与飞翔两大意蕴的，其精雕细饰的种种形式美，也是颇多品赏意味的，故拟逐一予以读解。

门楼的屋脊，筑的是“哺鸡脊”。这类脊的作用有三：一是它们在两端对中间的正脊起着突出、强调的作用。二是它以生动的形象起着美化、装饰的作用，它确实像哺鸡蹲在那里，其下还伸出一块“坐盘砖”，供它蹲坐呢！三是这类脊是由鸱尾（鸱吻）衍化而来的。据《青箱杂记》说，海里有鱼，虬尾似鸱，能喷火降雨。汉代就设其像于屋脊，以压制火灾。故而由其化出的哺鸡脊还带有趋吉避凶的遗意，试看，哺鸡之上就有一条飞动的曲线，似鱼之虬尾高扬，而这形象与“高翔”之意又是合若符契的。再看正脊上，其中间留虚，以瓦筑为“亮花筒”，使得正脊带有透漏的特点，空灵有致而不塞实，并增加了它的文采。

其屋顶，用的是优美的歇山顶，其翼角如鸟斯革，如翚斯飞，又如文采灿烂的鸣凤在展翅，意欲高翔而浮空。它和哺鸡起翘之尾，构成一定的呼应关系。而屋顶的沉重压力，也由于左右的凤翼分张而似已克服，变得较为轻灵，并由其檐下的椽子、桁条承托着，其实，这些桁、椽，也均为较重的砖质。

屋顶之下，为一排仿木结构的苏式“牌科”（北方称“斗拱”），这是门楼最精彩的部分之一，最能显示出精雕细饰的美和“如琢如磨”的水磨工夫。从正立面看，枋上有六组砖质的“一斗六升拱”。

试看，在定盘枋上，一个个坐斗，层叠着而且派生着一个个方形的小斗和一个个弓形的拱；其上又如是地层叠、派生……这是一种结构繁复排叠的美，一种体量向上递减的美，一种形式整齐而又错综的美。其牌科层层叠架挑出，竟有“九出参”之多，愈上愈小，而其弓形拱的制作难度就愈大。然而尤难的是，与桁条方向垂直之拱向外伸出之势，是先向下呈弯曲之形，且逐渐收小，然后昂嘴再微向上翘，作凤头状，这被称为“凤头昂”。这种曲线造型的宛转秀逸与屋顶翼角的起翘高扬，也有其同构互通之处。而且这上下左右一排排结构繁复之美，这纵横成列的凤头弧曲昂起之美，既契合于文饰灿耀之情，又契合于鸣凤高翔之势。

砖细牌科已极易脆折，特别是凤头的尖端更如此，然而牌科两旁还将清水砖镂空为极细的花篮回纹网络，令人想起苏绣将一根丝线劈为若干缕的“劈线”技艺……

牌科之下，为上枋。其间刻为连续卷草纹样的浅浮雕。这种卷草纹，以波状线为主线作枝藤的蜿蜒，两侧再岔出弯卷枝叶和锦簇花朵，是我国建筑艺术史和工艺美术史上具有代表性的图案之一，它象征着我们民族蔓衍不断、繁茂不绝的生命力；而在风格形式上又轻盈柔婉，活泼自由，极易处理。从砖雕门楼的上枋看，一方面，它体现了匀齐、交替、反复、疏密、节律、统一、连续等形式美的法则，另一方面，它又不呆板、僵化，而是自由地婉曲，适当地穿插，甚至随意地点缀、补空，体现出寓杂多于统一的美。试看上枋图案，两面并不绝对地对称，而是动态中求均衡，活泼中求整一。正因为卷草纹有种种优点，因此，它至少在汉代已开始运用，经两晋、南北朝至唐而极盛，直到现今。网师园门楼遴选了汉唐以来富有代表性的图案纹样作为上枋的浮雕，是有意义、有价值的。

上枋之下，悬有一排砖质挂落，极其小巧纤细，它能被精致而优美地雕就，并成功地“挂”于枋下而经久不“落”下来，堪称绝技。在起着掩映和美化作用的挂落之下，中间为“字碑”，上额以“藻耀高翔”四字，其书体属圆笔一路，为帖学体系，近赵孟頫、文徵明笔意，韶秀清丽，然而不乏骨力，可用卢派《二十四书品·秀丽》“如花吐萼，如竹解篁”来品评。“字碑”四周，绕以“卐”字、蝙蝠等交替组成的浮雕“镶边”。

这里，有必要介绍一下关于“卐”字的常识，因为园林里的挂落、长窗、半窗、纱槅、栏杆等都常用此字为图案。这图形在古印度、波斯、希腊等国都有出现。在梵文中意为“吉祥之所集”，佛教认为它是释迦牟尼胸前所现的“瑞相”，名“吉祥海云”（《华严经》）。武则天长寿二年，制定此字读“万”。寺庙多用作装饰图案，民间匠师则取其吉祥平安之义，又由于其既易连续，又易变化；既可单独使用，又可灵活组合，故而成为园林建筑装修连续图案的广泛题材，如用为“书条万川”“回纹万字”“软脚万字”“葵式万川”“宫式万字”“软锦万字”……而网师园门楼“字碑”镶边以其与蝙蝠图形组合，谐音为“万福”。

门楼“字碑”两侧的方宕，称“兜肚”，其中的戏文砖雕，是门楼最精彩的部分，可说是重点中的重点，也是精雕细刻的极致。

既然是戏文，必然要戏台，这层层嵌线中的“兜肚”，就是空间颇为进深的戏台。戏台之前又雕为细巧的“平座栏杆”，其上饰以双层叠合的“万”字连续纹样，栏杆两端为“望柱”，恰好使戏台居中，这就形成了戏楼格局。北京颐和园的“德和园”大戏楼的中层、上层，至今仍保持着有系列望柱的“平座栏杆”（或称“阳台栏杆”）形式。门楼平座之下，复有一排更为细巧的挂落，与上枋之下的挂落相映成趣。于是，精雕细刻、华饰繁美的微型戏楼就呈现在观众之前了。

西面戏台上演的是“郭子仪上寿”。郭子仪为唐代大将，平定安史之乱及收复长安有功，又晋封为汾阳郡王，活到八十五岁，民间历来还盛颂其七子八婿均享厚禄的大团圆。戏中场面为《满床笏》（剧名见《因话录》，今流行名为《打金枝》）的片段。郭子仪八旬寿辰，七子八婿均登堂拜祝，唯幼子郭暧所娶升平公主恃贵不往，暧怒而打之。公主回宫哭诉，郭子仪亦绑子上殿请罪，唐肃宗以郭功高，为其夫妻劝和，反而晋升暧之官阶。有的剧种称此剧目为《福寿山》或《汾阳富贵》。门楼以此为砖雕题材，取其福、寿、富、贵、丰、满（床笏）等吉祥涵义。所谓“满床笏”，就是说郭子仪及其子婿上朝的笏可以摆满一床。

再看在戏台小天地的纵深空间里，人物被镂空得脱离了背景，这从雕塑美学的视角说，它既非浅浮雕或深浮雕，又非完全不附着于背景而可四面欣赏的圆雕，而是“透雕”中的“多层雕”，或可称之为多层次、有深度的“镂空花板”。

在这“花板”里，作为前景的竹叶，就有三四个层次，由此可见其多么富于立体感。在两旁石狮之间，有台阶数级。平台边的栏杆，线条清晰，交代清楚。台之内，屋之中，可见郭子仪坐于桌后，桌前还挂有“桌围”，这是标准的舞台道具。郭子仪头略侧，左手搁于桌上，长须飘拂，笑口难合，右手捋着右鬓短髯，这一优美的戏剧动作，更使作为主角的郭子仪形神毕肖，活灵活现。庭中一人，从打扮和手中作为道具的云帚（拂尘）来看，是宫中太监，云帚还在飘拂呢！其旁一位将军，更富动态，两手示意左旁车上满装着寿桃等类的祝寿贺礼……平台上，屋宇内，还有包括子婿在内的家人共五六个。桌旁戴盔披甲、侧身而立的，也是重要角色，大概是其子婿，身向郭子仪而脸却朝外，看着庭中戏剧性的热闹场面，伸出双指，眉开眼笑，这也是极佳的表演身段……总之，全体演员艺术功底都不错，他们不但脸上均自然地浮现出喜庆神色，而且人人姿态动作各异，全力演出了一场热闹生动的活剧，煞是好看！再从多层雕的技艺看，其中人物就有五六个空间层次，最后层次是隐于室内暗处的数人。在这一小小的“兜肚方宕”之中，可谓人后有人，屋中有屋，景外有景，境界极为深远。还有庭中桌上的盆花，也细巧有致，栩栩欲活。古典戏曲是省略一切景物、布景的，但多层雕为了显示其微雕绝技，却把这一剧目之所省，还原为丰富多彩的现实生活，既细腻地刻画了各式剧中人物，又玲珑地雕镂各种具体景物，同时，又吸取了戏曲演员洗练传神的艺术表现力，做到“手、眼、身、法、步”五艺俱全，以至连人物的手势、眼神、身段、台步都会讲话。在这一方戏台上，人物众多而毫不杂乱拥挤，物类繁茂而空间更见深远。

砖雕、微雕、精雕、透雕、多层雕、装饰雕、戏文人物雕……种种属性均聚焦为咫尺空间内这最大的高难度。这微型的透雕，它不仅令人目力难及，对它总是看不尽，甚至吃不透，而且其特技令人叹为观止，使人既遗憾于绝艺之失传，又深感于珍品之可贵！

再说字碑和兜肚之下，为下枋。在两侧“纹头”映衬下，中间的纹样也有上、下两层，第一层可说是略高的高浮雕，第二层则是浅浮雕。第一层，围绕着三个圆形“寿”字，祥云缭绕，蝙蝠飞翔，突出了“福、寿、祥”三字，这与戏文雕的《福寿山》多么相符！第二层，则隐隐刻于第一层之后，作为一种背景，图案主要为卐字和菊花，寓以“万寿”的趋吉意愿。

就一般门楼来说，上部两侧和上枋两侧，均应有雕饰，这一般称“挂芽”。而网师园则雕为复杂的狮子滚绣球，其下则彩带轻盈飘动，令人想起紫金庵“诸天”手中“经盖”的秀美轻盈。“平座栏杆”下挂落两侧，也有倒垂的“荷花头”（垂花柱），也增加了门楼的装饰性。门楼上部之读解品说，至此结束，它可归结为“藻耀”“高翔”四个字。

门楼下部墙门两旁的砖磴，称为“垛头”；墙面内侧作八字形，作为门开启后的依靠之所，称“扇堂”；砖磴下部向外略为凸出之墙，称“勒脚”，它们也均为水磨砖制作。网师园门楼之门，也显得不凡，木质门上，遍体钉以水磨砖，其作用除美观外，一是可防火，因为有了砖的防护，火烧不进里面的木门；二是牢固，可防盗，它甚至可说是最早的“防盗门”呢！

网师园被称为精品园，精雕细饰之作随处皆是，其轿厅内陈列一顶用红木精雕细镂的轿子，也颇可观。

再品说苏州园林的铺地，这也是精雕细饰的秀丽美的一大硕果。铺地，又称花街铺地或花界。计成《园冶·铺地》是这样描述的：

> 路径盘蹊，长砌多般乱石，中庭或宜叠胜，近砌亦可回文。八角嵌方，选鹅子铺成蜀锦；层楼出步，就花梢琢拟秦台。锦线瓦条，台全石版，吟花席地，醉月铺毡。废瓦片也有行时，当湖石削铺，波纹汹涌；破方砖可留大用，绕梅花磨斗，冰裂纷纭……

这除了指出废物利用外，还强调了随宜铺砌的原则以及铺地内涵、形式的美，等等。而这些在苏州园林里，都有出色的表现，它一般来说有如下特点。

（一）比德理想的物化

关于比德，本书在花木构成的“色香形质”部分已有涉及。从中国历史上看，孔子是以物比德的倡导者，《荀子·法行》更明确提出了“君子比德”的观点。此后，诗、画、园林等艺术，也逐步地崇尚“岁寒三友”“四君子”了。就苏州园林的铺地来说，如网师园竹外一枝轩和集虚斋之间的小庭里，就有两丛翠竹，轩前又植有松梅，三者在岁寒最能显其高节，故而小庭就采用拼石冰裂式铺地，这符合计成所说“绕梅花磨斗，冰裂纷纭”。这里，甚至集虚斋的长窗，也作冰裂纹样，真是纷纷纭纭，令人颇有寒意，于是，就更敬重“三友”的斗冰迎雪，岁寒不凋。如果说，竹外一枝轩后庭还只是以环境——冰来突出岁寒三友，那么，耦园的织帘老屋之前，则直接采用了并不多见的梅花式铺地。这里，在淡色卵石铺就的底版上，以褐红色缸片砌为五出的花瓣，形状精美，色彩显眼，又以白色卵石砌为点点花蕊。这一纹样序列，既有工细的形式美，又有德性的内涵美，它把君子比德的理想物化在花街上了。

（二）景观主题的体现

前文也谈到，拙政诸园常以花木为景观主题，如“海棠春坞”庭院，是以海棠为主题。院里除了以植海棠等手法来突出题构外，其铺地也主要以海棠式来体现主题。如底版用废砖碎石缸片侧砌，以瓦片勾勒出深式的“软脚万字”，同时也勾勒出海棠形边框，又以白里泛红的卵石每朵砌成四瓣，花蕊则用黑色卵石砌出，其中加白色一点更为传神。于是，美丽粉嫩、娇媚有韵的地上之花，一朵朵、一列列，纵横有序地开在卐字形深色底版上，如锦似绣，精巧绝伦，真可用计成的话说，是“选鹅子铺成蜀锦”。再如枇杷园，其中还有玲珑馆，馆内有“玉壶冰”之额，于是，庭园铺地就以二者为题，大片的地面上，一个个三角形巧妙地交叉成纹，这是冰裂之象，令人想起“一片冰心在玉壶”之类的诗句。在冰裂式纹样包围的六角形中，又嵌以一个个令人喜爱的圆，这是枇杷之形，人们由此许会抬头欣赏园内的嘉树美果，或想起“摘尽枇杷一树金”之类的诗句。这是主题的双重组合，它使花街图案的形式更美、更复杂，内涵更深、更丰富。

（三）艺术风格的协调

一个园林总有一个园林的风格，一个景区也总有一个景区的风格，或古朴，或精丽，或粗犷，或细腻……铺地应尽量与这类艺术风格相协调，相适应，创造出一种氛围去助成这类风格。

仄砖铺地，也可砌出人纹、席纹、斗纹、方胜、叠胜等图形，总的来说，它们均较简朴，其中最古质莫如人纹。灵岩山巅最古老的园林——馆娃宫遗址，其吴王井—日池附近，就有这种古老简朴的“人”字形侧砖铺地，它颇能令人发思古之幽情，而且它与附近用石块砌成的乱冰纹“宫墙”，又多么协调！又如沧浪亭土石相间的假山，以苍古深厚的风格见长，其上绝不能铺娇艳的海棠纹花街。其山路现仍为乱石片横向铺砌，一方面，如计成所说“路径盘蹊，长砌多般乱石”，这样就更似真山；另一方面，这又与苍古的景区风格相谐和，与山上古老粗浑的石亭——沧浪亭相适应。以上两例的这种适应性，确实能与景区风格相互生发，产生增值景效。当然，这类铺地并非精雕细饰，而是相反，但为了全面说明铺地的功能，故这里一并予以列述。至于留园，其总体风格是宏丽精致，与之相应，其园内铺地式样也繁丽纷呈，有抽象的，有具象的，有单色的，有多色的……令人眼花缭乱。

网师园的“网师”，即“渔翁”之意；西部门宕砖额有“潭西渔隐”，中部则突出水池……这一小园的艺术风格，可说被“网”“渔”“水”等所决定，因此，铺地也应与之相协调，而其中最富于风格意蕴的，是殿春簃庭院。试看院内整片铺地，以仄砖嵌线纵横相交成网状，其中方形空间以两种色彩有序相隔，而十字形交叉点上一个个小圆形图案，应看作是渔网上一个个结，于是，全园似乎水意荡漾，縠波自纹。更有意思的是西南部涵碧泉畔地上，还砌有精巧的鱼、虾形象，这就更可看到它与渔网状铺地的自觉联系。

（四）抽象形式的构成

狮子林水池畔、假山旁，有一条六角形铺地的优美曲径。每当阳光斜照，一排排形质、方向、色彩不同的小石砌成的六角形花纹，相间成趣，犹如精心织成的绫罗绸缎，其所织纹样，以等距的节奏、抽象的序列闪耀着迷人的色和光。其实，它的构成，也不过是普通砖石而已，真所谓“废瓦片也有行时”“破方砖可留大用”。在留园，抽象构成有种种形式，而以软“卐”变形最为精丽别致。一个个软万字以弧形相交，有如四瓣状花形，各瓣分别嵌以深蓝、淡蓝、淡红色碎石或卵石，周围又以非花形的软万字与之相接。这一花街铺地，曲线复杂而有规律，色彩绚美而不浓丽，精致巧妙，体现出柔和、婉曲、秀丽、轻快的典型风格。

（五）吉祥意愿的拟象

在中国，吉祥文化源远流长。殷商甲骨卜辞中已有“大吉”“弘吉”“亡戋（无灾）”等用语；《周易》也有“大吉”“吉亨”“无咎”等用语；《尚书·洪范》有“五福”的祈愿：“一曰寿，二曰富，三曰康宁，四曰攸好德，五曰考终命。”寿、富、康、宁、德……这就是“吉”的具体化。而《庄子·人间世》也有“吉祥止止”之语，成玄英疏：“吉者，福善之事；祥者，嘉庆之征。”这类寿富康宁、福善嘉庆的意愿，在苏州园林里有广泛的象征性表现。例如，拙政园玉兰堂庭院的玉兰、牡丹，寓“玉堂富贵”之意；留听阁喜鹊、梅花飞罩，寓“喜上眉梢”之意；网师园厅前厅后的玉兰、桂树，寓“金玉满堂”之意，又有《红楼梦》“兰桂齐芳”之意，其第一座门楼下枋图案，寓“万（卐）福（蝠）捧寿”之意；第二座门楼字碑两侧，刻为磬挂鲤鱼之形，谐“顷刻双利”之意；狮子林真趣亭内槅扇上的木刻系列，寓有“三阳（羊）开泰”“万象更新”“节节高升”等意……这都是一种吉祥性的拟象。

再说铺地，耦园织帘老屋前，以青石碎粒砌为花瓶，瓶口插以三枝作为古代武器的戟，它以黑色的仄瓦、仄砖砌成，以示其为铁质，而戟尖以白碗片砌成，以示其锋利明亮。这一具象性图案，寓有“平（瓶）升三级（戟）”之意。

网师园梯云室附近，地上以仄砖砌了两个同心大圆。里圈砌一古松，枝干以褐色缸片竖嵌，其形、色酷似松皮的苍鳞皴裂，松针则砌为一丛丛墨绿，丝丝分明。松旁一鹤，活灵活现，似将“起鹤舞而翩翩”（计成《园冶·相地》），其羽毛用细白瓷片密排细嵌，既如苏绣的“细”“匀”“密”“顺”……又如一幅精描细画的工笔翎毛画。其外圈则砌为五只黑色大蝙蝠。两圆相合，寓有“松鹤延年”“五福捧寿”之意。

以上“吉祥止止”“大吉无咎”的种种寓意，离不开精雕细饰的艺术造型，也离不开心灵手巧的高超技艺，不过，人们要细心品赏这种秀丽绝伦的美，最好是在雨后，让雨水冲洗去地面的尘埃，其真面目才可能毫无折扣地显露出来。

第八章　综艺大观

苏州园林，有着极大的艺术综合性。笔者在《中国园林美学》中概括中国古典园林的特点说：

> 它是以建筑和山水花木的组合为主旋律，以文学、书法、绘画、雕刻、工艺美术、盆景以及音乐、戏曲等门类艺术作为和声协奏的，既宏伟繁富而又精丽典雅的交响乐。它是把各种不同门类的作品有机地荟萃在一起，从而给人以丰富多样的审美感受的综合艺术博物馆。

这种交响博览，真可谓洋洋大观了。苏州园林，其主体是典型的文人写意园，它更是以精雅的形式、深蕴的历史人文内涵体现着以上特色，它是历史悠久、雅人深致的综合艺术王国。因此，除了园林三要素已详加品说，雕刻于“精雕细饰”部分也已品说外，关于人文历史积淀以及作为组成部分的种种门类艺术，均拟给以或详或略的品说、介绍。因为这种洋洋大观的丰饶、深蕴、精雅，正是一种风格、一种意境。

一、文史积淀

在中国园林发展史上，苏州的园林发轫甚早，已经荡然无存的不说，有遗迹的如灵岩山馆娃宫，它虽屡经变迁，但无疑是春秋至今这一离宫别馆的历史积淀。其中的吴王井、玩花池等，和虎丘的千人石、剑池、试剑石等一样，还和民间传说糅合在一起，真真假假，更具有其文、史的魅惑力。

在吴中区光福，面积不大的司徒庙中，有四棵古柏，相传为汉时所植，是活的文物。自南朝至唐，则有苏州西郊的寒山寺、常熟的兴福寺和昭明太子读书台，它们与《昭明文选》、张继的《枫桥夜泊》、常建的《题破山寺后禅院》等密切相关。董其昌《画禅室随笔》说，“山川以诗为境”。是的，园林名胜固然可以孕育出千古绝唱的诗篇，但当这些名作问世后，园林名胜又会以这些诗文作为文化背景而闻名遐迩，蜚声海内外。因此，寺庙园林往往又以诗为境、以史为境，从而累增其人文积淀。而“读书台”则以著名的《文选》为境。这里的所谓“境”，就是一种独特的精神环境、独特的历史文化背景，同时，它还可以通过进一步的历史积淀，而物化为具体的人文景观，如寒山寺俞樾所书张继诗碑、兴福寺米芾所书常建诗碑，而且后者还被誉为“三绝碑”——唐诗、宋书、清刻（为名手所刻）三绝。

宋代的私家园林可以沧浪亭为代表。它也因诗人苏舜钦而垂名千载。尽管沧浪亭后变为大云庵，大云庵复为沧浪亭，但人们无不钦重苏舜钦，正如归有光《沧浪亭记》所说，“士之……不与其澌然而俱尽者，则有在矣”。其间，韩世忠、清帝乾隆、林则徐乃至宋荦、梁章钜等，又给沧浪亭这一历史名园加上了重量不等的历史砝码，使其文化内涵愈来愈丰，其中包括历来人们的题名、题对、咏诗在内。

在元明时期，狮子林、拙政园的名声、价值，也是与画坛盟主倪云林、文徵明的鼎鼎大名分不开的。

清代，以网师园为例，钱大昕《网师园记》写道："亭台树石之胜，必待名流宴赏、诗文唱酬以传。"说得极对，这也就是园以人传、园以文传或园林名胜"以诗为境"的历史观、文学观、园林观。

还可进一步以沧浪亭为例。范成大《吴郡志》写道：

> ……庆历间，苏舜钦子美得之，傍水作亭曰"沧浪"。欧阳文忠公诗云："清风明月本无价，可惜只卖四万钱。"沧浪之名始著。

这不也是历史上的园以人传、园以文传吗？人文因素给园林增添了历史砝码，也就是增添了人们对园林的人文品味量，使园林不是索然乏味或淡而无味，而是其味醇浓，味之不尽……沧浪亭丰富的人文内涵，还体现为大量的石刻，其中包括苏舜钦诗墨迹，沧浪亭记、重修沧浪亭记、五百名贤祠石刻，沧浪亭图、沧浪补柳图咏以及乾隆的图咏，等等，它们是历史的积淀，是珍贵的文物，是记载沧浪亭历经兴废的重要史料。

苏州园林的文史积淀，史实是极其重要的方面，而传说则是其另一层面的补充。虎丘的魅力和兴味，离不开点头石、二仙亭等等传说。寺庙园林最易生成和积淀传说，而文人园林则反之，如沧浪亭"印心石屋"、网师园"彩霞池"的传说故事，就不易众口相传，其传播的程度远不如点头石、二仙亭……故而对于“彩霞池”，本书仍称之为网师园中部水池。其实，传说作为俗文学，也是有价值的，特别是其依附于园林名胜就更有价值，尽管其往往不免虚无缥缈。

与寺庙园林兼收并蓄的俗文学不同，文人园林在文学方面似乎具有某种排俗性，它所吸纳的，基本上是雅文学，其文史积淀似可一言以蔽之，曰“雅”。苏州的文人写意园，其以文学性为代表的人文性，突出地体现在园林题名、景点题构、对联题咏等各方面。就以对额来说，它们大抵撷自或源自古典，也大抵意蕴深远，故应深入体味。而就以其所从出的文体分类、图书分类等方面来看，有下列几种。

（一）取意于诗

沧浪亭石柱上，镌有一副众口交誉、有口皆碑的名联：

清风明月本无价；
近水远山皆有情。

此联之被镌于石上，面之于世，说来话长。南宋叶梦得《石林诗话》记述沧浪亭本事说，该地原为钱氏广陵王别圃，“庆历间，苏子美谪废，以四十千得之为居，傍水作亭曰‘沧浪’”。欧阳修在《沧浪亭》一诗中咏道：“风高月白最宜夜，一片莹净铺琼田。清光不辨水与月，但见空碧涵漪涟。清风明月本无价，可惜只卖四万钱……”诗中描写了沧浪亭清风明月的无尽藏之美，说明苏舜钦以四万钱得之，是极其便宜的。而苏舜钦又有《过苏州》一诗，中有“绿杨白鹭皆自得，近水远山皆有情”之句。这样，到了清代，梁章钜才终于把欧、

沧浪亭石柱上的名联

苏诗中两句集为一联，事见梁章钜《楹联丛话》：

> 苏州城南之沧浪亭……余藩吴时，复加修治，增设台榭，蔚成大观，好事者合献楹联，而惬心贵当者实少。齐梅麓太守一联云："四万青钱，明月清风今有价；一双白璧，诗人名将古无俦。"盖前祠苏长史，后祠韩蕲王（韩世忠）也，可称稳切，而"一双白璧"字，究嫌妆点。余因辑《沧浪亭志》，得集句一联云："清风明月本无价；近水远山皆有情。"上系欧阳文忠句，下系苏长史句，皆沧浪亭本事也。然屡书皆不工，故此联迄未悬挂。

就历史上看，从 11 世纪开一代诗风的欧、苏，到 19 世纪综览群书、熟于掌故的梁章钜，中间经过了近 800 年，才孕育出这一著名的集句联。它不但珠联璧合，天衣无缝，而且还把欧、苏这两位宋代的著名诗人、文坛密友联在一起。梁章钜等三位作者的集体创作，颇能发人联想，想起苏舜钦的谪废、购地、建亭，想起欧、苏的友情、诗篇、唱酬，想起重修沧浪亭后好事者争献楹联，想起梁章钜的辑志和再创作，想起他们欣赏风月、山水、园林的审美经验……还应指出的是，梁章钜修治沧浪亭，是严肃的，认真的，他不仅颇费苦心，集就名联，而且由于屡书不工而宁可不挂于亭内。这样，又过了数十年，到了清末，著名学者、书法家俞樾才为之书写，镌于石亭柱上。这一对联仅 14 个字，竟积淀了如此悠远、丰富、深永的文史内涵！

（二）取意于词

吴江退思园，有些景点的题名，明引暗用于宋代词人姜夔的代表作《念奴娇》。该词上片云：

> 闹红一舸，记来时，尝与鸳鸯为侣。三十六陂人未到，水佩风裳无数。翠叶吹凉，玉容消酒，更洒菰蒲雨。嫣然摇动，冷香飞上诗句……

姜词以野水荷景为主进行描写抒情，而退思园作为典型的贴水园，也以水景为主要特色，其池中曾植荷花、菰蒲。该园善于围绕着水池来组织景点。词中所谓“闹红一舸”，是说荷花闹红（多而盛开）时在其中荡舟，其小序中也有“相羊荷花中”之语，而退思园据其意境，以一画舫伸架于水上，门窗均饰以红色，并干脆题名为“闹红一舸”，可谓妙绝！池南又有一凉轩，曰“菰雨生凉”，这是据“翠叶吹凉，玉容消酒，更洒菰蒲雨”之句概括出来的，该建筑有“轩轩欲举之意”（《园冶·屋宇》），门窗多而虚敞轩豁，令人生凉意。池西还有临水小榭，曰“水香榭”，系“水佩风裳（水叶风荷）无数”“冷香飞上诗句”组合而成，极富诗意。另有“眠云亭”，其题名应是据姜词小序“列坐其下，上不见日。清风徐来，绿云（荷叶）自动”以及下片“留我花间住”之意的组合，“云”应指荷叶。该亭现为两层高型建筑，傍倚于湖石假山，已与姜词无涉，而有狮子林卧云室之意，这也无妨。姜词的成功在于紧扣“水”“荷”来层层铺写，而退思园之美也在于成功地塑造了水景，洋溢了水意，化用了姜词隽语，渗透了姜词意境，美中不足的是池中无荷。当然，题名能勾起想像，但总不如亲眼目睹为佳。该池中若能“青盖亭亭”“田田多少”“水佩风裳”“翠叶吹凉”“清风徐来，绿云自动”……那么必将更美。

（三）取意于歌

苏舜钦建亭名曰“沧浪”，有人认为这是取意于《孟子》中的《孺子之歌》，其实不然，而应是《楚辞·渔父》中的《沧浪之歌》。在《渔父》中，忠而被谤的屈原“既放，游于江潭，行吟泽畔，颜色憔悴，形容枯槁”，其遭遇和苏舜钦的谪废有相似之处。苏舜钦《沧浪静吟》有“三闾遭逐便沉江”之句，看来《楚辞·渔父》中屈原所说的“宁赴湘流”云云，对他来说印象极深，故而提到“沧浪”，就想起三闾大夫。《渔父》最后写道：

渔父莞尔而笑，鼓枻而去，歌曰：“沧浪之水清兮，可以濯吾缨；沧浪之水浊兮，可以濯吾足。”

归隐江湖的渔父是以歌劝解屈原的。苏舜钦以“沧浪”为亭名，是接受了渔父善意之劝，故而其《沧浪静吟》一则说，“静中情味世无双”，二则说，“惟恨澄醪不满缸”……这就是他在《沧浪亭记》中所说的“自胜之道”。杨杰《沧浪亭》写得好：

沧浪之歌因屈平，子美为立沧浪亭。
亭中学士逐日醉，泽畔大夫千古醒。
醉醒今古彼自异，苏诗不愧《离骚》经。

这诗始终把屈原和苏舜钦联系在一起，是看到了沧浪亭和《沧浪之歌》一脉相承的内在联系。

（四）取意于赋

文徵明《王氏拙政园记》就指出，王献臣的园名，取自潘岳的《闲居赋》：“筑室种树，逍遥自得……灌园鬻蔬，以供朝夕之膳……此亦拙者之为政也。”

（五）取意于“经”部

我国古代图书的四部分类，为经、史、子、集。经，为儒家经典。拙政园“小沧浪”北步柱有吴骞所书联：“清斯濯缨，浊斯濯足；智者乐水，仁者乐山。”下联语出《论语·雍也》，为孔子名言：“智者乐水，仁者乐山。智者动，仁者静；智者乐，仁者寿。”这是从哲学的角度，既揭示了人与山水自然同形同构的感应关系，又揭示了山水自然能对应于人身心的动静状态，提供人以“乐”“寿”的源泉。这段名言具有深刻的哲理内涵，有助于人们欣赏山水园林。

（六）取意于“史”部

苏州园林的对联，也有取意于史书的。网师园的濯缨水阁，有郑板桥所书联：“曾三颜四；禹寸陶分。”下联用《晋书·陶侃传》典故。陶侃珍惜光阴，勤奋学习，“常语人曰：‘大禹圣者，乃惜寸阴。至于众人，当惜分阴。’岂可逸游荒醉……”对联富有伦理学意义，虽然它与园景不十分协调。

（七）取意于“子”部

网师园有集虚斋，题名出《庄子·人间世》：“气也者，虚而待物者也。唯道集虚，虚者，心斋也。”这是作为道家的庄子学派的哲学命题，它对园林的空间观，也颇有影响，详见拙著《中国园林美学》“唯道集虚：园林审美境界的空间观”部分。

（八）取意于“集”部

古代把诗、文等作品列为集部。诗已于前述，这里以文为例。留园西部曲溪尽头处，廊壁上嵌“缘溪行”砖额。它撷自《陶渊明集》中的散文名篇《桃花源记》。看到这三个字，人们就会顺着背诵下去：“缘溪行，忘路之远近。忽逢桃花林，夹岸数百步，中无杂树，芳草鲜美，落英缤纷……”再看眼前，曲溪小桥，桃花杨柳，其空间虽不大，但人们会以无限遐想来进行补充，并进而四处探胜寻幽……

（九）取意于文论

网师园万卷堂前门楼，字碑上额以“藻耀高翔”，就取自刘勰的文论名著《文心雕龙·风骨》。

（十）取意于小说

狮子林燕誉堂后半亭有联曰：“相赏有松石间意；望之若神仙中人。”下联为志人小说《世说新语》中状写人物品藻的常用语，该书为南朝刘宋刘义庆所撰。对联生动传神地展示了潇洒超拔的晋人风度，有助于提高园主园林生活和游人园林赏玩的品位。

（十一）取意于戏曲

拙政园“香洲”壁镜之上，有“烟波画船”之额。人们一看到此额，又会想起汤显祖著名的戏曲《牡丹亭》“游园惊梦”中一段脍炙人口的唱词：

> 袅晴丝，吹来闲庭院，摇漾春如线……不到园林，怎知春色如许？原来姹紫嫣红开遍，似这般都付与断井颓垣。良辰美景奈何天，赏心乐事谁家院！朝飞暮卷，云霞翠轩；雨丝风片，烟波画船……

游园时，读着这字字珠玑、馨香四溢的美文，呼吸涵泳之际，会倍加珍惜这眼前的良辰美景，赏心乐事！

（十二）取意于笔记

拙政园有卅六鸳鸯馆，取意于《真率笔记》：“霍光园中凿大池，植五色睡莲，养鸳鸯卅六对，望之灿若披锦。”人们知道了这一典故，就会懂得为什么不多不少，恰恰是三十六之数，并可能对池中鸳鸯萌生更多兴味。

（十三）取意于佛经

留园有亦不二亭，取自《维摩诘所说经·不二法门品》：“如我意者，于一切法无言无说，无示无识，离诸问答，是为入‘不二法门’。”“不二法门”为佛教用语，认为悟入“不二”之理，即入“不二法门”。留园亦不二亭为半亭门，正对伫云庵，在一条中轴线上，当时为学佛之所，故名。

尝一脔肉，而知一镬之味。以上每点各举一例，已可见苏州园林对额的取意之广，它还丰赡地涉及哲学、道德、宗教、美学、史学、文学、艺术等各个领域，仅此一点，它也可说是“无尽藏”的人文知识宝库，人们只有不断提高自己的文化素养，才能与之相应地进行品赏。

二、琴棋书画

文人的园林生活，是丰富多彩的，琴棋书画即其四，亦即其一。把四者并列作为一句成语来用的，起始于唐代。唐人何延之《兰亭记》载，王羲之的七代孙智永去世时，将稀世珍宝《兰亭序》传付弟子辩才，辩才怕唐太宗敕追，藏在梁上暗槛中，于是发生了萧翼赚《兰亭》的戏剧性故事。《兰亭记》介绍说："辩才博学工文，琴棋书画，皆得其妙。"这是笔者所见最早的出处。

在园林里，琴棋书画是必要的文化生活内容，以至《红楼梦》中元春、迎春、探春、惜春的丫环，也分别名为抱琴、司棋、侍书、入画，她们被文人化、风雅化后，频频出现于大观园之中。而在苏州狮子林，连九狮峰后的漏窗系列，也饰为琴、棋、书、画四种图案，不过"书"形漏窗中的"书"，不能看作是线装古书，而应看作是线装丛帖一函。苏州园林建筑内外檐装修的雕刻，也往往有琴棋书画的图案，如留园的林泉耆硕之馆等。以下就苏州园林中的琴棋书画，依次作一简说。

（一）琴

苏州园林与琴关系密切。北宋朱长文在苏州建乐圃，这是苏州较早出现的文人园林之一。朱长文在《乐圃记》中说："冈上有琴台。琴台之西隅有咏斋，此余尝拊琴赋诗于此。"他还把自己的琴论著作名为《乐圃琴史》。

现存的苏州园林，也还有以琴为名的题构。怡园有坡仙琴馆、石听琴室，网师园有琴室，吴江退思园有琴房，常熟昭明太子读书台有焦尾泉，取意于东汉蔡邕的焦尾琴……更可贵的是，怡园至今还定期持续着琴社活动，琴人们在此研讨琴艺。此外，苏州园林还有不标"琴"字的有关建构，如留园的揖峰轩就是，而"汲古得绠处"则有联曰："汲古得修绠；开琴弄清弦。"以往园林书斋里，几乎少不了琴，所谓以琴书自娱。文震亨《长物志·器具》甚至说："琴为古乐，

怡园石听琴室

虽不能操，亦须壁悬一床。”而项元汴《蕉窗九录》也说：“琴为书室中雅乐，不可一日不对清音……纵不能操，亦当有琴。渊明云，但得琴中趣，何劳弦上音。”这是受陶渊明无弦琴的影响，于是，琴成为重要的陈设之一。目前有的园林易之以筝，似不妥，因为琴为古乐，筝是新声。

这里重点品说网师园的“琴室”建构。

所谓“琴室”，其实是戗角翼然起翘的半亭，其顶轩为弧曲面，柔和优美，在下操琴，回声的音响效果较理想。半亭三面檐下的挂落，不用流行的方折卍川式，而用两端圆转的“冏”字形如意式，中间长长地连以质朴的直线构成“花结”，这就与古琴取得了某种同构性，使人感到如琴弦之拴张，韵味荡漾，余音绕梁……

“琴室”匾额之下，有一横式大理石挂屏，石上纹理，似山峦起伏，如流云飞渡，其迷蒙隐约，又像米氏山川，潇湘水云，它虽题为“苍岩叠嶂”，但人们不妨把它看作“高山流水”，并联想起有关故事来：伯牙鼓琴，钟子期能听出其时而巍巍乎志在高山，时而汤汤乎志在流水，伯牙叹为“知音”；钟子期死，伯牙终身不复鼓琴……大理石挂屏的高山流水意象，能激发操奏意兴，孕育艺术感情，启迪形象联想，令人神思飞越于音乐的时空。在这一特殊环境里，作为陈设的大理石挂屏，其作用就非同一般。

在这萦绕着乐思的“琴室”里，正中设有长而矮的琴桌一张，上置琴砖——“郭公砖”一块，上面遍雕茂密的花纹图案以为饰，更显得古色古香。砖中空，一端开敞，其上搁置七弦琴。其实，七弦琴本身就有中空的共鸣箱，但其下有了中空的琴砖，琴音就益发清越宏亮。这也是古人对物理音响学研究的一个成果。琴桌之旁，还有操琴时焚香用的香几……总之，这里的建筑、装修、陈设，都孕育着音乐的情氛。

“琴室”为什么不取怡园石听琴室那种封闭式建筑结构以集聚音响，而取三面开敞的半亭形式，致使音量因扩散而减弱？其中大有文章，主要是“醉翁之意不在酒，在乎山水之间”。谓予不信，有文为证。明人杨表正《弹琴杂说》就写道：

> 凡鼓琴，必择净室高堂，或升层楼之上，或于林石之间，或登山巅，或游水湄……焚香静室，坐定，心不外驰，气血和平，方与神合灵，与道合妙。不遇知音，宁对清风明月、苍松怪石、颠猿老鹤而鼓耳，是为自得其乐也。

琴室当年的操奏者也有似于此，他有感于知音之难逢，又欲以此守操养性，自得其乐，故而筑室面庭，“宁对”风月。这不仅有文为证，而且有物为证。庭院里，正对琴室的，是一石榴古桩特大盆景，裂干皴剥，新绿稀疏，桩下则怪石与书带草相映，整个盆景显得苍古奇拙。其两侧则为半浮雕式的峭壁山与竹丛……所有这些，都是操琴者的“宁对”对象。

这一环境，还能令人联想起南朝山水画家宗炳“抚琴动操，欲令众山皆响”的著名故事。于是，人们耳际又会回响起一些古琴曲来：《阳春白雪》《鸥鹭忘机》……真是“无声之中，独闻和焉”（《庄子·天地》）。如果再联系网师园的一些砖额“网师小筑”“潭西渔隐”“樵风径”，那么，钻进耳管的，则是又一首古琴名曲——《渔樵问答》。试听，琴音似应似和，清响送远；似隐似显，轻韵缓度……它发人神思，助人雅兴，令人踽踽焉，洋洋焉，仿佛徜徉于山林泽畔……

由音乐顺便说到戏曲。

园林与戏曲关系密切。以往苏州园林群里，戏台不止一处，如沧浪亭、留园……但今天已变成历史，留园只留得门额上“东山丝竹”四字。不过，某些顾曲的厅榭则保留了下来。陈从周先生《园林美与昆曲美》一文写道：

> 花厅、水阁都是兼作顾曲之所，如苏州怡园藕香榭，网师园濯缨水阁等，水殿风来，余音绕梁，隔院笙歌，侧耳倾听，此情此景，确令人向往……

无独有偶，《红楼梦》第四十回演习吹打，贾母也主张就铺排在藕香榭的水亭子上，借着水音更好听，一语说明了戏曲为何常在“水殿”演唱的道理。今天，网师园恢复了音乐、戏曲节目，如在琴室，曾弹奏古琴曲《高山流水》《梅花三弄》，殿春簃曾演出昆曲《牡丹亭·游园》……此情此景，确令人神往。

（二）棋

怡园玉延亭有“清谭适我情”的联语。清谈是胸襟潇洒的晋人风度之一。后人则将弈棋称为“手谈”，如郎瑛《七修类稿》说：“骚人墨客，多能手谈。”园林手谈，更能添人清兴，试看如下唐诗：

岩树阴棋局，山花落酒樽。（许浑《题邹处士隐居》）

园里水流绕竹响，窗中人静下棋声。（皮日休《李处士郊居》）

在宋代，欧阳修的《六一居士传》，把“有琴一张，有棋一局”，分别作为“六一”之“一”；沈括写自己园林的《梦溪自记》，把琴、棋均作为“九客”之一；文同写有《棋轩》诗，说明已用“棋”字作为园林题构了。在明代，陈继儒《岩栖幽事》说，“石令人隽，琴令人寂，茶令人爽，竹令人冷，月令人孤，棋令人闲”，这都是园林生活的方方面面。在清代，《红楼梦》大观园潇湘馆内名联为：“宝鼎茶闲烟尚绿；幽窗棋罢指犹凉。”棋与园有着历史性的亲缘关系。

在苏州，留园揖峰轩就琴棋书画一应俱全（详后）。再如网师园，操琴有“琴室”，赏画有“读画楼”“看松读画轩”，赏书有郑板桥、刘墉、王文治等一系列名家所书联额，弈棋则撷秀楼有红木仿竹纹棋桌。该棋桌有两层既可置又可撤的桌面，可供四用：第一层为普通桌面；撤去第一层，为围棋棋盘；把桌面翻过来，则是象棋棋盘；再撤去第二层桌面，可供“双陆”之用。双陆为古代博戏，盛行于南北朝隋唐，因局如棋盘，左右各有六路，故名，见宋代洪遵《谱双》。网师园这一棋桌，造型既佳，又体现了多功能的设计巧思，堪称极品。

（三）书

在苏州园林里，书法大有用武之地。一是文人雅集，主客当场挥写，或园主平日临池。二是收藏，满足园主暂得于己的癖好。三是供主客、游人进行书艺鉴赏。四是构成人文景观，或在廊壁嵌成序列，形成节奏；或在无景空白处补壁，起“造景”作用；或在有景处“点景”“引景”，点醒景物的眉目，起导游作用；或标明和供人确认园中构筑、景点，起标识作用；或记述史事，表达情思，发抒议论，起交流思想作用……作为语言和文学的载体，书法具有独特的多功能性，因而在园中随处可遇，为人们喜闻乐见。

就形式来说，它基本上可分两类，一类是置于室内的，即供厅堂斋馆悬挂的，或为纸质，或为木质，主要为匾额、对联、立轴、屏条、屏刻、横披、斗方、画上题跋等；另一类是置于室外的，即嵌于亭廊墙壁、刻于砖石竹木之上的，主要为碑刻、石刻、砖刻、木刻、书条石等。

就书体来说，以怡园砖额为例，岁寒草庐西门额“春先”为楷书，东门额“延月”为行书；锁绿轩东门额“迎风”为隶书，西门额“挹爽”为篆书；玉延亭董其昌所书对联刻石为草书……

怡园廊间壁上，书法杰作琳琅满目，美不胜收。如唐代颜真卿的

《祭侄稿》，是他祭从侄季明所起草的文稿，被鲜于枢评为“天下第二行书”（第一行书为王羲之的《兰亭序》）。它一是有史料价值，二是有欣赏价值。天宝十四年，安禄山叛乱，当时颜真卿和从兄常山太守颜杲卿分别起兵讨伐。翌年，常山被史思明攻陷，杲卿及其子季明“父陷子死，巢倾卵覆”。后来颜真卿觅得亡侄首骨，于是撰文致祭。这不但是真实反映当时情况的重要史料，而且书写时由于至情郁结，忠义激发，进入了心手两忘、真情充分流露的境地，故而不自觉地把悲愤、郁怒、激切、哀悼、缅怀，融合着切骨之痛一起倾注笔下，这可从作品磅礴的气势、遒健的线条、大量的渴笔、随手涂改的字迹、急切欲书的心情中看出来（详见拙著《中国书法美学》上册第287~290页）。对于这一书法杰作，值得驻足廊间细细品赏。

书条石还有进行比较、鉴定的价值。这里只说唐代褚遂良的《千

留园长廊中“二王”书条石

字文》。关于《千字文》，李绰《尚书故实》说，梁武帝曾命人从王羲之书中拓出一千个不重复的字，“每字片纸，杂碎无序”，要周兴嗣编为韵文。兴嗣一夕编就，获得丰厚赏赐，但其代价是一夜之间“鬓发皆白”。《千字文》是四言韵语，朗朗上口，易于记诵，叙述了自然、社会、史地、教育等多方面的知识，故而成为历代的启蒙读本，而历来书法家也爱写《千字文》。在《千字文》的书作之林中，初唐四大家之一的褚遂良所书亦堪称佼佼者。褚书《千字文》传有两本，均为世所珍视。其一为贞观本，但仔细鉴审，可见“周发殷汤”的“殷”字被改为“商”字，“岳宗恒岱”的“恒”字被改为“泰”字，这种避讳到宋代才有可能，故可定为宋人伪托。另一本为永徽本，怡园正属此本，且“周发殷汤”“岳宗恒岱”八字赫然在目，一字未改，可证为唐代之作。再从书艺风格看，它颇似褚书《雁塔圣教序》，更似褚书《同州圣教序》。前人曾评《雁塔》饶韵，《同州》饶骨。以此对照《千字文》，可说骨韵兼美而以骨为主，可谓遒劲婉媚，力透纸背。这几方书条石，已被置于怡园交通枢纽之处，供人重点品玩。

朱和羹《临池心解》说：“楷以法胜，草以神胜。”如果说玉虹亭褚遂良楷书《千字文》主要应欣赏其用笔、结字之“法”，那么，玉延亭董其昌草书刻石“静坐参众妙，清谭适我情”，则主要应欣赏其挥运、气势之“神”。这一作品，任意挥洒，痛快淋漓，欲夺龙蛇之飞动，然而又未尝不处处停笔，真可谓“以点画为情性，以使转为形质”（包世臣《艺舟双楫》），而且其可贵之处还在于字迹完好无损，引得懂行的人流连不已。试看吴兴让诗中的陶醉、沉迷：

闷来便上习家池，两载几吟百首诗。最爱董书完未泐，玉延亭下立多时。（《怡园再观董书石刻》）

更往玉延亭，一别文敏（即董其昌）书。沈吟不能去，且复立须臾……怅怅舍之去，回首犹欷歔。（《别怡园》）

欣赏园林中的书法，百看不厌，竟写了那么多的诗，真可说是知音了。他恋恋不舍，依依惜别，临走还要一步三回头……这是园中书法景观的魅力。

陈从周先生《说园》指出：

我国名胜也好，园林也好，为什么能这样勾引无数中外游人，百看不厌呢？风景洵美，固然是重要原因，但还有个重要因素，即其中有文化、有历史。我曾提过风景区或园林有文物古迹，可丰富其文化内容，使游人产生更多的兴会、联想，不仅是到此一游，吃饭喝水而已。

园林里的建筑、书画、古玩、陈设，都是文物，它们又都那么美，人们绝不应浮光掠影，走马看花，做一个匆匆过客，否则以后会引为憾事的。

（四）画

在苏州园林里，绘画作品和书法作品的陈列形式较为相似，不过室外极少，室内则还有“中堂”等形式。在室内，也由于纸质易损坏，一般均装入镜框；而古代保存下来的，则大多是刻于木石之上的。

拙政园“拜文揖沈之斋”内，有清代扬州八怪的代表画家郑板桥的竹石木刻屏六扇，中间四扇分别为四幅画，合拢则又错落有致。它们构图形式各异，题跋位置也不相同，然而又有整体感，特别是两侧纯为书法，使画更为突出，也使通幅更为协调。四幅画中，第三幅为郑板桥的代表作，其题画诗也最为著名，简析如下。

其题诗《潍县署中画竹呈年伯包大中丞括》写道：

衙斋卧听萧萧竹，疑是民间疾苦声。
些小吾曹州县吏，一枝一叶总关情。

乾隆十七年，郑板桥调任潍县（今山东潍坊市）县令，正值胶东一带连年灾荒，灾民们离乡背井，四出逃荒。郑板桥一面开仓救灾，一面以工代赈，并捐出自己官俸，四处奔波，才使灾情减轻，人心稍安。这幅画就是在这种情况下创作的。作品所呈的包括，是当时山东布政使、巡抚大臣，亦喜书画，与郑颇为知己，故而郑板桥通过画竹来吐露心声，希望他一起来关心民生疾苦。郑板桥一生强调以画“慰天下劳人”，并强调关心“民间痛痒”，这幅画及题画诗突出地体现了这一点。

作品构思巧妙，由萧萧竹声想到民间疾苦声，而“一枝一叶总关情”一句，语意双关，既是说即使画一枝一叶，也总要渗透自己的感情，又是说对民生疾苦的点点滴滴，自己总是关心的。郑板桥画竹，主张“冗繁削尽留清瘦”，以少少许胜多多许，然而这一幅却枝繁叶茂，这和其旁另外三幅相比即可见出。这是为什么？是因为枝少叶稀，萧萧之声必然轻微，而他既要以画呈包中丞，反映灾情严重，哀鸿遍地，枝叶必然要画得多，画得重重叠叠。这一作品之妙，还在善于画风。例如，顶部的枝叶作欹斜之状；中部竹叶，右面迎风的大抵呈下垂之态，而左面顺风的，有些则作飞舞之势，于是，无形之风就在眼前，人们耳际还如闻萧萧之声……郑板桥作画，还主张“以书法之关纽，透入于画”，此幅的笔法、章法也透入了书法的某些特点，限于篇幅，就不展开了。

在苏州园林里，画与书相比，显态的画远远不及书法那样满目皆是，但隐态的画却又远多于书法，又可说随处可见，因为园林是立体的画、以三度空间的物质来造型的画。计成在《园冶》里，就反复地将园比之于画。例如：“桃李成蹊，楼台入画”（《相地》），是说精心创构的精美建筑，可以入画；“岩峦堆劈石，参差半壁大痴”（《园说》），是说叠石参差如斧劈皴，宛同黄公望的山水画；“峭壁山者……以粉壁为纸，以石为绘也”（《掇山》），是说峭壁山靠墙而掇，是以石代笔来作画；“境仿瀛壶，天然图画”（《屋宇》），是说水中堆山再建楼台，犹如自然天成的图画；“合乔木参差山腰，蟠根嵌石，宛若画意”（《自序》），是说花木参差，与山石结成一体，就有了画意；“刹宇隐环窗，仿佛片图小李”（《园说》），是说以窗框来借景寺塔，就像李昭道的小幅山水画；还有“顿开尘外想，拟入画中行”（《借景》）……园林的种种要素、手法及其构成意境等等，在计成看来，无不是图画。这些理论，对苏州园林的盎然画意，是深有影响的。

当然，计成是以古代的审美观来看待园林的，那么，现代人的眼光又如何呢？出生苏州、熟悉园林的叶圣陶先生的评价，是有代表性的。其《拙政诸园寄深眷——谈苏州园林》就从各个方面指出：苏州园林的自由布局可比之于绘画；假山池沼配以花木，如“宋元工笔云山”；池岸屈曲自然，缀以湖石花草，就取得了“画的效果”；而鱼戏莲叶间，“又是入画的一景”；古藤盘曲的枝干，也“是一幅好画”；“苏州园林在每一个角落都注意图画美”……他还这样高度概括说：

> 苏州各个园林在不同之中有个共同点，似乎设计者和匠师们一致追求的是：务必使游览者无论站在哪点上，眼前总是一幅完美的图画……总之，一切都要为构成完美的图画而存在，决不容许有欠美伤美的败笔。他们唯愿游览者得到“如在图画中”的美感，而他们的成绩实现了他们的愿望，游览者来到园里，没有一个不心里想着口头说着“如在图画中”的。

这就是苏州园林中琴棋书画的“画”的隐性表现。

三、陈设艺术

陈设艺术，主要指室内家具及其功能性、艺术性陈列。此外，也指文玩、挂屏、器皿、灯具、盆花、盆景以及前文所说的书画等陈设品。它们通过摆设与室内环境（褐色家具、内檐装修、白色墙壁等）乃至室外环境相对比、相协调、相呼应、相配合，取得综合性的效果，从而显现出特定的风采或风格。

家具，俗称“屋肚肠”，可见其重要。室内如果没有家具，就像人没有肚肠一样，也就没有活气，或者说，就没有生活气息，更不用说具有人文气息了。文震亨《长物志·几榻》说，园林室内家具，既要“古雅可爱”，又要“坐卧依凭，无不便适”，并以之“展经史，阅书画，陈鼎彝，罗肴核，施枕簟，何施不可”。这也就是既要有实用功能，又要有古雅的美，从而体现出生活价值、人文价值和审美价值。就今天来说，人们在室内就由此看到了“人”，看到了在当时历史条件下人的生活方式，看到了由人的物质生活、精神生活所决定的各有个性的陈设风格。

先看网师园万卷堂，白的屏门，黑的步柱，堂内一切，均以黑白两色为主调，是本书前述的黑白文化在厅堂内的典型体现。该堂面阔三间，明间悬中堂、对联、抱柱联，屏门前置天然几，上置“怪石供”、大理石插屏、青花双耳大瓷瓶，它与供桌、太师椅、花几为一组；明间两侧，各有一几二椅一满机，互为对称。整个室内空间显现出简洁淡泊、虚疏散朗的艺术风格，不失其“渔隐”遗意。尤其是室内的一套明式家具，造型简朴洗练，素雅大方，形象挺秀，线条流畅，其简静雅洁的风格，与整个厅堂及其陈设十分协调。堂中还放置特有的诸葛铜鼓，这就使万卷堂与其他园林的堂构陈设更明显地区别开来。

拙政园的远香堂，亦面阔三间，但它是四面厅，四周均为图案美丽、精致玲珑的玻璃落地长窗，室内因此也显得透漏空明。正由于这一风格特点，室内既不能悬挂书画，又不能置天然几以陈列古玩，以免阻隔光线，遮挡视线。但为了使室内空明而不致空疏，故适当增多家具，其明间两两相对地置有八只精雕灵芝花纹的清式太师椅和四只茶几，其上均嵌有大理石。中间又置圆桌和圆鼓凳，以圆间方，显得灵动、充实、多样、谐和而不见单调、拥挤。两侧次间，靠窗对称地置列琴桌、大方花几、高脚花几。高脚花几的置放亦佳，它紧靠廊柱，既不遮挡光线，又使室内家具不是只有几桌、凳椅两个水平面，而是显得高低相形，错落有致。花几上一律置放盆花，室内就更见充实丰富，生机蓬勃。地上又置有特大瓷花瓶两只，顶部则悬有六角宫灯……总之，远香堂为了有效地让出空间，以突出回合四周的“落地明罩”的空灵之美，着意在地面的家具、陈设上做文章，从而促成了四面厅空明透亮而又充实丰富的艺术风格。

留园的五峰仙馆，是面阔五间的大型楠木厅，结构复杂宏伟，由纱槅屏门将室内分为前后两厅，而以前厅为主。其明间的天然几、供桌、太师椅、置有盆花的花几，或高或矮，或大或小，或长或短，或双或单，当时负载着不同的实用功能，今天仍保留着组合生成形式美的功能。它是整个前厅家具陈设组群的主体、布局的中心，对前厅起着强形式的制约作用。明间两侧，各有三椅两几相对，起着宾衬、烘托的作用。中间则有圆桌，为明间的次中心，上置苍松盆景，姿态斜逸轩翥……

明间之旁为次间，靠纱槅处置琴桌、大瓷花瓶、落地自鸣钟等，也置以几、椅。次间之旁为梢间，设有一列半窗，两侧壁间悬“天圆地方”大理石挂屏，起补壁美化作用。

前厅共五间，众多的家具陈设构成纵横复杂的空间系列，体现出主与次、正与侧、开与合等种种关系，在内涵上体现出当时尊卑有序、宾主有礼、举止有文、动静有常的家庭、社交生活，而形式上，则体现了齐整对称、多样统一的美。

厅内的装修布置也古雅而华贵。明间以红木屏门间隔，上刻精美书法，这与万卷堂的素白屏门迥然有异，也不同于远香堂一派空明的落地玻璃长窗。五峰仙馆次间以楠木纱槅间隔，内心仔嵌以彩色花鸟画，其绢质带有透明感，是名副其质的“纱槅”。厅堂以封闭为主，并由木质漆色所决定，其总体色调既有异于“万卷”之黑白，又不同于“远香”之透亮，而是呈暖暗色调。于是，在核心空间——明间的花几附近，醒之以白色心仔系列围屏窗，大片白底上疏朗地布以墨拓博古图，这不仅也能起“金石鼎彝令人古”（陈继儒《小窗幽记·集韵》）的作用，而且为厅堂增添了空灵的亮色，就装修来说，这也是独特的艺术个性。厅内雅丽的宫灯高悬罗挂，红色的流苏参错如林，每当华灯齐明，一派辉煌，全厅色彩纷呈，炫人眼目，这就更显现出雍容华贵、富丽堂皇、典雅繁美、宏大高深的艺术风采，仙馆确实能给人以“地上天宫”之感。袁宏道《园亭纪略》对留园有“宏丽轩举”之评，此言不虚，五峰仙馆就是突出的体现。它与万卷堂素朴无华的风格适成个性鲜明的对比。

还值得一说的是，其后厅西部的落地大型红木座架上，镶以大理石的特大圆屏。《长物志·水石》说：“大理石，出滇中……但得旧石，天成山水云烟，如‘米家山’，此为无上佳品。古人以镶屏风，近始作几榻。”仙馆前厅不仅有小型圆插屏陈置于天然几上，后厅复有大型圆座屏，就其“画面”看，山川迷蒙，烟云吞吐，水墨渗漉，形影模糊，可评之为“元气淋漓障犹湿”（杜甫《奉先刘少府新画山水障歌》）。然而更妙的是，圆屏上部“空中”恰好有一天然圆纹，似日而隐，似月而晕，题跋者巧妙地借邵雍的诗句来生发道：

此石产于滇南点苍山，天然水墨图画。康节先生有句云：“雨后静观山意思，风前闲看月精神。”此景仿佛得之。

这一题跋，是画龙点睛之笔，渲染了雨后月下山水烟笼雾锁的朦胧美，使“题与画互为注脚”（沈颢《画麈》），于是就成为一幅举世罕见的天然写意山水杰构。这一独特的陈设，也为苏州诸园所无，它倍增了厅堂的艺术身价。

再说书斋画室的陈设。古代对此也有极高要求，集纳于下：

> 法书、名画、古琴、旧砚……明窗净几，罗列布置……摩挲钟鼎，亲见商周。端研涌岩泉，焦桐鸣玉佩，不知人世所谓受用清福，孰有逾此者乎？（赵希鹄《洞天清录集序》）
>
> 聚书万卷，演以缥缃；搜帖千轴，束以异锦。琴一笛一，剑戟尊罍，名香古鼎，湘榻素屏，茶具墨品，暇日啸咏其间，无俗客尘事之累，当是震旦净土，人世丹丘。（费元禄《晁采馆清课》）
>
> 净几明窗，一轴画，一囊琴，一只鹤，一瓯茶，一炉香，一部法帖；小园幽径，几丛花，几群鸟，几区亭，几拳石，几池水，几片闲云。（陈继儒《小窗幽记·集素》）

这类陈设，又离不开琴棋书画。当然，今天的陈设布置，已不可能和当时一样，但古雅的书卷气应有所接近。姑举两例：

留园鹤所附近的揖峰轩，窗明而几净。轩外石林小院内，幽径缭曲，几拳石，几丛花，清幽宁静。室内西窗外，峰石洵奇，微俯窥窗而亲人。西窗下，琴砖上，有瑶琴一囊。窗两侧悬红木框，内镶对联，联语与书法俱秀：“蝶欲试花犹护粉，莺初学啭尚羞簧。”琮琮琴韵，可与呖呖莺语相和鸣。北墙上，花卉画屏与尺幅华窗，两系列相映成趣。花窗之外，竹依于石，石依于竹，君子大人绝尘俗。北窗系列还令人想起白居易的《北窗竹石》：

一片瑟瑟石，数竿青青竹。
向我如有情，依然看不足。

再横向地联系起来看，窗与屏相间，屏与窗相形，真者颇似假，假者又疑真，此所以妙也。再看东偏落地罩隔出的小空间内，靠墙置红木藤面榻，墙上悬以数十块不同大理石镶嵌而成的挂屏，这是书斋内“湘榻素屏”的典型配置。挂屏两侧为石联：“商彝夏鼎精神，汉柏秦松骨气。”屏下石上书有《归去来辞》全文。室内还有围棋、象棋几各一……素馨的书卷气，令人如置身于“震旦净土，人世丹丘”！

网师园殿春簃旁拖书斋复室，其“尺幅窗”佳例已于“审美之窗”中详析，这里只说陈设。其室内有红木书桌、红木书橱，壁间悬各式芍药诗画，为“殿春簃”点题。地上，有立轴筒，加浓了文人气息。书桌后对联云：

灯火夜深书有味；
墨华晨湛字生香。

联语极写书斋生活情趣。书桌前，书橱旁，又均有小型圆花几，不同于厅堂特高的方花几，小巧可爱，上置盆花……于是，整个书斋，窗外竹石，窗内兰菊，有书有画，有情有味，人们入于其内，如入芝兰之室……

网师园殿春簃书斋

苏州园林，由于大抵是文人园，因此一般均有书斋，有些大园还有多处，惜乎其中太空，如艺圃的“香草居”，终究因空而缺少书卷气，其实艺圃倒是地道的文人园。即使是殿春簃书斋，其中也似缺文玩摆件。正因为如此，故上文集中征引古籍有关描述三则，作为对照。当然，文房清供也不宜多，多则又如文物商店，甚至如某些古玩小摊。陈继儒《小窗幽记·集韵》说得好：“文房供具，借以快目适玩。铺叠如市，颇损雅趣。其点缀之法，罗罗清疏，方能得致。”

园林修复建设，有许多工作要做，古木保护，花木栽培与修剪……都是重要的，但也应将视线投向书斋的修复建设。书斋情氛浓了，文气氤氲，就会弥漫到全园去。这一工作也是重要的，因为苏州园林，大抵是文人园，若皮之不存，毛将焉附？

笔者曾认真点评过我国各地较多的园林，但通过感性和理性的比较足以证明：“江南园林甲天下，苏州园林甲江南”。今天，拙政园等作为珍贵的文化遗产，通过申报、考察，已被列入世界文化遗产名录，这是题内应有之义。笔者在1997年第1~2期《苏州园林》“古典园林申报专栏”的笔谈中曾从21世纪的新角度对苏州园林试作概括，现摘引于下：

苏州园林……是自由布局的典型，天然图画的标本，生动气韵的范例，淡雅色调的代表，突出地体现了庄子学派的自然观念，“四时得节，万物不伤，群生不夭”（《庄子·缮性）》，又具有“澹然无极而众美从之”（《庄子·刻意》）的审美特色。在苏州园林里，景物参差错落，天机融畅，自然活泼，生意无尽，而建筑物的粉墙黛瓦，不但富于黑白文化的历史底蕴，而且尤能抚慰人的眼目，安宁人的心灵，使人“见素抱朴”，“不欲以静”（《老子》）。

在苏州园林，游息于柳暗花明的绿色空间，盘桓于人文浓郁的楼台亭阁，品赏于水木明瑟的山石池泉，徜徉于曲径通幽的艺术境界，人们会感到无拘无束，逍遥自在，清静闲适，悠然自得，也就是说，能在布局的自由中获得身心的自由，在物态的自然中归复人性的自然，从而使自然美与人性美通过艺术美而交融契合。

建立人与自然的谐和关系是世界性的重要课题，也是21世纪生态文明建设的重要课题，作为审美文化遗产的苏州古典园林，对于研究和解决这一重要课题是会有深远的启发意义的。

优异的艺术品总是说不尽、道不完的，故而西方有“说不尽的莎士比亚”之说。在中国，也可说有说不尽的《红楼梦》，说不尽的苏州园林……故而以上概括，说不定是挂一漏万。这里，姑引此一孔之见，作为本书一个不完全的小结。

后　记

“江南园林甲天下，苏州园林甲江南。”我这本书就是写苏州园林的。记得当时苏州大学出版社正在策划一套“苏州文化丛书”，他们诚挚地邀我写一本《苏州园林》，而我却犹豫再三，不敢接受。虽然拙著《中国园林美学》早已问世，虽然书中以苏州园林为例的论述大量存在，但是，诚如陆文夫先生在“苏州文化丛书”初版总序中所说：“苏州园林已经列入了世界文化遗产，这仅仅是苏州文化的一个侧面，即使从这一个侧面来看，就能看出造园艺术的登峰造极需要多少文化精品的汇合，诸如建筑、绘画、雕刻、堆山叠石、花木盆景、诗词楹联、家具陈设……每一项都是苏州文化的一个门类，都能写几部书。”说得多么概括而又具体！然而让我写的这本《苏州园林》，却只能根据丛书的要求，限定在20万字左右，拙笔怎能穷尽它于万一！由于他们一再诚邀，我只能接受，因为比较起来，我所积累的有关思想资料与实例均比较丰富。

一般认为，建筑、山水（泉石）和花木，是园林艺术构成三要素，而且这三种物质性明显表现为三维空间的存在。但还有一种极易被忽视的另类物质，即在时间方面流动的春夏秋冬，这种美主要表现于花木，我将其称作“季相”，而把昼夜晨昏、阴晴雨雪等概称为“时景”。对此，我尽量多举例予以阐释，从而让读者能更好地把握和品味苏州园林四维时空之艺术美。

宏观与微观的结合，也明显体现在全书之中。宏观的布局方面，本书将苏州园林的物质构成分为“建筑构成”“山水构成”和包括季相时景在内的“花木构成”三章，而将这些均归属于物质性的“艺术构成篇”；此外，人文性、精神性方面的“清静素朴”“曲折幽深”等五章，则统称之为“意境风格篇”，而全书侧重于后者，从而更能突出苏州园林的鲜明个性。至于微观的赏析，则体现于全书特别是重点景观部分。

我在书中绝不搞平均分配，而是极大地凸显其中少量的重点。如第二章“山水构成”，突出环秀山庄的湖石大假山、网师园的彩霞池、留园的冠云峰；第七章的“精雕细饰”部分，则凸显网师园的“藻耀高翔”门楼，这些均注重微观方面的赏析。如“藻耀高翔”门楼，就从门上“字碑”四字的出处、解释、意蕴到木质门上钉以水磨砖的艺术处理方法；从屋顶上的“哺鸡脊”“坐盘砖”，屋顶下极易脆折的砖质“牌科”“凤头昂”“花篮回纹网络”到被称为“兜肚”的微型戏台等所含高难度的砖雕、微雕、精雕、透雕、多层雕、戏文人物雕……以上种种我都用了不少篇幅加以详赏细说，不但结合细述介绍了读者感到生疏的大量术语，而且具体讲述了“郭子仪上寿”的戏文故事，甚至戏文人物的动作、表情、道具……

具体论析时，我总是用种种方法，或举一反三，或触类旁通，或从里到外，或从外到里，或由此及彼，或引申发挥……

如第一章“建筑构成”中的“型式求异”部分，我参以清人毛宗岗的《读三国志法》，让小说与园林建筑沟通，从而让读者知道同一类型的园林建筑的建造，不仅要“善犯”，更要“善避”。如拙政园的亭子有二十余个，不但不能相同，而且必须求异，我通过比较作细微剖析，让读者得知每个亭子都有其特异的个性。这种比较法，不仅能让读者体悟苏州园林之妙，而且还能启发读者扩而大之，由此园联想到它园……这种比较法注重求异求新，还有利于培育读者的创造性思维。

又如第五章“曲折幽深”中的“曲径通幽”部分，在引了几首咏苏州园林曲径的诗后，就参证以苏州小巷的曲曲窄窄、七折八弯，苏州小河的穿桥过巷、纡余盘互，吴门绘画的境界幽深、曲径纡回，苏州评书的曲折起伏、注重“落回”，苏州评弹的上抗下坠、悠扬悦耳，苏州昆曲的一唱三叹、“摇漾春如线”……接着又写到俞樾《曲园记》的“曲”，最后才介绍各种类型的曲径。这种由内而外、由外而内的循环，是用了对“曲”的丛证法、聚焦法，能极大地强化读者的印象，懂得外环境（物质环境、精神环境）对苏州园林艺术的制约或影响作用。

再如第七章“秀婉轻柔”中的“小桥流水”部分，我引用了《周易》的“坤道成女”“柔顺利贞”，《老子》的“天下莫柔弱于水”，《红楼梦》“女儿是水做的骨肉”，并以“水秀”为对女儿最高的审美评价，笪重光《画筌》“水柔则秀”…… 从而推出苏州水、桥、船三者谱成的优美音画，并分析了马致远的《天净沙·秋思》，引出“小桥流水人家”这一名句，然后赏析苏州诸园的小桥之美，特别是多方面描析了网师园被誉为小曲拱桥之最的引静桥，最后以杜荀鹤的《送人游吴》作结：“君到姑苏见，人家尽枕河。古宫闲地少，水港小桥多。”显得余音袅袅……

总之，我不是就事论事，而是以苏州园林为中心纵横穿插，或由浅入深，或旁征博引……既是讲述苏州园林，又不是讲述苏州园林，让哲学、美学、环境、众艺与园林互为交叉，相与融通。此外，我还注意锤炼辞格、锻造警句：

博喻，如作为园林大环境的苏州，是“城市内的桃源，红尘中的仙境，阛阓里的天堂”。

顶真，如“园林，就是缩小了的苏州；苏州，就是放大了的园林”；

错综着其他辞格的排比，如“试看，台阶前，曲栏后，花架下，清溪旁，树林里，山路上，那婆娑的花树、虬结的藤蔓、整齐的柱槛、优美的挂落……滤下了日月光华，于是，光斑点点，银丝缕缕，阴阳相杂，不可名状，如音阶的高低，如旋律的抑扬，如乐思的呈现，如调性的升降，如织体的流动，如八音的交响，这一黑与白的回旋曲，光与影的协奏曲，是无声之音，无形之相”。

如此之类，不赘举。

由于我的写作既一丝不苟，又方法多样，受到各方面读者的欢迎，所以《苏州园林》1999 年初版后重印十余次，发行 26 000 余册。2001 年获江苏第八届优秀图书奖一等奖，2006 年获首届苏州阅读节优秀地方文化读物奖。这期间，有家出版社曾先后两次向我建议，要我向苏州大学出版社提出把出版权让给他们，我都以这是一套“苏州文化丛书”，不能从中抽掉一本而婉言谢绝了。如今丛书要再版，有幸被我言中了。

2024 年，苏州大学出版社准备修订出版“苏州文化丛书”，请我修订《苏州园林》。我不但一丝不苟，又改出了极少量的错字，使其符合苏州大学出版社一贯细致严谨的编辑作风，而且认真地审读全书，写出了写作方法方面的一些体悟，也许对读者更能有所帮助。

金学智

2024 年 5 月